高职高专旅游类专业精品教材

餐饮服务与管理
项目化教程
（第2版）

赵莹雪 主编

清华大学出版社
北　京

内 容 简 介

本书是高职酒店管理专业必修的职业能力核心课程"餐饮服务与管理"的配套教材。全书按照餐饮企业的生产实际和岗位职业能力需求,设计出三大模块:餐饮服务的基本技能模块、餐饮服务与基层管理能力模块、餐饮企业经营与管理能力模块。再将模块内容按照餐饮企业的实际工作过程进行项目化设计。每一模块项目设置知识目标、能力目标、实训任务、知识链接、案例分析等栏目。

全书体例新颖、内容翔实、应用性强。本书既可作为高职高专旅游管理类专业教材,也可作为酒店管理人员的培训教材。

图书在版编目(CIP)数据

餐饮服务与管理项目化教程/赵莹雪主编. —2版. —北京:清华大学出版社,2018(2023.8重印)
(高职高专旅游类专业精品教材)
ISBN 978-7-302-49399-0

Ⅰ.①餐… Ⅱ.①赵… Ⅲ.①饮食业—商业服务—高等职业教育—教材 ②饮食业—商业管理—高等职业教育—教材 Ⅳ.①F719.3

中国版本图书馆 CIP 数据核字(2018)第 012307 号

责任编辑:刘士平
封面设计:傅瑞学
责任校对:袁 芳
责任印制:杨 艳

出版发行:清华大学出版社
  网   址:http://www.tup.com.cn,http://www.wqbook.com
  地   址:北京清华大学学研大厦 A 座   邮   编:100084
  社 总 机:010-83470000   邮   购:010-62786544
  投稿与读者服务:010-62776969,c-service@tup.tsinghua.edu.cn
  质量反馈:010-62772015,zhiliang@tup.tsinghua.edu.cn
  课件下载:http://www.tup.com.cn,010-83470410
印 装 者:三河市龙大印装有限公司
经   销:全国新华书店
开   本:185mm×260mm   印   张:15.5   字   数:354 千字
版   次:2011 年 3 月第 1 版 2018 年 10 月第 2 版   印   次:2023 年 8 月第 6 次印刷
定   价:45.00 元

产品编号:077443-02

项目化教学是高等职业教育改革的方向。本书秉承"工学结合"的教育理念,适应高等职业教育旅游与酒店管理专业教学改革的需要,由具有丰富教学经验的教师与酒店行业专家共同编写而成。

本书在体例和内容上都有一定的创新,特色主要表现在以下两个方面。

(1)内容突出职业性、应用性和实践性。编者通过对餐饮服务岗位的工作任务进行分析和归纳,以职业能力和职业素养培养为核心对教材内容进行整合与序化,将理论知识、实践操作、考证要求融为一体,充分体现了工学结合、校企合作开发、课证结合的特色。

(2)组织结构新颖。本书改变了传统教材过于强调学科本位的状况,以项目导向、任务驱动的教学模式组织教学内容。编者按照饭店餐饮部和餐饮企业的实际工作任务设计教材体系,实现能力、知识、素质三结合;通过对酒店及餐饮企业餐厅所涵盖的服务与管理岗位群的典型工作任务分析,以餐饮企业的基本作业程序为依据,以餐饮企业真实产品(或服务)为项目载体,确定教材模块和每个项目的知识目标与能力目标;强调以真实的工作任务设计教材项目,确定能力训练目标,提出问题和任务并要求解决,实施程序教学步骤,边学边做;理论部分则以知识链接的形式和精选经典案例作为突破点。这样的教材结构设计有利于促进探究式学习和动手实践等各种学习方式的综合运用,从而为创新精神和实践能力的培养打下坚实的基础,避免了传统教材以知识为中心的倾向。

本书由赵莹雪主编,负责设计大纲和全书的修订与统稿工作。各项目编写人员如下:赵莹雪编写各章知识目标、能力目标、实训任务,模块一中的项目1~项目4和项目6,模块二中的项目7~项目11,模块三中的项目12~项目14;李贵峰编写模块三中的项目15;郑海燕、黄兆明编写模块三中的项目16;王新宇编写模块一中的项目5。

第2版的修订工作由赵莹雪完成。

由于编者水平有限,书中难免有疏漏与不妥之处,敬请广大读者批评、指正。

编　者
2018 年 7 月

餐饮服务与管理项目化教程(第2版)

目 录

模块二 餐饮服务与基层管理能力

模块三　餐饮企业经营与管理能力

餐饮服务与管
理项目化教程
（第2版）

餐饮服务的基本技能

项目 **1**

托　盘

教学方法　课堂示范＋实训室练习＋教师点评＋技能比赛

准备工作　托盘 10 个、垫盘方巾 10 条、专用擦布 10 块、垫碟 10 个、九五砖 20 块。将学生预先分为 10 组。

1.1　托盘服务及要领

1. 轻托服务及要领

轻托又称为胸前托,是指在餐厅服务中使用大小合适的托盘,为客人上菜、斟酒等运送物品的方法,因所托物品一般在 5kg 以下,也可称为平托。左手臂自然弯曲成 90°角,掌心向上,五指分开稍弯曲,托住盘底,平托于胸前,行走时保持头正肩平,脚步轻捷,轻松灵活,右手臂有节奏地自然摆动,目视前方。

操作要领:左手臂自然弯曲成 90°角,肘与腰部 15cm,大臂垂直,掌心向上,五指分开稍弯曲,使掌心微成凹形。用五指指端和手掌根部"六个力点"托住盘底,使之平托于胸前,掌心不与盘底接触,利用五指的弹性控制盘面的平稳。托起前左脚朝前,左手与左肘成同一平面,用右手紧紧把盘拉到左手上,再用右手调整好盘内的物件。托盘平托于胸前,略低于胸部。

2. 重托服务及要领

重托多用于托较重的食品,是指在餐厅中使用较大托盘,托运 5kg 以上的菜点、酒水等物品的方法。五指分开用掌心托住盘底,掌握好重心,用另一只手护持,将盘托至胸前,向上转动手腕,使托盘托稳于肩上。放盘时要弯膝,不能弯腰,走路时头正身直,保持托盘不晃动,身体不摇摆。目前多采用推车,重托用得较少。

操作要领:双手将托盘移至服务台边,使托盘 1/3 悬空。右手扶托盘将托盘托平,双脚分开呈外八字形,双腿下蹲,略成骑马蹲裆势,腰部略向前弯曲,左手伸开五指托起盘底,掌握好重心后,用右手协助左手向上用力将盘慢慢托起,在托起的同时,左手和托盘向上、向左旋转过程中送至左肩外上方,待左手指尖向后,托盘距肩部 2cm 处,托实、托稳后再将右手撤回成自然下垂。托至盘子不靠臂、盘前不靠嘴、盘后不靠发。托盘一旦托起,要始终保持均匀用力,一托到底,否则会造成物品歪、撒、掉、滑的现象,并随时准备避免与他人碰撞,上身挺直,两肩平齐,注视前方,行走步履稳健平缓,肩部不倾斜、身不摆晃,遇障碍物绕而不停,起托后转,掌握重心,要保持动作表情轻松、自然。

1.2　操作程序与标准

托盘操作程序与标准如表 1-1 所示。

表 1-1　托盘操作程序与标准

步骤	技能要求	操 作 规 范	备 注
理盘	① 根据运送菜肴、饮料、餐具等选择合适的托盘 ② 垫上口布或垫巾防滑	① 将托盘整理干净,洗净、擦干,盘内铺上干净的盘布或口布并铺平拉直,使盘布与托盘对齐。以增加摩擦力,避免餐具在托盘中的滑动,并增加托盘的美观与整洁。防滑的托盘可以不铺口布 ② 检查托盘是否完好无损。准备好垫布、专用擦布、垫碟等。检查所需运送酒水、餐具等物品是否齐全、干净。垫布的大小要与托盘相适应,垫布的形状可根据托盘形状而定,但无论是方形还是圆形垫布,其外露部分一定要均等,使整理铺垫后的托盘既整洁美观又方便使用	整理托盘时应注意托盘的平整,因为有些托盘使用一段时间后就会出现变形,如金属类的托盘边沿容易变形。托盘的底变形不平,影响美观,这样的托盘对端托物品有安全隐患。有些塑料托盘使用一段时间后容易出现变色或斑痕,一旦出现了清理不掉的斑痕,再继续用其为客人端送物品时,一方面不雅;另一方面也容易引起客人对器具的卫生安全产生疑虑。因此,这类托盘应停止使用
装盘	根据物品的形状、体积和使用先后顺序,合理安排	根据物品的形状、重量、体积和使用的先后次序合理装盘。在轻托服务中,将重物、高的物品放在托盘的里边(靠自己一边),先使用的物品与菜肴放在上层,或放在托盘的前部,后使用的物品放在下面或托盘的后部。而重托服务根据需要可装入约 10kg 的物品,因此,装入的物品应分布均匀	注重把物品按高矮大小摆放协调,切忌将物品无层次地混合摆放,以免造成餐具破损。装盘时还要使物与物之间留有适当的间隔,以免行走时发生碰撞而产生声响。重托往往端托汤汁较多的物品,做好清洁工作是非常重要的,只有及时将盘内的油污清洗干净,才能避免物体滑动造成事故

续表

步骤	技能要求	操 作 规 范	备　注
起托	保持托盘平稳，汤汁不洒、菜肴不变形	先将盘的一端拖至服务台外，保持托盘的边有 15cm 搭在服务台上。左手托住托盘底部，掌心位于底部中间，右手握住托盘边。如托盘较重，则先屈膝，双腿用力使托盘上升，然后用手掌托住盘底	动作一步到位，干净利落
行走	步法轻盈、稳健，上身挺直，略向前倾。视野开阔，动作敏捷。精力集中，精神饱满	托盘行进中，选用正确的步伐是托盘服务的关键，托盘行进步伐的选用应根据所托物品的需要而定。托起托盘行走时，眼睛要目视前方，身体端正，不要含胸弯腰。脚步要轻快匀称，步态稳健；行走的时候要注意控制所托物体的运动惯性，如果遇到情况需要突然停下来时，应当顺手向前略伸减速，另一只手及时伸出扶住托盘，从而使托盘及托盘中的物品均保持相对平稳 ① 行走时要注意周围情况，能较好地控制行走速度 ② 行走时两眼目视前方，靠右行走，尽量走直线 ③ 在通过门时要特别小心，避免发生碰撞	① 常步。端送一般物品时，可选用常规步伐行走 ② 疾步，快步。指端送火候菜肴或急需物品时，应选用较快的步伐，但快步不同于跑步，而是要求在稳中求快 ③ 碎步，小步。指托盘服务小步幅，中速行走。这种步伐适用于端送汤汁多的菜肴及重物品 ④ 垫步又称辅助步。如端送物品到餐台前欲将所托物品放于餐台上时，应采用垫步 ⑤ 跑楼梯步。身体向前弯曲，重心向前，用较大的步距，一步跨两个台阶，一步紧跟一步，上升速度快而均匀，巧妙地借用身体和托盘运动的惯性，既快又节省体力
落托	动作轻缓，托盘平稳，保持托盘重心稳定、盘内物品不倾斜、不落地	卸盘时，用右手取走盘内所需物品，左手托盘应注意随着盘内物品的变化而用左手手指的力量来调整托盘重心，且应从前后左右交替取用。托盘行走过程中，将托盘整个放到服务台上称为落托。落托时，应左脚向前，用右手协助左手把托盘小心推至服务台面，放稳后按照从外到内的顺序取用盘内物品	① 如果所托物品较轻，可以用右手将物品从托盘中取下来递给客人，物品取走部分之后，餐厅员工应及时用右手对托盘位置或盘中物品进行调整，使托盘保持平衡 ② 如果托送的物品较为沉重时，餐厅员工可以将托盘放在邻近的空桌面或菜台上，然后将所托物品依次递给客人

1.3　端托服务应注意的问题

1. 端托姿势

端托姿势的正确与否直接影响服务人员服务动作效果。端托姿势主要体现在起托及端托上。

起托时，正确的姿势：餐厅服务员站于距操作台 30cm 处（根据身高来调整距离），双脚分开，双腿屈膝，腰与臂成垂直下坐势，上身成略向前倾状站稳，伸出左手，掌心向上，指尖向前与操作台平行，伸出右手拉拿托盘的边沿，将托盘移向左手掌及小臂处，待托实后，双脚并拢并收回右手，同时身体恢复直立状，托盘起托后，大臂呈垂直状，大臂与小臂成 90°角，使托盘置于身体左侧胸前。端托时，做到站稳、端平、托举到位、高矮适中。

2. 端托卫生

端托时要注意卫生。轻托时，所托物品要避开自己的鼻口部位，也不可将所托物品置于胸下，端托中需要讲话时，应将托盘托至身体的左外侧，避开自己的正前位；重托时，端托姿势要正确，托举到位，不可将所托物品贴靠于自己的头颈部位。

3. 端托安全

（1）端托时，左手端托，右手下垂，除了起托和落托时右手扶托外，其他时间禁止右手扶托。右手扶托危害有 3 点：一是不雅观；二是重托时容易遮挡行走视线；三是容易造成端托失误。

（2）端托时，目光应平视前方，切勿只盯托盘；端托需拿托盘内所托物品时，应做到进出有序，确保所托物品的平衡。

（3）需用托盘垫布时，垫布置于托盘正中，四角下垂应相等，切勿偏铺，影响美观。

（4）端托时，即使再急，也不能抢路，不能不让路，不能跑步行进。

1.4 项目考核

托盘考核成绩表如表 1-2 所示。

表 1-2 托盘考核成绩表

考核项目	标准分	得分	扣分	考核项目	标准分	得分	扣分
理盘	6			无碰撞声	6		
装盘	10			行走姿态	10		
起托	10			向后转身	10		
托盘位置	6			蹲下拣物	10		
托盘姿势	6			落托	10		
不倒物品	6			总体印象	10		
总成绩							

考核时间： 考核人：

知识链接

1. 托盘类型

（1）按材料分，托盘有木、金属、塑料等制品。

木质托盘。这种托盘用木做坯，外表用油漆进行彩绘。

金属托盘。又可分为铜质托盘、铝制托盘、不锈钢托盘及高档的金、银托盘。金、银托盘一般采用铜质金属做胎，外镀金或银。

塑料托盘。这类托盘均采用防滑工艺处理。

（2）按大小分，托盘分为大、中、小 3 个规格的方托盘、长方形托盘和圆形托盘。

① 大、中、小圆形托盘通常用于斟酒、送菜、分菜、展示饮品等，小圆盘使用的频率最高。

② 大、中方托盘通常用于装送菜点、酒水和盘碟等分量较重的物品。

③ 15cm×10cm 或直径为 15cm 的小银托盘主要用来送账单、收款、递信件等小物品。

（3）按摆、换用途分。

大托盘用于端饭，送菜、酒水、饮料；中托盘用于撤餐具、剩酒、剩菜等；小托盘用于送茶、咖啡及盛放小礼品。

2. 托盘服务类型

（1）轻托服务，是胸前托盘运送食物、酒水、餐具、账单等的服务过程。

（2）重托服务，是肩上托盘运送食物、餐具等的服务过程。

3. 端托训练方法

（1）掌握托盘要领，练习端托 1 块九五砖，端托时间不少于 3min。

（2）练习端托 2 块九五砖，端托时间不少于 2min。

（3）训练托盘行走，依次端托 1 瓶、2 瓶和 3 瓶啤酒。要求托盘平稳，姿势优美。

（4）训练托盘行走，端托 4 瓶啤酒。要求托盘平稳，姿势优美。

项目 **2**

餐巾折花

教学方法　课堂示范＋实训室练习＋教师点评＋技能比赛
准备工作　餐巾 50 条、筷子 50 支、水杯 50 个。

2.1　餐巾折花基本技法

　　1. 推折
　　(1) 在推折时,两个大拇指相对成一线,指面向外,指侧面按紧餐巾推折,这样形成的褶比较均匀。
　　(2) 初学可以用食指或中指向后拉折,这时应用食指将打好的褶挡住,中指控制好下一个褶的距离,3 根手指相互配合。
　　(3) 推折时,要在光滑的盘子或托盘中进行。
　　(4) 推折可分为直线推折或斜线推折,折成一头大一头小的褶或折成半圆形或圆弧形。
　　2. 折叠
　　折叠就是将餐巾平行取中一折为二、二折为四或者折成三角形、长方形等其他形状。

折叠的要求：要熟悉基本造型，折叠前算好角度，一下折成。避免反复，以免餐巾上留下折痕，影响餐巾美观。

3. 卷筒

卷筒是将餐巾卷成圆筒并制出各种花形的一种手法。卷的方法可以分为直卷和螺旋卷两种。直卷时餐巾两头一定要卷平；螺旋卷时可先将餐巾折成三角形，餐巾边要参差不齐。无论是直卷还是螺旋卷，餐巾都要卷紧，若卷得过松则会在折花中出现软折。

4. 翻拉

将餐巾折卷后的部位翻成所需花样，翻拉大都用于折花鸟。操作方法如下。

（1）一手拿餐巾，一手将下垂的餐巾翻起一角，拉成花卉、鸟的头颈、翅膀、尾巴等。

（2）翻拉花卉的叶子时，要注意对称的叶子大小一致，距离相等，拉鸟的翅膀、尾巴或头时，一定要拉挺，不要软折。

5. 捏

捏的方法主要用于折鸟的头部。

操作时先将鸟的颈部拉好（鸟的颈部一般用餐巾的一角）；然后用一只手的大拇指、食指、中指3个指头，捏住鸟颈的顶端；食指向下，将餐巾一角的顶端尖角向里压下，大拇指和中指将压下的角捏出尖嘴。

6. 穿

穿是指用工具从餐巾的夹层褶缝中边穿边收，形成皱褶，使造型更加逼真美观的一种手法。穿时左手握住折好的餐巾，右手拿筷子，将筷子的一头穿进餐巾的夹层褶缝中，另一头顶在自己身上，然后用右手的拇指和食指将筷子上的餐巾一点一点往里拉，直至把筷子穿过去。皱褶要求拉得均匀，穿好后，先将折花插进杯子，再抽掉筷子，否则皱褶易松散。

2.2　盘花折叠图例

盘花折叠图如图2-1～图2-12所示。

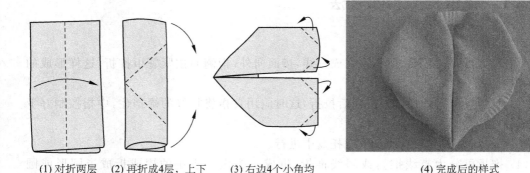

(1) 对折两层　(2) 再折成4层，上下　(3) 右边4个小角均　(4) 完成后的样式
　　　　　　　　均往右折　　　　向后折，完成

图2-1　爱意

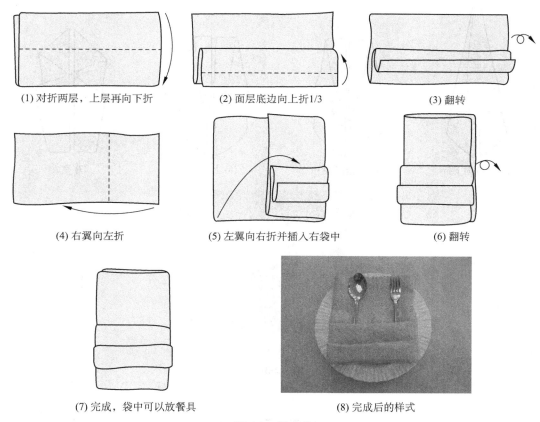

(1) 对折两层，上层再向下折　　　(2) 面层底边向上折1/3　　　(3) 翻转

(4) 右翼向左折　　　(5) 左翼向右折并插入右袋中　　　(6) 翻转

(7) 完成，袋中可以放餐具　　　(8) 完成后的样式

图 2-2　餐巾袋

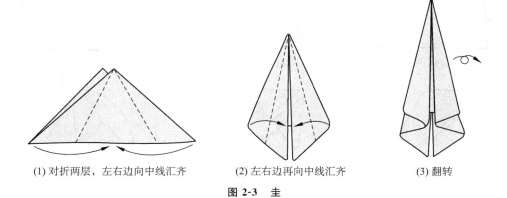

(1) 对折两层，左右边向中线汇齐　　　(2) 左右边再向中线汇齐　　　(3) 翻转

图 2-3　圭

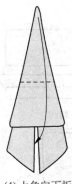

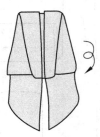

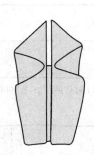

(4) 上角向下折　　　(5) 尖端插入缝中　　　(6) 上下翻转　　　(7) 完成

(8) 完成后的样式

图　2-3（续）

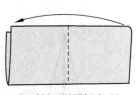

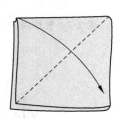

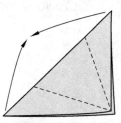

(1) 对折两层再折成4层　　　(2) 折成8层三角形　　　(3) 左右两角折向中线

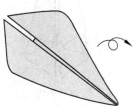

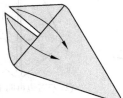

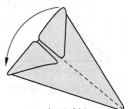

(4) 翻转　　　(5) 左上两角下折　　　(6) 上下对折

图 2-4　帆船

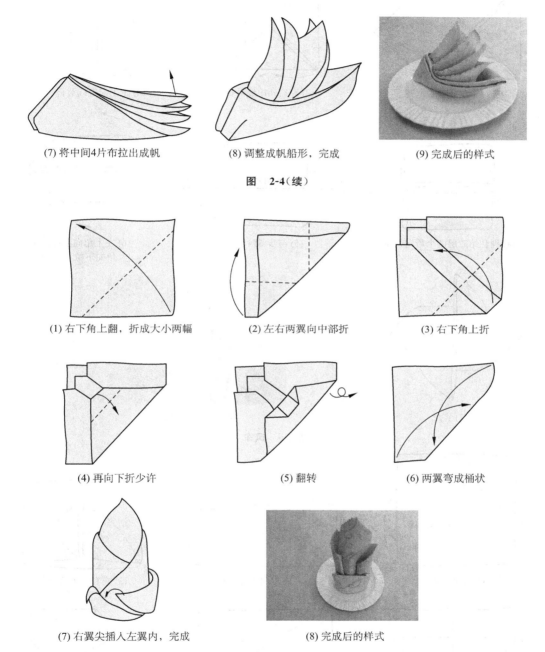

(7) 将中间4片布拉出成帆　　　　(8) 调整成帆船形，完成　　　　(9) 完成后的样式

图　2-4（续）

(1) 右下角上翻，折成大小两幅　　(2) 左右两翼向中部折　　　　(3) 右下角上折

(4) 再向下折少许　　　　(5) 翻转　　　　(6) 两翼弯成桶状

(7) 右翼尖插入左翼内，完成　　　　(8) 完成后的样式

图 2-5　教皇帽

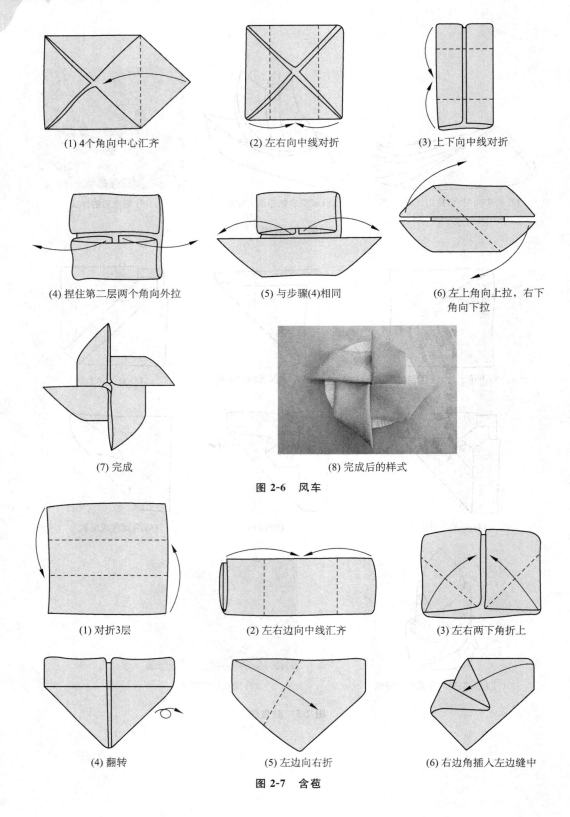

(1) 4个角向中心汇齐

(2) 左右向中线对折

(3) 上下向中线对折

(4) 捏住第二层两个角向外拉

(5) 与步骤(4)相同

(6) 左上角向上拉，右下角向下拉

(7) 完成

(8) 完成后的样式

图 2-6　风车

(1) 对折3层

(2) 左右边向中线汇齐

(3) 左右两下角折上

(4) 翻转

(5) 左边向右折

(6) 右边角插入左边缝中

图 2-7　含苞

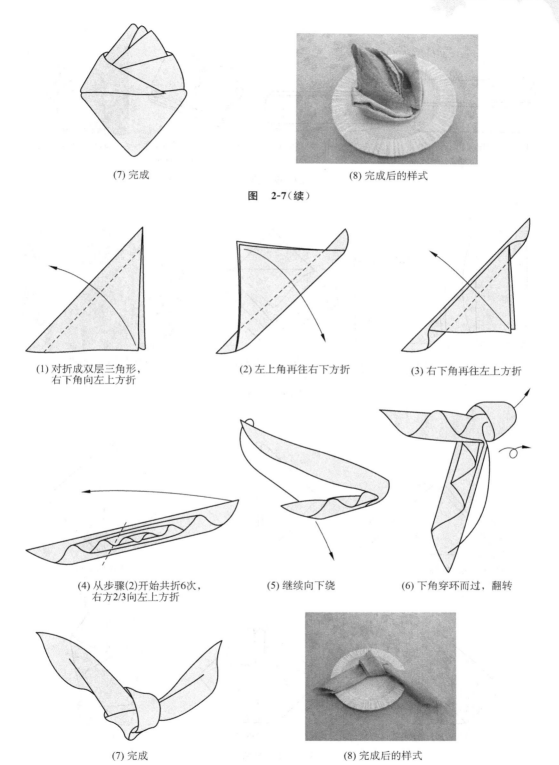

(7) 完成

(8) 完成后的样式

图　2-7（续）

(1) 对折成双层三角形，
右下角向左上方折

(2) 左上角再往右下方折

(3) 右下角再往左上方折

(4) 从步骤(2)开始共折6次，
右方2/3向左上方折

(5) 继续向下绕

(6) 下角穿环而过，翻转

(7) 完成

(8) 完成后的样式

图 2-8　情人结

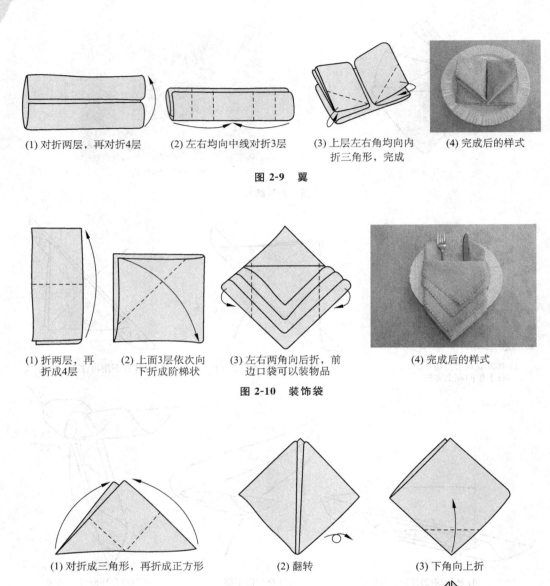

(1) 对折两层，再对折4层　　(2) 左右均向中线对折3层　　(3) 上层左右角均向内　　(4) 完成后的样式
　　　　　　　　　　　　　　　　　　　　　　　　　　　　折三角形，完成

图 2-9　翼

(1) 折两层，再　　　(2) 上面3层依次向　　(3) 左右两角向后折，前　　　(4) 完成后的样式
折成4层　　　　　　下折成阶梯状　　　　边口袋可以装物品

图 2-10　装饰袋

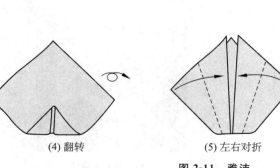

(1) 对折成三角形，再折成正方形　　　(2) 翻转　　　(3) 下角向上折

(4) 翻转　　　(5) 左右对折　　　(6) 翻转

图 2-11　雅洁

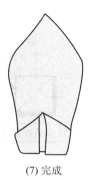
(7) 完成

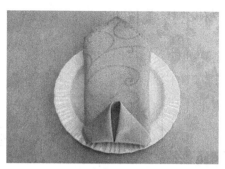
(8) 完成后的样式

图 2-11（续）

(1) 上下对折两层，再对折成4层

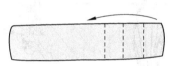
(2) 右边向左折3次至中线

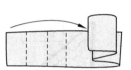
(3) 左边折法和步骤(2)相同

(4) 左右对折成8层

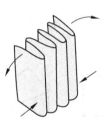
(5) 捏紧底部，上面自然向两边散开

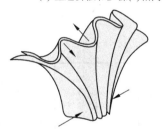
(6) 凹进的弯位均向外拉出

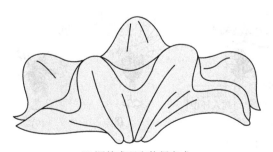
(7) 调整成双扇状便完成

(8) 完成后的样式

图 2-12 双扇

2.3 杯花折叠图例

杯花折叠图如图 2-13～图 2-20 所示。

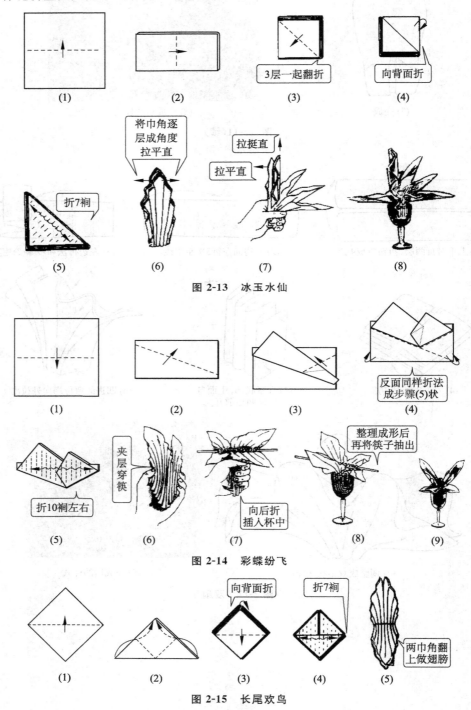

图 2-13 冰玉水仙

图 2-14 彩蝶纷飞

图 2-15 长尾欢鸟

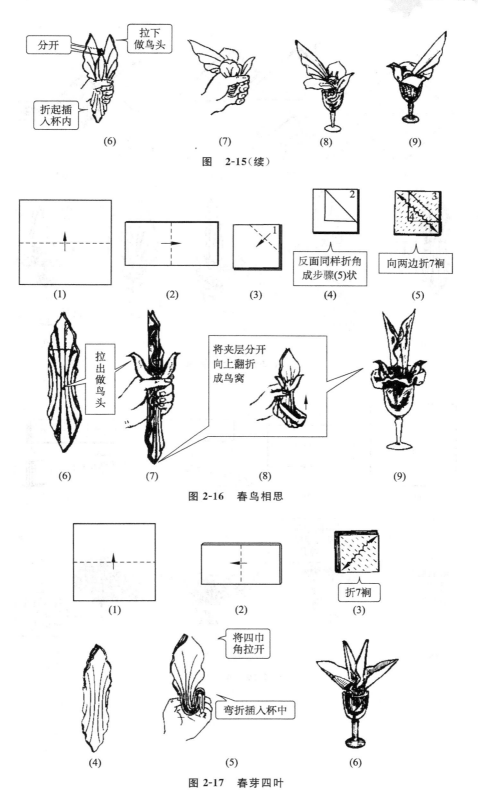

(6) 　分开　拉下做鸟头　折起插入杯内
(7)
(8)
(9)

图　2-15(续)

(1)
(2)
(3) 1
(4) 反面同样折角成步骤(5)状 2
(5) 向两边折7褶 3 4

(6) 拉出做鸟头
(7)
(8) 将夹层分开向上翻折成鸟窝
(9)

图 2-16　春鸟相思

(1)
(2)
(3) 折7褶

(4)
(5) 将四巾角拉开　弯折插入杯中
(6)

图 2-17　春芽四叶

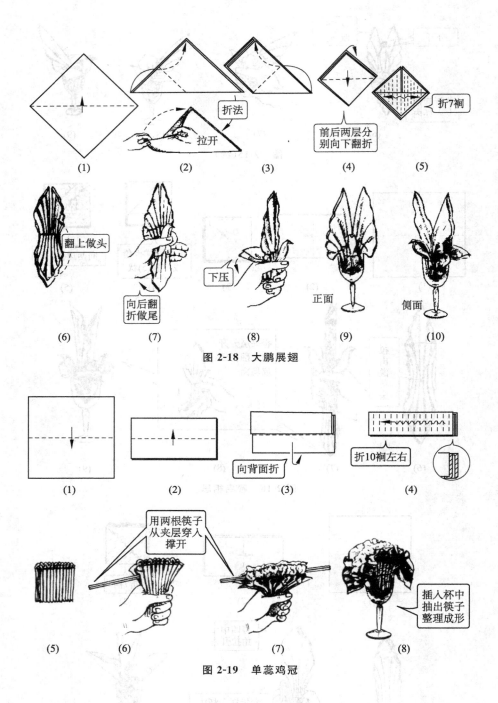

（1）　　　　（2）　　　　（3）　　　　（4）　　　　（5）

折法

拉开

前后两层分别向下翻折

折7裥

翻上做头

向后翻折做尾

下压

正面　　　　侧面

（6）　　　　（7）　　　　（8）　　　　（9）　　　　（10）

图 2-18　大鹏展翅

（1）　　　　　　（2）　　　　　　（3）　　　　　　（4）

向背面折

折10裥左右

用两根筷子从夹层穿入撑开

插入杯中抽出筷子整理成形

（5）　　　　（6）　　　　　（7）　　　　　（8）

图 2-19　单蕊鸡冠

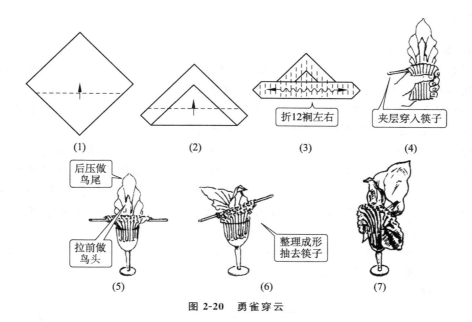

图 2-20　勇雀穿云

2.4　注意事项

餐巾折花注意事项如下。

（1）操作前要洗手消毒。

（2）在干净的托盘或餐盘中操作。

（3）操作时不允许用嘴咬。

（4）放花入杯时，要注意卫生，手指不允许接触杯口，杯身不允许留下指纹。

（5）餐巾折花放置在杯中高度的 2/3 处为宜。

2.5　项目考核

餐巾折花考核成绩表如表 2-1 所示。

表 2-1　餐巾折花考核成绩表

考核项目	标准分	得分	扣分	考核项目	标准分	得分	扣分
突出正副主人位	5			技法多样	15		
推折均匀整齐	15			观赏面朝向客人	10		
造型美观形象逼真	20			餐巾包裹整齐不碰杯底	5		
款式新颖有创意	20			操作手法卫生规范	10		
总成绩							

考核时间：　　　　　　　　　　　　　　　考核人：

知识链接

1. 餐巾的作用

餐巾又名口布，是餐厅中常备的一种卫生用品，又是一种装饰美化餐台的艺术品。具有实用和观赏两种特性。餐巾的主要作用有以下4种。

（1）餐巾是餐饮服务中的一种卫生用品。宾客用餐时，餐厅服务员将餐巾放在宾客的膝上或胸前，餐巾可用来擦嘴或防止汤汁、酒水弄脏衣物。

（2）餐巾可以装饰美化餐台。不同的餐巾花形，蕴涵着不同的宴会主题。形状各异的餐巾花形，摆放在餐台上，既美化了餐台，又增添了庄重热烈的气氛，给人以美的享受。

（3）餐巾花形可以烘托就餐气氛。如用餐巾折成喜鹊、和平鸽等花形表示欢快、和平、友好，给人以诚悦之感；如折出比翼双飞、心心相印的花形送给一对新人，可以表示永结同心、百年好合的美好祝愿。

（4）餐巾花形的摆放可标示出主宾的席位。在折餐巾花时应选择好主宾的花形，主宾花形高度应高于其他花形以示尊贵。

2. 餐巾的种类

（1）按质地分，餐巾可分为棉织品和化纤织品。

棉织品餐巾吸水性较好，去污力强，浆熨后挺括，造型效果好，但折叠一次，效果才最佳；化纤织品色泽艳丽，透明感强，富有弹性，如一次造型不成，可以二次造型，但吸水性差，去污力不如棉织品。

（2）按颜色分，餐巾颜色有白色与彩色两种。

白色餐巾给人以清洁卫生、恬静优雅之感，可以调节人的视觉平衡、安定人的情绪；彩色餐巾可以渲染就餐气氛，如大红、粉红餐巾给人以庄重热烈的感觉，橘黄色、鹅黄色餐巾给人以高贵典雅的感觉，湖蓝色餐巾在夏天能给人以凉爽、舒适之感。

3. 餐巾折花的选用

餐巾花形的选择和运用，一般应根据宴会的性质、规模、规格、冷菜名称、季节时令、来宾的宗教信仰、风俗习惯、宾主座位的安排、台面的摆设需要等方面的因素进行考虑。总体上有以下6个原则。

（1）根据宴会的性质来选择花形

如以欢迎答谢表示友好为目的的宴会餐巾花可设计成友谊花篮或和平鸽等。

（2）根据宴会的规模来选择花形

一般大型宴会可选用简单、快捷、挺拔、美观的花形。小型宴会可以同一桌上使用各种不同的花形，形成既多样又协调的布局。

（3）根据花式冷拼选用与之相配的花形

如冷拼是"游鱼戏水"，餐巾花则可以选用"金鱼"造型。

（4）根据时令季节选择花形

用台面上的花形反映季节特色，使之富有时令感。

（5）根据宾客身份、宗教信仰、风俗习惯和爱好来选择花形

选用人们喜欢的花作为餐巾折花的花形，会受到宾客的喜爱。如日本：樱花；缅甸：东

亚兰;尼泊尔:山杜鹃;印度:荷花;新加坡:卓棉、万代兰;印度尼西亚:茉莉花;英国:红玫瑰;法国:金百合花;德国:矢车兰;意大利:雏菊、玫瑰;西班牙:石榴花;墨西哥:仙人掌;埃及:睡莲;坦桑尼亚:丁香花;澳大利亚:金合欢花;新西兰:银色蕨花。

不要选用那些禁忌花形。如日本:忌讳荷花图案,并认为梅花为不祥之花。英国:忌用大象图案,认为大象是蠢笨的象征,还把孔雀看作淫鸟、祸鸟。连孔雀开屏也被认为是自我炫耀吹嘘。法国:忌用黑桃图案,讨厌仙鹤图案,认为仙鹤是蠢汉和淫妇的代称。美国:讨厌蝙蝠,认为它是凶神恶煞的象征。意大利:忌用菊花,因菊花盛开季节是人们扫墓的时刻。埃及:忌讳熊猫,因为熊猫的形体近似猪。

还要注意外宾对花卉色彩的禁忌,如日本:忌绿色,认为绿色是不祥的颜色。法国:忌黄色,认为黄色是不忠诚的表现,还忌用墨绿色,因为墨绿色是纳粹党的军服颜色。德国:忌茶色、红色和深蓝色。埃及:忌蓝色,认为蓝色是恶魔。

(6) 根据宾主席位的安排来选择花形

宴会主人座位上的餐巾花称为主花,主花要选择美观而醒目的花形,其目的是使宴会的主位更加突出。

4. 餐巾折花摆放的艺术性

(1) 餐巾折花摆放的基本要求

餐巾是餐桌上的普通用品,餐巾折花则是一项艺术创作,它可以烘托宴会的气氛,增添宴会的艺术效果,因此餐厅服务员要掌握餐巾折花摆放的基本要求。

① 突出主位。根据主宾席位选择花形。宴会上,主宾席位上的餐巾折花被称为主花,主花一般要选择品种名贵、折叠精细、美观醒目的花形,以达到突出主位、尊敬主宾的目的。

② 注意协调性。餐巾折花的协调性是指无论是大型还是小型宴会,除主位外的餐巾折花要高矮一致、大小一致,要把一个台面或一组台面当作一个整体来布置。但一般主位的餐巾折花可与其余的不同。

当只有一桌的宴会上选用各不相同的花形时,主花要明显。如果选择的花形都是比较矮的,与主花高低相差不能太多。除了主花以外,如果还有高低差别较大的花形,则要以主花为主,其余花形高的不能超过主花,同时要高矮相间布置,使整个台面整体协调一致。

(2) 餐巾折花摆放的艺术性

餐巾折花在台面上具有抽象性和形象性,要每个花形都发挥其作用,餐厅服务员就要了解每个花形的最佳观赏位置,在摆放时应注意以下5点。

① 主花要摆插在主位。主花摆在主位,一般的餐巾花摆在其他宾客席上,但要高低均匀,错落有致,达到一种视觉艺术的美。

② 餐巾折花将观赏面朝向宾客。摆放餐巾折花,要使宾客正面观赏,如孔雀开屏、和平鸽等花形,要将正面朝向宾客。适合侧面观赏的,要将最佳观赏面朝向宾客。

③ 相似花形错开摆放。在一个台面上,摆放不同品种花形时,形状相似的花形要错开,对称摆放。

④ 恰当掌握杯内餐巾花的深度。餐巾折成花形后,放入杯内的深度要适中。杯内的

部分要折叠整齐规范。

⑤ 摆放距离均匀。各种餐巾花之间的间距要均匀，做到花不遮餐具，不妨碍服务操作。做到技术性和艺术性相结合，达到台面的完整和谐。

（3）餐巾折花发展新趋势

① 线条简洁明快挺括。因为这类花形折叠所需要的时间短、速度快，而且这种花形散开后，餐巾皱褶少，使用方便。

② 趋向盘花。杯花是用手将花插入杯中的，因此折花之前要严格手部消毒。用盘花可减少手与杯的接触，满足宾客清洁卫生的心理。因此，餐巾折花逐渐向盘花方向发展。

项目 **3**

摆　台

教学方法　课堂示范＋实训室/企业现场实践练习＋教师点评＋技能比赛

　　准备工作　中餐餐台 5 个、西餐餐台 5 个，中餐台布 5 块、西餐台布 5 块，中餐餐具
20 套、西餐餐具 20 套。将学生预先分为 5 组。

3.1　铺台布的程序和标准

1. 铺台布的基本要求

　　中餐台布：台布居中，正面朝上，动作一次到位，四周下垂基本均等。先拉椅，后还原，
30～40s 内完成。

　　西餐台布：两块台布中凸线对齐，重叠开口朝主位，正面朝上，动作一次到位，四周下
垂基本均等。如需拉椅，应还原，2min 内完成。

2. 3种铺台布方法的程序

撒网式分解动作：A—B—C—F。

推拉式分解动作：A—B—D—F。

平抛式分解动作：A—B—E—F。

其中：

A——打开台布：确认好台布正面，横向打开台布。

B——抖开台布：手心向下，拇指与食指捏上层台布边向上抖开，食指与中指捏台布中缝，再向上抖开，中指和无名指捏下层台布边。

C——撒开台布：用腰部力量，从身体一侧向台面中心撒开，注意用力均匀。

D——平推台布：重心下压，台布贴近桌面沿台面中心线向正前方平推出去。

E——平抛台布：身体站直，台布悬于桌面上空向正前方平抛出去。

F——拉回台布到位：手心向下，身体重心下压，使台布紧贴桌面拉回，避免中间鼓泡。

3. 铺台布的标准

中餐台布拉到位的标准：两条台布中线分别平分圆桌面，中凸线正对主人位与副主人位，台布四周下垂基本均等。

西餐台布拉到位的标准：两条台布的中凸线对齐，正对主人位与副主人位，重叠开口朝主人位，台布四周下垂基本均等。

4. 要点提示

铺好的台布，正面向上，凸缝朝上对准餐桌正副主人中心位置，十字中心线位于餐桌中心。

台布铺好后，四角对准餐桌四脚，呈直线下垂状，下垂部分距地面距离相等。

铺好的台布应平整无皱纹、无污渍。

铺设台布过程中注意台布不能接触地面。

台布铺好后，应将副主人位餐椅送回原位。

3.2　中餐零点摆台的程序和标准

1. 早餐摆台

中式早餐摆台比较简单，一般是将骨碟摆在座位正中，距桌边约1cm；汤碗或小饭碗摆在骨碟左侧；筷子装在筷套内摆在骨碟的右侧；汤勺摆在汤碗内，勺把朝同一方向。中餐早餐摆台如图3-1所示。

2. 午、晚餐摆台

午、晚餐摆台与早餐摆台基本相同，只是在餐碟前面加放一个水杯，将叠好的餐巾花摆在餐碟内或插放在水杯中。摆放时，要求桌面上各种餐具、用具摆放有条理，整齐、一致、美观、大方。中餐午、晚餐摆台如图3-2所示。

图 3-1　中餐早餐摆台

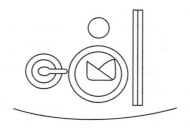

图 3-2　中餐午、晚餐摆台

3. 粤菜零点摆台

粤菜是我国很有影响的菜系之一,全国各大城市的粤菜酒楼比比皆是。粤菜零点摆台与一般午、晚餐摆台有所不同,其摆台方法:骨碟摆放在座位正中,距桌边约 1cm;筷子装在筷套内摆在骨碟右侧;骨碟左前方摆放小汤碗,小汤勺摆放其中,勺柄朝同一方向(或左或右);骨碟右前方摆放味碟,味碟与汤碗的上方,同时也是在骨碟与转盘中心点的连线上摆放水杯;筷子右边放茶盘和茶杯,杯柄朝右;餐巾花放在骨碟中。粤菜零点摆台如图 3-3 所示。

图 3-3　粤菜零点摆台

3.3　中餐宴会摆台的程序和标准

1. 座次安排

宴会座次安排即根据宴会的性质、主办单位或主人的特殊要求,根据出席宴会的宾客身份确定其相应的座位。座次安排必须符合礼仪规格,尊重风俗习惯,便于席间服务。

宴会座次安排的原则是主人坐在厅堂正面,对面坐副主人,主人右侧坐主宾,左侧坐副主宾。副主人右侧坐第三宾,左侧坐第四宾,其他座位坐翻译和陪同人员。中餐宴会座次安排有两种方式,分别如图 3-4 和图 3-5 所示。

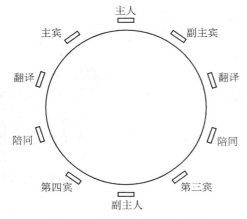

图 3-4　中餐宴会座次安排(1)

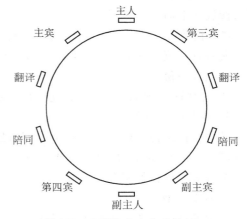

图 3-5　中餐宴会座次安排(2)

2. 摆台前的准备

中餐宴会摆台前的准备与便餐摆台前的准备相同。

3. 铺台布、放转盘、围桌裙、配餐椅

（1）中餐宴会一般使用直径为180cm的10人圆桌,台布选用240cm的方台布或圆台布。

（2）玻璃转盘摆在桌面中央的转圈上,检查转盘是否能正常工作。

（3）规格较高的宴会还要在圆桌外沿围上桌裙。

（4）按宴会出席人数配齐餐椅,以10人为一桌,一般餐椅放置为三三、两两,即正副主人侧各放3张餐椅,另两侧各放两张餐椅,椅背在一条直线上。

4. 摆餐具

餐具一律使用托盘,左手托盘,右手戴手套拿餐具。

（1）骨碟定位。骨碟10个一摞放在托盘上,从主人座位处开始按顺时针方向依次摆放,要求碟边距离桌边1.5cm,骨碟与骨碟之间距离均匀相等,若碟子印有店徽等图案的要正面示人。

（2）摆放小汤碗、小汤勺和味碟。味碟位于餐碟正上方,相距1cm或均等。左侧摆放小汤碗,汤勺摆放在汤碗中,勺柄朝左,汤碗与味碟之间相距1cm,横向直径在一条直线上。

（3）摆放筷架、长柄汤勺、筷子。筷架摆在餐碟右边,位于筷子上部1/3处。筷子、长柄汤勺摆在筷架上,长柄汤勺距餐碟均等。筷尾距餐桌沿均等,筷套正面朝上。牙签位于长柄汤勺和筷子之间,牙签套正面朝上,底部与长柄汤勺齐平。

（4）摆放玻璃器皿。葡萄酒杯在味碟正上方2cm。白酒杯摆在葡萄酒杯的右侧,水杯位于葡萄酒杯左侧,杯肚间隔1cm。三杯成斜直线,与水平线呈30°角。如果折的是杯花,水杯待餐巾花折好后一起摆上桌。

（5）摆餐巾花。若是选用杯花,需提前折叠放置杯具内,侧面观赏的餐巾花如鸟、鱼等则头部朝右摆放。注意把不同样式、不同高度的餐巾花搭配摆放,主人位上摆放有高度的花式。

（6）摆公用餐具。在正副主人杯具的前方,各摆放一个筷架或餐盘,将一副公用筷和汤勺摆放在上面,汤勺在外侧,筷子在内侧,勺柄和筷子尾端向右。

（7）摆放宴会菜单、台号、座卡。一般10人座放两份菜单,正副主人餐具一侧各摆放一份,菜单底部距桌边1cm。高级宴会可在每个餐位放一份菜单。

（8）摆插花。转台正中摆放插花或其他装饰品,以示摆台的结束。

5. 摆台后的检查工作

摆台后再次检查台面餐具有无遗漏、破损,餐具摆放是否符合规范,餐具是否清洁光亮,餐椅是否配齐。

中餐宴会摆台如图3-6所示。

图3-6　中餐宴会摆台

6. 项目考核

中餐餐具摆台考核成绩表如表3-1所示。

表 3-1　中餐餐具摆台考核成绩表

序号	评分要素	配分	评分标准	得分	备注
1	做好摆台操作的准备工作	5	① 物品未消毒扣 2 分 ② 手抓杯口、碟内扣 2 分		
2	摆台操作	60	① 摆放餐碟,1 个间距不等扣 0.4 分 ② 摆放口汤碗、调羹,1 个间距不等扣 0.4 分 ③ 摆放味碟,1 个间距不等扣 0.4 分 ④ 摆放酒杯,1 个间距不等扣 0.4 分 ⑤ 摆放筷架、筷子,1 个间距不等扣 0.4 分 ⑥ 摆放烟灰缸,1 个间距不等扣 0.4 分 ⑦ 餐具花纹 1 个不正扣 0.2 分 ⑧ 椅子间距 1 个不等扣 0.4 分		
3	操作规范	30	① 摆放位置错 1 次扣 2 分 ② 端托不规范扣 2 分 ③ 餐饮用具错位 1 项扣 2 分 ④ 漏摆 1 项扣 3 分 ⑤ 餐饮用具落地 1 件扣 2 分 ⑥ 摆台顺序错 1 次扣 2 分		
4	仪表、仪容整齐干净	5	着工装,佩戴操作工作牌,化淡妆,不得佩戴首饰及其他饰物。以上 1 项不达标扣 1 分		
	合　计	100			

考核时间：　　　　　　　　　　　　　　考核人：

3.4　西餐零点摆台的程序和标准

1. 摆台前准备工作

西餐零点摆台前准备工作与中餐零点摆台前准备工作相同。

2. 铺台布、摆餐椅

西餐铺台布前,先在台面上放上垫布,在垫布上铺台布。

3. 摆餐具

（1）西餐早餐摆台

西餐早餐摆台一般是在咖啡厅内提供的,可分为美式早餐、欧陆式早餐及零点早餐等,它们的摆台方法略有差异。基本摆法有以下几点。

① 餐盘与刀、叉、匙。在餐椅正对处摆放直径为 24cm 的餐盘,餐盘离桌沿 2cm,将折花的餐巾花摆放在餐盘上;餐盘的左侧放一把餐叉,叉面朝上,右侧放餐刀,刀口向餐盘方向,汤匙放在餐刀的右侧,匙面朝上;刀、叉距餐盘 1.5cm,餐刀与汤匙之间的距离也是 1.5cm,刀、叉、匙下端在一条直线上;距桌沿 2cm。

② 面包盘与黄油刀。面包盘在餐叉左侧,相距餐叉和桌沿各 1.5cm。黄油刀刀口朝左,摆放于面包盘右侧,与餐叉平行。

③ 水杯。餐刀正前方 3cm 处摆放水杯。

④ 咖啡杯具。汤匙右侧摆放咖啡杯和咖啡碟,杯把和匙柄朝右。

⑤ 其他。调味盅、牙签筒、烟灰缸等摆放在餐台中心位置上。

西餐早餐摆台如图 3-7 所示。

（2）西餐午、晚餐摆台

西餐午、晚餐摆台是在早餐摆台的基础上，撤去咖啡杯具而增加茶匙和甜点叉。甜点叉横放于餐盘正上方，叉柄朝左。在甜点叉的上方，与甜点叉平行摆放茶匙，匙柄朝右。

西餐午、晚餐摆台如图 3-8 所示。

图 3-7　西餐早餐摆台

图 3-8　西餐午、晚餐摆台

3.5　西餐宴会摆台的程序和标准

西餐宴会与中餐宴会不同，一般采用长方形餐桌。摆台时要按照一底盘、二餐具、三酒水杯、四调料用具、五艺术摆设的程序进行。

1. 座次安排

（1）一般家庭式西餐宴会的座次安排。主人的座位应正对厅堂入口，便于其纵观全厅；长台两端分别设主人位和副主人位（女主人位），男女宾客穿插落座，夫妇穿插落座。这样的席位安排只有主客人之分，没有职务之分。

家庭式西餐宴会座次安排如图 3-9 所示。

图 3-9　家庭式西餐宴会座次安排

（2）若是正式宴会，双方都有一位重要人物参加，那么主宾要坐在主人的右侧，副主宾要坐在副主人的右侧，次要人物由中间向两侧依次排开。

（3）若正式宴会双方首要人物都带夫人参加，法式座次安排为主宾夫人坐在主人右侧，主宾坐在主人夫人右侧，如图 3-10 所示。英式座次安排为：主人夫妇各坐两头，主宾夫人坐在主人右侧位，主宾坐在主人夫人右侧位，其他男女穿插依次坐中间，如图 3-11 所示。

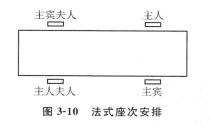

图 3-10　法式座次安排

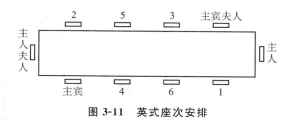

图 3-11　英式座次安排

2. 餐具的准备工作

西餐餐具品种较多,每上一道菜就要相应的撤去用完的餐具。

3. 台布、摆餐椅

西餐宴会桌一般使用数张方桌拼接而成。铺台布的顺序应由里向外铺,目的是要让每张台布的接缝朝里,避免步入餐厅的客人看见。铺好的台布要求中线相接,成一条直线,台布两侧下垂部分美观整齐,两边均匀。

4. 摆餐具

(1) 餐椅定位。从席椅正后方进行操作,从主人位开始,按顺时针方向进行。席椅之间距离相等,相对席椅的椅背中心对准,席椅边沿与下垂台布相距 1cm。

(2) 摆装饰盘。手持盘沿右侧操作,从主人位开始顺时针方向在每个席位正中摆放餐盘。注意店徽等图案摆正,盘边距桌沿 1cm,盘与盘之间的距离相等,装饰盘中心与餐椅中心对准。

(3) 摆刀、勺、叉。刀、勺、叉由内向外摆放。在餐盘的右侧从左到右依次摆放主餐刀、鱼刀、汤匙、开胃品刀,刀口朝左,匙面向上,刀柄、匙柄距桌沿 1cm。餐盘左侧从右到左依次摆放主餐叉、鱼叉、开胃品叉,叉面朝上,叉柄距桌沿 1cm。

(4) 摆水果刀叉(或甜品叉)、甜品匙。在餐盘的正前方横摆水果刀,刀柄朝右。水果刀的前方摆放甜品匙,匙柄朝右。甜品匙的前方平行摆放水果叉(或甜品叉),叉柄朝左。

刀、勺、叉之间间距为 0.5cm。主餐刀、主餐叉、水果刀与装饰盘的间距均为 0.5cm。

(5) 摆面包盘、黄油刀和黄油碟。摆放顺序:面包盘、黄油刀、黄油碟。面包盘盘边距开胃品叉 1cm。面包盘中心与装饰盘中心对齐。黄油刀置于面包盘右侧边沿 1/3 处。黄油碟摆放在黄油刀尖正上方,相距 3cm。黄油刀与黄油碟之间的距离为 3cm。

(6) 摆玻璃杯具。摆放顺序:白葡萄酒杯、红葡萄酒杯、水杯(白葡萄酒杯摆在开胃品刀的正上方,杯底中心在开胃品刀的中心线上,杯底距开胃品刀尖 2cm)。三杯向右与水平线成 45°角。各杯肚之间相距 1cm。

(7) 摆餐巾花。将叠好的盘花摆放在餐盘正中,注意主人位上放置有高度的盘花,并注意式样的搭配。

(8) 中心装饰物。中心装饰物中心置于餐桌中央和台布中线上。中心装饰物主体高度不超过 30cm。

(9) 其他物品。烛台与中心装饰物之间间距均等;烛台底座中心压台布中凸线;两个烛台方向一致。牙签盅与烛台底边相距 10cm;牙签盅中心压在台布中凸线上。椒盐瓶与牙签盅相距 2cm;椒盐瓶两瓶间距 1cm,左椒右盐;椒盐瓶间距中心对准台布中凸线。

西餐宴会摆台如图 3-12 所示。

图 3-12　西餐宴会摆台

5. 摆台后的检查工作

摆台结束后要进行全面检查,发现问题及时纠正。要达到全台看上去整齐、大方、舒适的效果。

6. 项目考核

摆放 6 人西餐宴会摆台,考核成绩表如表 3-2 所示。

表 3-2　西餐宴会摆台考核成绩表

序号	考核内容	考核要点	配分	评分标准	扣分	得分
1	仪容、仪表及准备工作	按规定着装,工作服整洁干净,佩戴标志,仪容、仪表整洁大方 工作台餐用具分类摆放规范、合理	10	不按照要求着装扣 2.5 分 着装不整洁扣 1 分 不佩戴标志扣 1 分 餐用具摆放不规范扣 3 分 扣完为止		
2	铺台布	铺台布正面朝上、中线对正、台布下垂均匀	10	台布反面朝上扣 4 分 台布中线不正扣 4 分 台布下垂不均匀扣 4 分 扣完为止		
3	摆放餐具	按顺序摆放餐用具 展示盘、面包盘定位准确 展示盘与面包盘中心线在一条直线上 刀、叉、匙摆放准确 3 种杯摆放正确	40	餐用具摆放程序错误扣 3 分 展示盘、面包盘定位不当每套各扣 2 分 刀、叉、匙等餐具摆放位置不正每套各扣 4 分 3 种杯摆放不准确,每套各扣 2 分 扣完为止		
4	摆台面用品	花瓶、用品按图示规范要求摆放	10	各项用具不按照规范摆放一套扣 5 分 扣完为止		
5	围椅	餐椅对位摆放、餐椅与下垂台布间距 1cm	10	餐椅摆放错位各扣 2 分 扣完为止		
6	整体效果	餐台整体效果良好 餐用具摆放规范、到位	10	餐台整体效果差扣 10 分 扣完为止		

续表

序号	考核内容	考核要点	配分	评分标准	扣分	得分
7	操作能力	操作稳妥,拿取餐具符合卫生要求,动作娴熟、协调、规范、操作区域整洁	10	操作不稳妥扣 2 分 手法不卫生扣 2 分 托盘使用不熟练扣 2 分 动作不规范、不协调扣 2 分 台面、工作台不清洁扣 2 分 扣完为止		
8	失误	在总分中扣除		餐用具掉地一次扣 5 分 打碎餐用具一件扣 5 分 少摆餐用具一件扣 2 分 最多超时 3min,超时 1min 扣 2 分,不够 1min 按 1min 计算 最多扣 30 分		
		合　计	100			

考核时间:　　　　　　　　　　　　　　考核人:

知识链接

1. 中式餐具及西式餐具的种类

(1)常用中式餐具

中餐中常用的餐具有骨盘、小汤碗、筷子、筷架、酒杯、水杯、服务盘、味碟及餐巾等。

(2)常用西式餐具

西餐中常用的餐具有刀、叉、匙及杯盘。刀分为食用刀、鱼刀、肉刀(刀口有锯齿,用于切牛排、猪排等)、黄油刀和水果刀;叉分为食用叉、鱼叉、肉叉和虾叉;匙分为汤匙、甜食匙、茶匙。公用刀、叉、匙的规格明显大于餐用刀、叉、匙。小号叉与汤匙,用于吃沙拉、甜食或一些开胃小菜;大号叉、刀、汤匙用于吃主食。

2. 常用餐具使用方法

(1)刀、叉、杯及盘的擦洗方法

刀:用干净的口布将刀包裹起来,刀口向外,用右手擦拭。

叉:用干净的口布将叉包裹起来,用右手擦拭。

杯:用干净的口布将杯包裹起来,左手拿杯,右手擦拭杯身及杯脚。

盘:用干净的口布,用右手擦拭盘底,用左手擦拭盘面,用双手抱起整摆餐盘。

(2)酒杯挑选与使用

① 上好的专业葡萄酒杯形体必须优雅柔顺、光滑温润,杯身浑圆薄巧、重量轻盈宜人,一方面拥有绝佳的美感与触感;另一方面使酒能与空气充分接触,温度、浓度、和谐度、均匀度与丰富度均完美展现。另外,还须具备晶莹剔透的质地与绝佳的透明度,以令品酒者完整观察酒汁的色泽、清澈度、气泡与渐层状况。

② 手工与机器吹制的杯子外形上十分相似,但价格相去甚远。只要仔细观察,手工杯子在弧度上格外细腻洗练,而机器吹制的杯子,若以手指触摸杯脚,常可以观察到一道

由上往下贯穿的细接缝，不难辨识。

③ 在酒杯里斟红、白酒最好不要倒得太满，一般而言，约倒至酒杯的1/2～1/3处，但香槟则可倒至1/2～2/3处，以方便观赏美丽的金黄色泽与气泡。

④ 执葡萄酒杯时则最好以手指轻持杯脚或底座部分，饮用前轻轻旋转晃动酒杯，以使酒气发散，方便闻香。不要用手掌握住杯身，以免影响酒温。

（3）服务叉、匙

在高级的餐厅为客人分菜是相当重要的一种服务，因此服务人员必须具备熟练的服务叉、匙的操作技巧。

① 服务叉、匙的拿法

● 手握式：叉、匙的握柄皆握于手掌内；匙在下，叉在上，面朝上；中指、无名指与小指轻轻握住服务匙使之固定；在上服务叉则以拇指和食指的指尖，握住叉柄的中段。

● 手夹式：无名指在上，中指及小指在下夹住服务匙柄的后段；拇指和食指的指尖握住服务叉柄的中段。

② 使用服务叉、匙应注意事项

● 每服务一道菜应更换一套干净的服务叉、匙。

● 服务另一桌的客人，也应更换一套干净的服务叉、匙。

● 除了服务烟熏鲑鱼之外，叉匙应同时使用。

● 夹取食物时，注意勿掉落在客人盘中或桌上。

（4）餐盘

① 餐盘的握法

餐盘的握法有双手握整叠餐盘；单手握盘；单手握双盘——拇指轻扣上盘沿，其他四指扶在下盘底；单手握双盘——拇指轻扣下盘沿，小指扶在上盘沿 。

② 餐盘的收拾方法

左手握盘，拇指轻扣上盘沿，其他四指扶在下盘底；左手握盘，拇指轻扣下盘沿及餐叉柄，餐刀穿在餐叉下方，小指扶在上盘底；左手握盘，拇指轻扣盘沿及餐叉柄，餐刀穿在餐叉下方，其他四指扶在盘沿，第三个盘子靠在手臂上。

（5）分菜的工具及使用

① 分菜的工具

中餐分菜的工具有分菜叉（服务叉）、分菜勺（服务勺）、公用勺、公筷、长把汤勺等。

法式服务的分菜工具有：服务车、分割切板、刀、叉、分调味汁的叉和勺。

② 分菜工具的使用方法

中餐分菜工具的使用方法有以下两种。

服务叉、勺的使用方法：服务员右手握住叉的后部，勺心向上，叉的底部向勺心；在夹菜肴和点心时，主要依靠手指来控制；右手食指插在叉和勺把之间与拇指酌情合捏住叉把，中指控制勺把，无名指和小指起稳定作用；分带汁菜肴时用服务勺盛汁。

公用勺和公筷的用法：服务员站在与主人成90°角的位置上，右手握公筷，左手持公用勺，相互配合将菜肴分到宾客餐碟之中。

长把汤勺的用法：分汤菜，汤中有菜肴时需用公筷配合操作。

法式服务切分工具的使用方法有以下两种。

分让主料：将要切分的菜肴取放到分割切板上，再把净切板放在餐车上。分切时左手拿叉压住菜肴的一侧，右手用刀分切。

分让配料、配汁：用叉、勺分让，勺心向上，叉的底部向勺心，即叉勺扣放。

3．餐饮位次安排

（1）中餐宴会位次安排

中餐宴会通常都有主人、副主人、主宾、副主宾及其他陪同人员，各自都有固定的座次安排。

① 背对着餐厅重点装饰面、面向众席的是上首，主人在此入座，副主人坐在主人对面；主宾坐于主人右侧，副主宾坐于副主人右侧。

② 主宾双方携带夫人入席的，主宾夫人坐在主人位置的左侧，主人夫人坐在主宾夫人的左侧，其他位次不变。

③ 当客人在餐厅举行高规格的中餐宴会时，餐厅员工要协助客方承办人按位次大小排好座次，或将来宾姓名按位次高低绘制在平面图上，张贴到餐厅入口处，以便引导宾客入席就座。

（2）西餐宴会位次安排

西餐宴会一般有主人、副主人、主宾、副主宾、翻译以及其他陪同人员。其席位都有固定的安排。

主人坐在上首面向众席（背对重点装饰面），副主人在主人的对面，主宾在主人的右侧，副主宾在副主人的右侧，翻译在主宾的右侧。其他陪同人员，一般无严格的规定。

如果主人、主宾都带夫人赴宴，其座位安排应为主人在上首，主宾在主人的右侧，主宾夫人在主人的左侧，主人夫人在主宾夫人的左侧，其他位次不变。

4．宴会台形设计

宴会餐桌设计又称"台形设计"，是指饭店宴会部根据宾客宴会形式、主题、人数、接待规格、习惯禁忌、特别需求、时令季节和宴会厅的结构、形状、面积、空间、光线、设备等情况，设计宴会的餐桌排列组合的总体形状和布局。其目的是合理利用宴会厅的现有条件，表现主办人的意图，体现宴会的规格标准，烘托宴会的气氛，便于宾客就餐和席间服务员进行宴会服务。无论是多功能厅，还是小型的专门宴会厅，无论是一个单位举办宴会，还是多个单位在同一厅内举办宴会，都必须进行合理的台形设计。每一个宴会都有不同的布局，所以宴会厅场地的安排方式也就无法一概而论。由于宴会厅中并未设置固定桌椅，而是依照各种不同的宴会形式进行摆设，所以同一场地可依顾客不同的要求摆设成多种形式。

（1）中式宴会餐桌布局

① 中式宴会餐桌布局设计方案

根据桌数的不同，有下列几类不同的设计方案供参考。

● 三桌时，可排列成"品"字形或竖"一"字形，餐厅上方的一桌为主桌。

● 四桌时，可排列成菱形，餐厅上方一桌为主桌。

- 五桌时，可排列成"立"字形或"日"字形。以"立"字形排列时，上方位置为主桌；"日"字形则以中间位置为主桌设定处。
- 六桌时，可排列成"金"字形或梅花形。以"金"字形排列时，顶尖一桌为主桌；梅花形则以中间位置为主桌设定处。
- 大型宴会时，其主台可参照"主"字形排列，其他席桌则根据宴会厅的具体情况排列成方格形即可，也可根据舞台位置设定主桌的摆设位置。

② 中式宴会餐桌布局的注意事项

根据主桌人数，其台面直径有时大于一般来宾席区餐桌的直径，有时与其他台面一致。较大的主桌台面一般由标准台面和1/4弧形台面组合而成，每桌坐20人左右。一般应安放转台；不宜放特大的圆形转台，可在桌中间铺设鲜花。

大型宴会主宾席或主宾席区与一般来宾席之间的横向通道的宽度应大于一般来宾桌间的距离，以便主宾入席或退席。将主宾入席和退席要经过的通道辟为主行道，主行道应比其他行道宽2倍以上，这样才能更显气派。

摆餐椅时要留出服务员分菜位，其他餐位距离相等。若设服务台分菜，应在主宾右边、第一与第二客人之间留出上菜位。

大型宴会除了主桌外，所有桌子都应编号。台号的设置必须符合宾客的风俗习惯和生活禁忌，如欧美宾客参加的宴会必须去掉台号"13"；台号一般高于桌面所有用品，一般用镀金、镀银、不锈钢等材料制作，使客人从餐厅的入口处就可以看到。客人也可从座位图知道自己桌子的号码和位置。座位图应在宴会前画好，宴会的组织者按照宴会图来检查宴会的安排情况，划分服务员的工作区域。而宴会的主人可以根据座位图来安排客人的座位。但任何座位计划都应为可能出现的额外客人留出座位。一般情况下应预留10%的座位，不过，事先最好与主人协商一下。

餐桌排列时，注意桌与桌之间的距离应恰当，以方便来宾客人行动自如、服务员方便服务为原则。桌距太小时，不仅会造成服务人员服务上的困难，也可能使客人产生压迫感；然而若桌距过大，也会造成客人之间疏远的感觉。宴会餐桌标准占地面积一般每桌为$10\sim12m^2$，桌距一般最少要140cm，最佳桌距为183cm。

如在一个宴会厅同时有两家或两家以上单位或个人举办宴会，就应用屏风将其隔开，以避免相互干扰和出现服务差错。其餐台排列可视宴会厅的具体情况而定。一般排列方法是两桌可横或竖平行排列；四桌可排列成菱形或四方形；桌数多的，排列成方格形。

设计时还应强调会场气氛，做到灯光明亮，通常要设主宾讲话台，麦克风要事先装好并调试完毕。绿化装饰布置要求做到美观高雅。此外，吧台、礼品台、贵宾休息台等视宴会厅的情况灵活安排。要方便客人和服务员为客人服务，整个宴会布置要协调美观。只有这样才能顺利举办一场成功的宴会。

（2）西式宴会餐桌布局

① 一字形或直线形台：不超过36位宾客时，宜采用直线形。可用1.8m×0.6m的长条桌拼合而成。

② 口字形或U形台：超过36位宾客时的台形，可用1.8m×0.6m的长条桌拼合而成，中央部位可布置花草、冰雕等装饰物。

③ E 形或 M 形台：超过 60 位宾客时的台形。

此外，还有马蹄形、T 形、工字形、N 形等设计形式。

5. 常用餐具的英文词汇

tableware 餐具

dish 碟

plate 盘子

fruit plate 水果盘

dessert plate 点心盘

bowl 碗

soup bowl 汤碗

soup spoon 汤匙

cup 杯子

cutlery 刀叉

knife 刀

table knife 主餐刀

fish knife 鱼刀

butter knife 黄油刀

fruit knife 水果刀

cake knife 切蛋糕刀

coffee set 咖啡具

coffee spoon 咖啡

coffee pot 咖啡壶

coffee cup 咖啡杯

fork 叉子

fish fork 鱼叉

dessert fork 点心叉

glass 玻璃杯

goblet 高脚杯

beer mug 啤酒杯

mug 马克杯

egg cup 鸡蛋杯

napkin 餐巾

picnic lunch 便当

paper towel 纸巾

pepper pot 胡椒面瓶

salt shaker 盐瓶

tea set 茶具

tea cup 茶杯

tea-pot 茶壶

tea tray 茶盘

caddy 茶罐

saucer 茶碟

toothpick 牙签

chopsticks 筷子

sugar 糖

pepper 胡椒粉

salt 盐

paper 餐纸

table cloth 桌布

ice pot 冰桶

bread basket 面包篮

（资料来源：英语学习网，http://www.EnglishCN.com.）

项目 **4**

斟 酒

教学方法　课堂示范＋实训室/企业现场实践练习＋教师点评＋技能比赛

准备工作　开瓶器 5 个、托盘 5 个、酒杯 50 只、酒水和酒具 5 套。将学生预先分为 5 组。

4.1　开瓶

开瓶是指开启酒品瓶塞和瓶盖的方法。普通酒品开启瓶盖较容易，但葡萄酒和香槟酒的开启应注意掌握一定的方法。

1. 葡萄酒的开启

开启葡萄酒时要用专用的酒钻和酒刀。先用酒刀切开酒瓶封口，揭去封口顶部的锡箔，并用布将瓶口擦拭干净，然后将酒钻的螺丝锥对准瓶塞中心顺时针方向轻轻钻下去，直至将酒钻螺旋部分全部钻入塞内，然后利用酒钻的起拔杠杆下压，使瓶塞升起直到拔出。瓶塞出瓶后，应放在骨碟上，呈送至客人面前，请客人检查瓶塞上的商标与贴纸内容是否一致。

2. 香槟酒的开启

开启香槟酒时应注意瓶口朝上或稍加倾斜,切忌对准自己或客人。开瓶时,用右手揭掉瓶封处的金属箔后,左手斜拿瓶颈处,大拇指压紧塞顶,成 45°角斜放,右手转动瓶封处的金属丝将其扭开,去掉金属丝后,拿一块干净的餐巾布紧压住瓶塞的上端,左手轻轻地转动酒瓶,在转动过程中,借助瓶内的压力将瓶塞慢慢顶出瓶口,当瓶塞离开瓶口时,会发出"嘭"的响声。瓶塞拔出后,要继续使酒瓶保持 45°角,以防酒液从瓶内溢出。

4.2　握瓶姿势

握瓶姿势是指服务员为客人斟酒时手握酒瓶的方法。握瓶时,右手大拇指叉开,其余四指并拢,掌心紧贴于瓶身中下部,酒标朝外,通过腕力和手指的力量控制酒液的流速。

4.3　斟酒三步法

服务员以 T 字形步姿站在客人右后侧斟完第一杯酒后,迈出第一步,即右脚抽出向前走一步,落在第一位宾客椅子背后的中间位置;第二步为左脚向前迈到第一、第二位宾客椅子之间的外部空当;第三步为右脚伸到第一、第二位宾客椅子之间的斟酒站位。整个斟酒过程共 3 步,故称斟酒三步法。

4.4　斟酒要领

(1) 斟酒时,服务员站在客人两椅之间,右手握着酒瓶的下半部,酒标朝外,显示给客人。

(2) 斟酒时,身体微微前倾,不可紧贴客人,但也不要离得太远,右脚踏入两椅之间,呈 T 字形侧身而立。

(3) 斟酒时,瓶口距杯口 2cm 左右,不要将瓶口搭在杯口上,以防污染。

(4) 斟酒适度后,微微抬起瓶口,同时手腕顺时针旋转 45°,使最后一滴酒均匀地分布到瓶口边沿上,不至于滴落在客人的身上或餐布上。

(5) 斟酒时做到不滴不洒,不少不溢。

4.5　托盘斟酒服务程序与标准

斟酒时,服务员将托盘内的酒水展示给客人,示意客人自己选择。选定酒水后,服务员站在客人右后侧,右脚向前,左脚在后,呈 T 字形侧身而立。左手托盘向左拉开,右手握住瓶身的下半部,将客人所选酒水斟入杯中。酒量适度后,将瓶口微微抬起,并顺时针旋转 45°,然后收瓶,将酒瓶放入托盘中。

4.6　徒手斟酒服务程序与标准

斟酒时，服务员站在客人右后侧，右脚向前，左脚在后，呈 T 字形侧身而立。左手持布巾背在身后，右手握住瓶身的下半部，将客人所选酒水斟入杯中。酒量适度后，将瓶口微微抬起，并顺时针旋转 45°，然后收瓶，用左手的布巾将酒口擦拭干净。如果是从冰桶里取出酒水，应用餐巾包住瓶身斟酒，以避免水珠滴洒在宾客的衣服上。

4.7　要点提示

（1）斟酒时，要随时注意瓶内酒量的变化情况，以适当的倾斜度控制酒液的流速，学会巧用腕力。瓶内酒量越少，酒液的流速越快，越容易溅出杯外。

（2）斟酒时，不要站在客人左侧，不准站在一个位置为左右两位客人斟酒，不准隔位斟、反手斟。

（3）如果由于操作不慎，将酒杯碰翻，应向客人表示歉意，并立即将酒杯扶起，检查有无破损；同时用干净的餐巾将酒液吸干，重新斟酒。

（4）瓶内酒水不足一杯时，不宜为客人斟酒，瓶底朝上有失礼貌。切忌一杯酒用两只酒瓶同斟，宾客会误以为自己是多余的。

（5）斟酒时，因为泡沫较丰富，极易沿杯壁冲出杯外，所以斟酒的速度要慢些，可以沿酒杯的前壁流入杯内，也可以分两次斟倒。

（6）开启瓶盖或易拉罐时，不要冲着客人，避免气体喷溅到客人。

（7）酒液、汽水混合在一只杯中时，应先斟汽水后斟酒液，以防汽水对酒液的冲击。

（8）零点客人的酒水在斟第一杯后，全部放回客人餐桌上，若有空瓶、罐则及时撤走。

（9）斟酒时尽量注意不要打扰客人交谈，影响客人。

4.8　项目考核

斟酒考核成绩表如表 4-1 所示。

表 4-1　斟酒考核成绩表

序号	评分要素	配分	评分标准	得分	备注
1	做好斟酒前的准备工作	5	打开酒瓶盖，酒标朝向客人握瓶。握瓶姿势不正确扣 5 分		
2	斟酒服务	45	① 斟酒错位扣 10 分 ② 斟酒顺序错扣 20 分 ③ 瓶口碰杯口 1 次扣 2.5 分 ④ 托瓶底 1 次扣 2.5 分 ⑤ 斟酒姿势不规范扣 10 分 ⑥ 不绕椅斟倒扣 2.5 分 ⑦ 倒杯 1 只扣 10 分		

续表

序号	评分要素	配分	评分标准	得分	备注
3	符合斟酒标准（八分满）	50	① 不符合标准,1 杯扣 2.5 分 ② 酒一滴扣 2.5 分 ③ 洒酒多扣 10 分		
	合　计	100			

考核时间:　　　　　　　　　　　　　　　　　　　　　　考核人:

知识链接

1. 酒水的含义

酒是指含有酒精的一种可饮用液体,一般酒精含量在 0.5%～75.5%。

水是指不含酒精的饮用品(又称软性饮料)。

在日常生活中常见的酒有白酒、葡萄酒、黄酒、药酒、啤酒等。

饮料常见的有听装、瓶装、桶装、散装果汁等,还有蒸馏水、矿泉水、苏打水等。

2. 酒类术语

(1) 酒精

任何含有糖分的液体,经过发酵便会产生醇,醇分甲醇、乙醇等几种。甲醇有毒性,饮用后会中毒而亡;乙醇无毒性,能刺激人的神经和血液循环,但过量饮用也会引起中毒。酒类的主要成分是乙醇,俗称酒精,是一种无色透明、气味飘逸的易燃、易挥发液体,其沸点为 78℃,冰点为－114℃。

(2) 酒度

酒精在酒液中的含量用酒度来表示,通常有公制和美制两种表示法。

① 公制酒度。公制酒度以百分比或度表示,是指在 20℃条件下,酒精含量在酒液内所占的体积比例。如某种酒在 20℃时含酒精 38%,即称为 38°。

② 美制酒度。美制酒度以 Proof 表示,是指在 20℃条件下,酒精含量在酒液内所占的体积比例达到 50%时,酒度为 100Proof。如某种酒在 20℃时含酒精 38%,即为 76Proof。

另外,还有英制酒度,以 Sikes 表示,但较少见。

(3) 酒精饮料

酒精饮料(Alcoholic Drinks)是指含有 0.5%～75.5%酒精的任何适宜饮用的饮料。与此相对的是无酒精饮料(Nonalcoholic Drinks),俗称软饮料(Soft Drinks)。

3. 酒的分类

(1) 按酿造工艺分类

① 酿造酒。酿造酒是指以水果、谷物等为原料,经发酵后过滤或压榨而得的酒。酿造酒一般都在 20°以下,刺激性较弱,如葡萄酒、啤酒、黄酒等。

② 蒸馏酒。蒸馏酒又称烈性酒,是指以水果、谷物等为原料先进行发酵,然后将含有酒精的发酵液进行蒸馏而得的酒。蒸馏酒酒度较高,一般均在 20°以上,刺激性较强,如白兰地、威士忌、中国的各种白酒等。

③ 配制酒。配制酒是指在各种酿造酒、蒸馏酒或食用酒精中加入一定数量的水果、香料、药材等浸泡后，经过滤或蒸馏而得的酒。如杨梅烧酒、竹叶青、三蛇酒、人参酒、利口酒、味美思等。

（2）按酒精含量分类

① 高度酒。高度酒是指酒精含量在40°以上的酒，如白兰地、朗姆酒、茅台酒、五粮液等。

② 中度酒。中度酒是指酒精含量在20°～40°的酒，如孔府家酒、五加皮等。

③ 低度酒。低度酒是指酒精含量在20°以下的酒，如黄酒、葡萄酒、日本清酒等。

（3）按商业经营分类

中国酒通常采用商业经营的分类方法，将酒分为下列5类。

① 白酒。白酒是以谷物为原料的蒸馏酒，因酒度较高而又被称为"烧酒"。白酒的特点是无色透明、质地纯净、醇香浓郁、味感丰富。

② 黄酒。黄酒是中国生产的传统酒类，是以糯米、大米（一般是粳米）、黍米等为原料的酿造酒，因其酒液颜色黄亮而得名。黄酒的特点是醇厚幽香、味感谐和、越陈越香、营养丰富。

③ 果酒。果酒是以水果、果汁等为原料的酿造酒，大都以果实名称命名，如葡萄酒、山楂酒、苹果酒、荔枝酒等。果酒的特点是色泽娇艳、果香浓郁、酒香醇美、营养丰富。

④ 药酒。药酒是以成品酒（以白酒居多）为原料加入各种中草药材浸泡而成的一种配制酒。药酒是一种具有较高滋补、营养和药用价值的酒精饮料。

⑤ 啤酒。啤酒是以大麦、啤酒花等为原料的酿造酒。啤酒的特点是具有显著的麦芽和酒花清香，味道纯正爽口，营养价值较高，促进食欲，帮助消化。

（4）按配餐方式分类

外国酒通常以配餐方式对酒进行分类。

① 开胃酒。开胃酒是以成品酒或食用酒精为原料加入香料等浸泡而成的一种配制酒，如味美思、比特酒、茴香酒等。

② 佐餐酒。佐餐酒主要是指葡萄酒，因西方人就餐时一般只喝葡萄酒而不喝其他酒类（不像中国人可以用任何酒佐餐），如红葡萄酒、白葡萄酒、玫瑰葡萄酒和有汽葡萄酒等。

③ 餐后酒。餐后酒主要是指餐后饮用的可帮助消化的酒类，如白兰地、利口酒等。

4．蒸馏酒

（1）中国蒸馏酒

中国蒸馏酒主要是白酒。

① 白酒的香型。中国白酒因其原料和生产工艺等不同而形成了不同的香型，主要有以下5种。

● 清香型。清香型白酒的特点是清香纯正、醇甘柔和、诸味协调、余味净爽，如山西汾酒。

● 浓香型。浓香型白酒的特点是芳香浓郁、甘绵适口、香味协调、回味悠长，如四川泸州老窖特曲。

● 酱香型。酱香型白酒的特点是香气幽雅、酒味醇厚、柔和绵长、杯空留香，如贵州茅台酒。

- 米香型。米香型白酒的特点是米香清柔、幽雅纯净、入口绵甜、回味怡畅,如广西桂林三花酒。
- 兼香型。兼香型白酒的特点是一酒多香,即兼有两种以上主体香型,故又被称为混香型或复香型,如贵州董酒。

② 名酒简介。

- 茅台酒。茅台酒产于贵州省仁怀市茅台镇,是以高粱为主要原料的酱香型白酒,酒度为 53°。
- 汾酒。汾酒产于山西省汾阳市杏花村酒厂,是以高粱为主要原料的清香型白酒,酒度为 60°。
- 五粮液。五粮液产于四川省宜宾市,是以高粱、糯米、大米、玉米和小麦为原料的浓香型白酒,酒度为 60°。
- 剑南春。剑南春产于四川省绵竹市,是以高粱、大米、糯米、玉米和小麦为原料的浓香型白酒,酒度有 60°和 52°两种。
- 古井贡酒。古井贡酒产于安徽省亳县,是以高粱为主要原料的浓香型白酒,酒度为 60°。
- 洋河大曲。洋河大曲产于江苏省泗阳县洋河镇,是以高粱为主要原料的浓香型白酒,酒度有 60°、55°、38°等多种。
- 董酒。董酒产于贵州省遵义市,是以高粱为主要原料的兼香型白酒,酒度为 58°。
- 泸州老窖特曲。泸州老窖特曲产于四川省泸州市,是以高粱为主要原料的浓香型白酒,酒度为 60°。

随着消费者饮酒习惯的改变,上述各种白酒近年均有酒度在 28°～39°的中度白酒面市。除白酒外,中国还有其他蒸馏酒,如山东烟台金奖白兰地,是以葡萄为原料,经发酵后蒸馏而得。

（2）外国蒸馏酒

① 白兰地

白兰地（Brandy）是以葡萄或其他水果为原料经发酵、蒸馏而得的酒。以葡萄为原料制成的白兰地可仅称为白兰地,而以其他水果为原料制成的白兰地必须标明水果名称,如苹果白兰地（Apple Brandy）、樱桃白兰地（Cherry Brandy）等。新蒸馏出来的白兰地须盛放在橡木桶内使之成熟,并应经过较长时间的陈酿（如法国政府规定至少 18 个月）,白兰地才会变得芳郁醇厚,并产生其色泽。白兰地的储存时间越长,酒的品质越佳。白兰地的酒度为 43°左右。

法国是世界上首屈一指的白兰地生产国,在法国白兰地产品中,以干邑最为著名。干邑又称科涅克,产于法国南部科涅克地区的一个法定区域内。法国政府规定,只有在这个区域内生产的白兰地才可称为干邑（Cognac）,其他地区的产品只能称白兰地,但不得称干邑。

干邑白兰地通常以一些英文字母来表示其陈酿时间,如 V.O 为 10～12 年;V.S.O 为 12～20 年;V.S.O.P 为 20～30 年;F.O.V 为 30 年以上;Napoleon 为 40 年以上;X.O 为 50 年以上;X 为 70 年以上;等等。

干邑白兰地的名品有轩尼诗（Hennessy）、人头马（Remy Martin）、马爹利（Martell）、卡慕（Camus）等。

白兰地主要用作餐后酒，一般不掺任何其他饮料。

② 威士忌

威士忌（Whisky）是以谷物为原料经发酵、蒸馏而得的酒。世界各地都生产威士忌，以苏格兰威士忌最负盛名。按惯例，苏格兰、加拿大两地的威士忌书写为 Whisky，其他国家和地区的威士忌书写为 Whiskey，但在美国，两者可通用。威士忌的酒度为 40°左右。

苏格兰威士忌以当地出产的大麦为原料，并以当地出产的泥煤（Peat）作为烘烤麦芽的燃料，精制而成。新蒸馏出来的威士忌至少在酒桶内陈酿 4 年以上，在装瓶销售前还必须进行掺和调制。苏格兰威士忌的名品有约翰尼·沃克（Johnnie Walker，有红方 Red Label 和黑方 Black Label 两种）、皇家芝华士（Chivas Regal）、白马（White Horse）、金铃（Bell's）等。威士忌可纯饮，也可加冰块饮用，更被大量用于调制鸡尾酒和混合饮料。

③ 伏特加

伏特加（Vodka）是以土豆、玉米、小麦等原料经发酵、蒸馏后精制而成的。伏特加无须陈酿，酒度为 40°左右。

- 纯净伏特加（Straight Vodka）。纯净伏特加是指将蒸馏后的原酒注入活性炭过滤槽内过滤掉杂质而得的酒，一般无色、无味，只有一股火一般的刺激。其名品有美国的斯米尔诺夫（Smirnoff）、苏联的斯多里西那亚（Stolichnaya，又称红牌伏特加）、莫斯科伏斯卡亚（Moskovskaya，又称绿牌伏特加）等。
- 芳香伏特加（Flavored Vodka）。芳香伏特加是指在伏特加酒液中放入药材、香料等浸制而成的酒，因此带有色泽，既有酒香又带有药材、香料的香味。其名品有波兰的蓝野牛（Blauer Bison）、苏联的珀特索伏卡（Pertsovka）等。

伏特加既可纯饮，又可广泛用于鸡尾酒的调制。

④ 朗姆酒

朗姆酒（Rum）是以蔗糖汁或蔗糖浆为原料经发酵和蒸馏加工而成的酒。有时也用糖渣或其他蔗糖副产品做原料。新蒸馏出来的朗姆酒必须放入橡木桶陈酿 1 年以上，酒度为 45°左右。朗姆酒按色泽可分为以下 3 类。

- 银朗姆（Silver Rum）。银朗姆又称白朗姆，是指蒸馏后的酒需经活性炭过滤后入桶陈酿 1 年以上。酒味较干、香味不浓。
- 金朗姆（Golden Rum）。金朗姆又称琥珀朗姆，是指蒸馏后的酒需存入内侧灼焦的旧橡木桶中至少陈酿 3 年。酒色较深、酒味略甜、香味较浓。
- 黑朗姆（Dark Rum）。黑朗姆又称红朗姆，是指在生产过程中需加入一定的香料汁液或焦糖调色剂的朗姆酒。酒色较浓（深褐色或棕红色）、酒味芳醇。

朗姆酒的名品主要有波多黎各的百加地（Bacardi）、牙买加的摩根船长（Captain Morgan）、美雅（Myers）等。

朗姆酒既可纯饮，也可加冰块饮用，还可广泛用于调制鸡尾酒或混合饮料。

⑤ 金酒

金酒（Gin）又称琴酒、毡酒或杜松子酒，是以玉米、麦芽等谷物为原料经发酵、蒸馏后，加入杜松子和其他一些芳香原料再次蒸馏而得的酒。金酒无须陈酿,酒度为 40°~52°。

- 荷兰金酒(Dutch Gin)。荷兰金酒是以麦芽、玉米、黑麦等为原料(配料比例基本相等)经发酵、蒸馏后,在蒸馏液中加入杜松子及其他一些芳香原料再次蒸馏而成。荷兰金酒具有芳香浓郁的特点,并带有明显的麦芽香味,其名品有波尔斯(Bols)、宝马(Bokma)、汉斯(Henkes)等。

  荷兰金酒只适宜做纯饮,不能与其他酒类饮料混合以调制鸡尾酒。
- 干金酒(Dry Gin)。干金酒是以玉米、麦芽、裸麦等为原料(其中玉米占 75%)经发酵、蒸馏后,加入杜松子及其他香料(以杜松子为主,其他香料用量较少)再次蒸馏而成。其主要产地是英国,名品有哥顿(Gordon's)、将军(Beefeater)、得其利(Tanqueray)、老汤姆(Old Tom)等。

  干金酒既可纯饮,又可广泛用于调制鸡尾酒。

⑥ 特吉拉

特吉拉(Tequila)酒产于墨西哥,是以一种被称作龙舌兰(Agave)的热带仙人掌类植物的汁浆为原料经发酵、蒸馏而得的酒。新蒸馏出来的特吉拉需放在木桶内陈酿,也可直接装瓶出售。其名品有凯尔弗(Cuervo)、斗牛士(El Toro)、欧雷(Ole)、玛丽亚西(Mariachi)等。

特吉拉酒可纯饮或加冰块饮用,也可用于调制鸡尾酒。在纯饮时常用柠檬角蘸盐伴饮,以充分体验特吉拉的独特风味。

5. 酿造酒

(1) 葡萄酒

① 葡萄酒(Wine)的颜色。葡萄酒按其颜色可分为下列 3 种。

- 红葡萄酒(Red Wine)。红葡萄酒是以紫红色葡萄为原料,连皮带汁一起发酵酿制而成。因酒液中溶有葡萄皮的色素,故酒液呈红色,但陈酿时间越长,其颜色越浅。红葡萄酒通常在室温下饮用,20℃为最佳饮用温度。
- 白葡萄酒(White Wine)。白葡萄酒是以青绿色葡萄为原料,去皮后仅取葡萄的肉、汁发酵酿制而成。因葡萄皮不参加发酵过程,故酒液中没有葡萄皮的色素而呈浅黄色,但陈酿时间越长,其颜色越深。白葡萄酒需冷藏后饮用,10~12℃为最佳饮用温度。
- 玫瑰葡萄酒(Rose Wine)。玫瑰葡萄酒是以紫红色和青绿色葡萄混合在一起连皮带汁发酵酿制而成。但在酿制的中途就将皮渣滤出,因而葡萄皮在酒液中浸泡时间较短,故酒液中仅溶有少许葡萄皮的色素而呈粉红玫瑰色。玫瑰葡萄酒也需冷藏后饮用,其最佳饮用温度为 12~14℃。

② 葡萄酒的含糖量。葡萄酒按其含糖量的不同可分为下列 4 类。

- 干葡萄酒(Dry Wine)。干葡萄酒是指含糖量在 4g/L 以下的葡萄酒,饮用时尝不出甜味。
- 半干葡萄酒(Semi-dry Wine)。半干葡萄酒是指含糖量在 4~12g/L 的葡萄酒,饮用时可尝出微弱的甜味。
- 半甜葡萄酒(Semi-sweet Wine)。半甜葡萄酒是指含糖量在 12~50g/L 的葡萄酒,饮用时可尝出较明显的甜味。

● 甜葡萄酒（Sweet Wine）。甜葡萄酒是指含糖量在50g/L以上的葡萄酒，饮用时可尝出浓厚的甜味。

③ 葡萄酒的传统分类。按国际上传统的分类方法，葡萄酒可分为下列4类。

● 无汽葡萄酒（Natural Still Wine）。无汽葡萄酒即佐餐葡萄酒（Table Wine），是指酒度在14°以下的各种红葡萄酒、白葡萄酒和玫瑰葡萄酒。其名品有法国的波多（Bordeau）、布根地（Burgundy）、密度（Medoc），德国的莱茵（Rhine），美国的夏当尼（Chardonnay）等。

● 有汽葡萄酒（Sparkling Wine）。有汽葡萄酒是指酒液在装瓶后进行第二次发酵，发酵过程中产生的二氧化碳气体自然地聚集在瓶内，使酒液带有气泡的葡萄酒，其酒度一般在14°以下。

香槟酒（Champagne）是有汽葡萄酒的典型代表。法国政府规定，只有在法国香槟地区生产的有汽葡萄酒才可称为香槟，而在其他地区或国家出产的产品只能称为有汽葡萄酒。德国是世界上有汽葡萄酒的最大生产国和消耗国，其名品有霍克（Sparkling Hock）、利富罗美（Sparkling Liebfraumilch）、莫泽尔（Sparkling Moselle）等，其出口国外的产品通常称为塞克特（Sekt）。

有汽葡萄酒因含有大量的二氧化碳，所以应冷藏后饮用，其最佳饮用温度为6～8℃。

● 强化葡萄酒（Fortified Wine）。强化葡萄酒是指在葡萄酒的发酵过程中掺入白兰地或食用酒精，使发酵中断，留有一定的糖分并提高酒精含量而得的葡萄酒。其酒精含量一般在14°～24°。其名品有西班牙的雪莉（Sherry）、马赛拉（Marsala）、马拉加（Malaga），葡萄牙的钵酒（Port）、马代拉（Madeira）等。

强化葡萄酒通常用于佐食甜点，又被称为甜食酒（Dessert Wine）。

● 芳香葡萄酒（Aromatized Wine）。芳香葡萄酒是在葡萄酒发酵过程中，除掺入白兰地或食用酒精外，再加入各种芳香原料（如水果、果实和香料等）浸制而成的葡萄酒。该酒既有酒香，又有特殊的香料香味。其名品有法国的干味美思（Dry Vermouth）、意大利的甜味美思（Sweet Vermouth）等。

芳香葡萄酒主要用作开胃酒，也可用于调制鸡尾酒。

④ 中国的葡萄酒。20世纪70年代以前的中国所出产的葡萄酒工艺较为粗糙，有时仅以食用酒精、香精和色素配制而成。此后生产的长城（Great Wall）、中外合资王朝（Dynasty）、张裕（Changyu）等红、白葡萄酒慢慢进入国际市场，并得到国内外消费者的接受和赞赏。除上述两种有名的葡萄酒外，还有青岛的华东葡萄酒、烟台的张裕葡萄酒、雷司令白葡萄酒和北京出产的龙徽葡萄酒（Dragon Seal）、山西的怡园葡萄酒、新疆的新天葡萄酒等名品。

（2）黄酒

① 浙江绍兴加饭酒。据考证，在春秋战国时期绍兴地区就开始酿制黄酒，加饭酒是绍兴黄酒中最具独特风味的一个品种。它以上等糯米为原料，加入酒曲后用摊饭法发酵酿制而成。加饭酒需在缸或坛中密封陈酿，陈酿期越长，酒质越好。加饭酒酒味浓醇，甘美可口，营养丰富，酒度为16.5°左右，含糖量为2%，有古越龙山、会稽山等品牌。加饭酒加温后饮用，口味尤佳。

②　福建龙岩沉缸酒。沉缸酒产于福建省龙岩市，是以糯米为原料，加入红曲和药曲后发酵酿制而成。该酒也需陈酿（一般为两年以上）。沉缸酒香气浓郁、口味醇厚、余味绵长，酒度为15°左右，含糖量为20%。

③　山东即墨老酒。即墨老酒产于山东省即墨市，是以黍米为原料，加入麸曲后发酵酿制而成。即墨老酒酒味浓郁，清香爽口，酒度为12°。

（3）啤酒

啤酒（Beer）是以大麦为原料、啤酒花为香料经发酵酿制而成的一种含有大量二氧化碳气体的低度酒。在欧美一些国家和地区，啤酒被认为是一种饮料。啤酒具有显著的麦芽和啤酒花清香，口味纯正爽口，内含丰富的营养成分，所以深受消费者喜爱。

①　啤酒的"度"。啤酒的"度"主要有两种。

- 麦芽汁浓度。麦芽汁浓度是指啤酒酒液中麦芽汁含量所占的体积比例，以度（°）来表示。啤酒的麦芽汁浓度一般在7°～18°。

  啤酒通常以麦芽汁浓度来衡量其口味与颜色。另外，啤酒的颜色也受麦芽烘烤程度的影响。近年还有一些麦芽汁浓度在7°以下的啤酒面市。

- 酒度。啤酒的酒度较低，一般在1.2°～8.5°。它与麦芽汁浓度成正比。

②　啤酒的营养。人体必需的营养素一般分为六大类，即碳水化合物（糖类）、脂肪、蛋白质、维生素、矿物质和水。啤酒中含有11种维生素和17种氨基酸（组成蛋白质分子的基本单位），且极易为人体所吸收。1L麦芽汁浓度为12°的啤酒经消化后所产生的热量相当于120g瘦猪肉、250g面包或300g鸡蛋所产生的热量。故啤酒在1972年被世界营养组织列为营养食品，有"液体面包"之称。

③　啤酒的分类。

- 啤酒按有无杀菌（酵母菌）可分为生啤酒和熟啤酒两种。生啤酒（Draught）又称鲜啤酒或扎啤，是指酿成的啤酒不经加热杀菌处理而直接入桶密封，口味较鲜美，但稳定性较差，极易变质，其保存期为3～7d。生啤酒在饮用时需经生啤机加工（加入二氧化碳并速冷）。熟啤酒是指酿成的啤酒需经过加热杀菌处理的瓶（罐）装啤酒。熟啤酒稳定性较好，但口味及营养不如生啤酒，其保存期一般为2～6个月。

- 啤酒按其颜色可分为黄啤酒和黑啤酒。黄啤酒（Beer）是啤酒中的最主要品种，呈浅黄色。其酒度为3°～5°，麦芽汁浓度为10°～12°。黑啤酒（Stout）是以烘烤得较焦的麦芽为原料经发酵后酿成的啤酒，呈咖啡色或棕黑色。其酒度为5°～8.5°，麦芽汁浓度为14°～18°。

④　中外啤酒简介。啤酒一般需冷藏后饮用，或加冰块饮用，其最佳饮用温度为8～10℃。判断啤酒质量最简单的方法主要有两种：一种是看其有无浑浊或沉淀物，优质啤酒是清澈透明的，如有浑浊或沉淀物，则表示啤酒已过期或变质；另一种是看其泡沫，优质啤酒应泡沫丰富、洁白、细腻、持续时间较长，且能挂杯。

- 中国啤酒。中国啤酒的产量和质量均居世界前列，名品有山东青岛啤酒、北京五星啤酒、广东珠江啤酒、浙江中华啤酒、西湖啤酒以及香港特别行政区的生力啤酒（San Miguel）等。

● 外国啤酒。外国啤酒的名品有荷兰的喜力（Heineken），德国的卢云堡（Lowen-brau）、贝克（Beck's），丹麦的嘉士伯（Carlsberg）、图波（Turborg），爱尔兰的健力士（Guinness，又称吉尼斯，其黑啤非常有名），美国的百威（Budweiser），日本的麒麟（Kirin）、札幌（Sapporo），新加坡的虎牌（Tiger）等。

6. 配制酒

配制酒又称混成酒，是指在成品酒或食用酒精中加入药材、香料等原料精制而成的酒精饮料。其配制方法一般有浸泡法、蒸馏法和精炼法 3 种。浸泡法是指将药材、香料等原料浸没于成品酒中陈酿而制成配制酒的方法；蒸馏法是指将药材、香料等原料放入成品酒中进行蒸馏而制成配制酒的方法；精炼法是指将药材、香料等原料提炼成香精加入成品酒中而制成配制酒的方法。

（1）中国配制酒

① 山西竹叶青。中国配制酒以山西竹叶青最为著名。竹叶青产于山西省汾阳市杏花村酒厂，它以汾酒为原料，加入竹叶、当归、檀香等芳香中草药材和适量的白糖、冰糖后浸制而成。该酒色泽金黄、略带青碧，酒味微甜清香，酒性温和，适量饮用有较好的滋补作用；酒度为 45°，含糖量为 10%。

② 其他配制酒。其他配制酒种类很多，如在成品酒加入中草药材制成的五加皮；加入名贵药材的人参酒；加入动物性原料的鹿茸酒、蛇酒；加入水果的杨梅酒、荔枝酒等。

（2）外国配制酒

① 开胃酒（Aperitif）。开胃酒主要在餐前饮用，目的是为了刺激食欲，主要有以下品种。

● 味美思（Vermouth）。味美思的制造方法如前所述。其名品有法国的诺利·普拉（Noilly Prat），意大利的马蒂尼（Martini）、仙山露（Cinzano）等。

● 比特酒（Bitters）。比特酒又称苦酒或必打士，是在葡萄酒或蒸馏酒中加入树皮、草根、香料及药材浸制而成的酒精饮料。该酒酒味苦涩，酒度在 16°～40°，其名品有意大利的金巴利（Campri）、法国的杜本内（Dubonnet）等。

● 茴香酒（Anisette）。茴香酒是以茴香为主要香料，再加上少量的其他配料如白芷根、柠檬皮等在蒸馏酒中浸制而成的一种酒精饮料，酒度在 25°～30°，其名品有法国的潘诺（Pernod）、里卡德（Ricard）等。

② 甜食酒（Dessert Wine）。甜食酒是指西餐中专门佐食甜点的强化葡萄酒，其制作方法如前所述。

● 雪莉（Sherry）。雪莉产于西班牙，其名品有潘马丁（Pemartin）、布里斯托（Bristol）等。

● 钵酒（Port）。钵酒也称波特酒，产于葡萄牙，其名品有泰勒（Taylor's）、圣地门（Sandeman）等。

③ 利口酒（Liqueur）。利口酒又称利乔酒或香甜酒，是在蒸馏酒或食用酒精中加入芳香原料配制而成。Liqueur 是指欧洲国家出产的利口酒，美国产品通常称为 Cordial，而法国产品则称为克罗美（Creme）。利口酒色泽娇艳、气味芳香，有较好的助消化作用，主要用作餐后酒或调制鸡尾酒。

利口酒从加入的芳香原料的类型可分为水果（果实）类利口酒和植物（药草）类利口

酒。利口酒的酒度一般在 17°～55°。其名品有本尼狄克丁（Benedictine D. O. M）、谢托利斯（Chartreuse）、乔利梳（Curacao）、金万利（Grand Marnier）、君度（Cointreau）、薄荷酒（Crème de Menthe）。

7. 鸡尾酒

鸡尾酒（Cocktail）是由两种以上酒水混合配制，并以一定装饰物点缀的酒精饮料，酒味温和，酒度适中，一般在 10°～20°。

（1）鸡尾酒的构成

一款色、香、味俱佳的鸡尾酒通常是由基酒、辅料、配料和装饰物 3 部分构成的。

① 基酒。又称酒基或酒底，主要以烈性酒为主，如金酒、威士忌、朗姆酒、伏特加、白兰地和特吉拉等蒸馏酒，也有少量鸡尾酒是以葡萄酒或利口酒为基酒的。基酒决定了一款鸡尾酒的主要风味，所以其含量不应少于一杯鸡尾酒总容量的 1/3。

中式鸡尾酒一般以茅台酒、汾酒、五粮液、竹叶青等高度酒作为基酒。

② 辅料。辅料又称调和料，是指用于冲淡、调和基酒的原料。辅料与基酒混合后就能发挥一款鸡尾酒的特色。常用的辅料主要是各类果汁、汽水以及开胃酒、利口酒等。

③ 配料和装饰物。配料是指一些用量较少但能体现鸡尾酒特色的材料，常用的配料有盐、胡椒粉、糖粉或糖浆、淡奶、辣椒油、奶油、玉桂粉、豆蔻粉、鸡蛋、洋葱等。

装饰物主要起点缀、增色作用。常用的装饰物有红绿樱桃、橄榄、柠檬、橙、菠萝、西芹等。装饰物的颜色和口味应与鸡尾酒酒液保持和谐一致，从而使其外观色彩缤纷，给客人以赏心悦目的艺术感受。

（2）鸡尾酒的调制方法

常见的鸡尾酒调制方法有以下 4 种。

① 摇和法（Shake）。摇和法也称摇晃法或摇荡法，其制作过程是先将冰块放入调酒壶（Cocktail Shaker），接着加入基酒，再加入各种辅料和配料，然后盖紧调酒壶，双手（或单手）执壶用力摇晃片刻（一般为 5～10s，至调酒壶外表起霜时停止）。摇匀后，立即打开调酒壶用滤冰器（Strainer）滤去残冰，将饮料倒入鸡尾酒杯中，用合适的装饰物加以点缀即为成品。值得注意的是，有汽酒水不宜加入调酒壶摇晃。

② 调和法（Stir）。调和法也称搅拌法，其制作过程是先将冰块或碎冰加入酒杯（载杯）或调酒杯（Mixing Glass），再加入基酒和辅料，用调酒棒（Swizzler）或调酒匙（Bar Spoon）沿一个方向轻轻搅拌，使各种原料充分混合后加装饰物点缀而为成品。如在调酒杯中调制的鸡尾酒，也须滤冰后倒入合适的载杯，然后加以装饰。

③ 搅和法（Blend）。搅和法的调制过程是将碎冰、基酒、辅料和配料放入电动搅拌机（Blender）中，打开搅拌机运转 10s 左右，使各种原料充分混合后倒入合适的载杯（无须滤冰），用装饰物加以点缀。

④ 漂浮法（Build）。漂浮法的调制过程是将配方中的酒水按其密度（含糖量）不同逐一慢慢地沿着调酒棒或调酒匙倒入酒杯，然后加以装饰点缀而成。漂浮法主要用于调制各款彩虹鸡尾酒。调制时要求酒水之间不混合，层次分明，色彩绚丽。调制关键是要熟悉各种酒水的密度，应将密度大的酒水先倒入杯中，密度小的酒水后加入。

8. 软饮料

（1）咖啡

咖啡树生长在热带和亚热带高原①上的一种常绿灌木，栽种3年后开始结果。果实呈深红色，内有两颗种子，即为生咖啡豆。

每一品种的咖啡豆都有其不同的特点，为适应消费者的不同饮用需求，一般应将不同种类的咖啡豆进行混合。混合后的咖啡豆即可进行焙炒，使咖啡变得香味浓郁。焙炒好的咖啡豆磨制成咖啡粉后即可调制咖啡。磨制时应注意咖啡粉的颗粒大小，一般来说，细颗粒的咖啡粉味浓，粗颗粒的咖啡粉芳香，为使调制好的咖啡既浓又香，应将粗细不同的咖啡粉进行混合，这样做也利于咖啡粉的保存。

咖啡是一种营养较为丰富的饮料，既能提神解渴，又能助消化，所以深受消费者喜爱，特别是欧美客人，更将其作为日常生活中必不可少的一部分。

咖啡的调制方法：调制咖啡最常用的方法是冲泡法和蒸馏法。

冲泡法是将沸水冲浇在咖啡粉（用滤袋装好）上，浸泡两三分钟后滤入咖啡壶或咖啡杯中即可。

蒸馏法主要是在咖啡机（Coffee Machine）内自动加工完成，成品应盛放在咖啡壶内，搁在咖啡保温炉（Coffee Warmer）上，随时斟倒。将咖啡调制好后再加上不同的配料，即可制出各式风味的咖啡饮料。最常见的咖啡是清咖啡（Black Coffee），在饮用时配淡奶壶和糖缸，由自己选择是否加或加多少，也可在咖啡中加入泡沫奶油而成为意大利咖啡，还可制成爱尔兰咖啡（加入爱尔兰威士忌，是一种混合饮料）。

（2）茶

茶树原是一种野生植物，据记载第一个发现并饮用茶叶的是4000多年前的神农帝。茶树的正式栽培是从秦汉时期的佛门弟子开始的，至隋唐时期，我国人民渐渐养成饮茶习惯，并传输至国外。茶（Tea）既是一种解渴饮料，又能利尿解毒、帮助消化，所以茶是一种较受人们喜爱的饮料。

① 茶叶种类。茶叶主要有以下几类。

- 绿茶。绿茶是不发酵茶，经高温杀青（如炒、烘等）制成，冲泡后汤色和叶片均呈绿色。其名品有杭州的西湖龙井、江苏的碧螺春、安徽的黄山毛峰等。绿茶较受我国江南一带人民喜爱。

- 红茶。红茶是全发酵茶，冲泡后汤色和叶底均呈棕红色。其名品有安徽祁门红茶、广东英德红茶、四川红茶、云南红茶等。红茶较受我国的老年人和欧美客人喜爱。

- 乌龙茶。乌龙茶是一种半发酵茶，其叶片中心呈绿色，边缘呈红色，兼有绿茶和红茶的特色。其名品有福建的铁观音、武夷岩茶等。乌龙茶较受南方沿海地区人民的喜爱。

- 花茶。花茶又称香片，是在茶叶中加入香花特制而成，既有茶香，又有花香。其名品有茉莉花茶、玉兰花茶、代代花茶等。花茶较受我国北方消费者喜爱。

- 紧压茶。紧压茶是以各种成品茶为原料经蒸软后放入模具压制成砖状或饼状的块形茶，故又被称为砖茶或饼茶。其名品有青砖、茯砖、米砖、普洱茶等。紧压茶较受

----

① 平均海拔为700～1500m。

我国内蒙古、新疆、西藏等地区的消费者喜爱。

②　泡茶方法。茶是一种有益健康的饮料,但饮用不当会有一定的副作用。一般来说,每杯茶放两三克茶叶即为中等浓度,且冲泡 3 次即可,因多泡会将茶叶中的有害成分浸泡出来。

泡茶用的茶具以陶器为最佳,其次为瓷器,再次为玻璃器皿及其他器皿(如不锈钢器皿等)。泡茶的水温以在 80℃ 左右为最理想,如水温太高,会将茶叶"烫熟",头泡茶苦涩,两三泡则无味;但水温过低,则会使茶叶浮而不沉、不香不醇。

(3) 其他软饮料

①　果汁(Juices)。果汁品种繁多,常见的果汁有橙汁、柠檬汁、番茄汁、西柚汁、菠萝汁、西瓜汁、苹果汁和葡萄汁等,目前也有黄瓜汁、胡萝卜汁等蔬菜汁。

果汁通常可分为 3 类。一是现榨果汁,即用新鲜水果放入榨汁机(Juice Squeezer)中现榨而成,一般保存时间较短,在冷藏箱中仅能存放 24h;二是瓶(罐)装果汁,开瓶(罐)后即可使用,但需冷藏,其保存时间一般为 3～5d(开瓶后);三是浓缩果汁,在加冷开水稀释后即可使用,也需冷藏,开瓶(罐)后的浓缩果汁的保存期为 10～15d,稀释后的果汁为 2d 左右。另外,还有用果汁粉冲泡制成的产品。

②　矿泉水(Mineral Water)。矿泉水因水质纯净、无杂质污染、富含多种矿物质而深受消费者欢迎。

饭店中常见的矿泉水有法国的皮埃尔矿泉水(Perrier)、伊维安矿泉水(Evian)及中国的崂山矿泉水等。但近年来全国各地均开发了许多优质矿泉水而不断有新品面市,各饭店可根据需要选用。

③　汽水(Aerated Water)。汽水是一种富含二氧化碳气体的饮料,品种繁多,大致可以分为可乐型汽水、柠檬(或橙)味汽水及奎宁类汽水几类。

可乐型汽水的名品主要有可口可乐和百事可乐;柠檬味汽水的名品有雪碧、七喜等,橙味汽水则有新奇士(Sunkist)等;而奎宁类汽水在酒吧较为常见,主要有汤力水(Tonic Water)和苦柠水(Bitter Lemon)等。

项目 **5**

上菜和分菜

教学方法 课堂示范＋实训室/企业现场实践练习＋教师点评＋技能比赛

准备工作 托盘 5 个、碗碟 50 套、分菜叉匙 5 个、菜盘 5 个、熟整鱼 5 条。将学生预先分为 5 组。

5.1 上菜

1. 上菜服务程序与标准

上菜服务程序与标准如表 5-1 所示。

表 5-1　上菜服务程序与标准

项目训练	操作规范	质量标准或要求
上菜前准备工作	● 核对菜品、菜量、客人特殊要求与菜单是否相符 ● 配备相应的服务用具 ● 先上冷菜,再上热菜,后上汤,最后上鱼	认真核对,准确无误
上冷菜	● 在客人到达房间后,及时通知传菜员将冷菜传来 ● 站立于主陪右后侧,左手托盘,右手将菜盘轻放于转盘或桌面上,按顺时针方向轻轻转动转盘 ● 先上调料,后上冷菜,视情况报菜名	● 冷菜盘均匀分布于转盘上,距转盘边缘 2cm ● 荤盘、素盘以及颜色合理搭配
上热菜	● 在上前 4 道菜时,要将菜盘均等放于转盘上 ● 若上手抓排骨类菜肴,提供一次性手套;上刺身菜品,将辣根挤出 1.5cm 放于调味碟内,倒入适量酱油或醋;上海鲜时,提供洗手盅。上高档原料菜品,要听取客人意见并及时反馈 ● 若分餐,左脚在前,站立于主陪客人右后侧,将菜品放于转盘上,转于主宾处,伸手示意,报菜名,介绍完毕,拿到备餐台,为客人分餐 ● 根据客人用餐情况及时与厨房协调,合理控制上菜速度 ● 菜上齐时,告诉客人"菜已上齐"。如发现菜肴不够或客人特别喜欢的菜,征得客人同意予以加菜	● 报菜名,说普通话,音量适中,菜品观赏面朝向主宾。保证菜品温度,上菜不出现摆盘现象 ● 上菜动作迅速,保持菜形美观 ● 每道菜肴吃了 3/4 时,可为客人更换小菜盘 ● 对于特色菜,主动介绍菜品知识和营养价值
上特殊热菜(蟹、炖盅)	● 站立于主陪右后侧,调整桌面,然后双手将盘放于转盘或桌面上,菜品观赏面转向主人与主宾之间位置,后退半步报菜名,并伸手示意"请用" ● 上蟹时,同时配备调料、蟹钳和洗手盅,并介绍洗手盅的用途 ● 上炖盅时,从主宾开始,将炖盅放于客人的右侧,揭开盖子,放入汤匙,并报菜名	● 服务用具和调料配备齐全,注意客人动作,避免汤汁洒到客人身上 ● 报菜名时口齿清晰、音量适中、用语准确
上汤	● 站立于主陪右后侧,调整桌面,然后双手将汤放于转盘上,后退半步报菜名,伸手示意征询客人:"先生/女士,是否需要分汤?" ● 若需要,将汤放于旁边的桌子上,分好后将汤碗放到托盘上,站立于每位客人的右侧,再将汤碗放到桌面上,伸手示意:"请用。" ● 若不需要,伸手示意:"先生/女士,请用。"	盛汤均匀,不洒、不外溅,盛汤不宜太满
上鱼	● 站立于副陪右后侧,调整桌面,然后双手将鱼匙放于转盘上,将观赏面轻轻转到主人与主宾之间位置,后退半步报鱼名,然后征询客人意见是否需要剔鱼骨 ● 若需要,将鱼匙拿到备餐台,左手拿叉,右手拿分餐刀,将鱼身上配料用刀、叉移到一边,用分餐刀分别将鱼头、鱼鳍、鱼尾切开,再顺鱼背将上片鱼一分为二,将鱼肉向两侧轻轻移动,剔除鱼骨,用刀、叉将鱼肉复位,并将鱼的整体形状进行整理,端到餐桌上,伸手示意,"先生/女士,请用。"	不要将鱼肉弄碎,保持鱼肉的形状完好

续表

项目训练	操作规范	质量标准或要求
上主食	● 上最后一道菜时，告知客人菜已上齐。若客人已点主食，征询客人："先生/女士，现在是否可以上饭？" ● 若客人未点主食，征询客人："先生/女士，请问用点什么主食？"下单后，根据客人的要求，尽快将主食上到餐桌上	认真核对主食是否与菜单上相符；适时进行二次推销，保证主食适宜的温度
上水果	● 在客人主食上齐之后，征询客人："先生/女士，现在是否可以上水果？" ● 在征得客人同意后，先整理桌面，更换骨碟，然后将果盘放于离转盘边缘2cm处，转到主人和主宾之间，或放于餐桌中间	保持果盘完整、美观
上菜特殊情况处理	● 菜品中若吃出异物，或菜品未按标准做，先向客人道歉，根据客人要求，做退菜处理，或立即撤下菜肴，并通知厨房重做 ● 换菜。当客人对菜肴口味提出异议时，先向客人道歉，并征询客人："先生/女士，此菜是否要换？"征得客人同意后，立即撤下，并通知厨房重做 ● 缺菜。应向客人道歉，并委婉说明情况，同时向客人推荐类似菜肴 ● 上错菜。若客人未用，需征询客人意见是否需要，如不用，向客人表示歉意，撤下菜肴；如客人已动筷，向客人说明情况，致歉，并征求客人是否可做加单处理	语气委婉，态度诚恳，耐心向客人解释，不与客人争吵

2. 中餐特殊菜肴的上菜方式

（1）上有包装的菜肴。将菜肴送上餐台，让宾客观赏后，再拿到工作台上，或直接当着宾客的面在台面上去掉包装，以方便客人食用。

（2）上炖类菜品。应将炖品上桌后再启盖，以保持炖品的原汁原味，并使菜品的香气在餐桌上散发。启盖后将盖子翻转过来再移开，以免汤水滴落在客人或自己身上。

（3）上铁板类菜肴。注意安全，以免烫伤。

（4）上拔丝类菜肴。要托热水上以保持高温，同时要迅速跟上凉开水，防止客人烫伤口腔。

3. 上菜的注意事项

（1）上菜前注意观察菜肴色泽、新鲜程度，注意有无异常气味，检查菜肴及餐具有无飞虫等不洁之物；在检查菜肴卫生时，严禁用手翻动或其他不规范动作，必须翻动时，要用消过毒的器具；对卫生达不到质量要求的菜及时退回厨房。

（2）先上调味品，再将菜端上；每上一道新菜都要转向主宾前面，以示尊重。

（3）上整鸡、整鸭、整鱼时，应注意"鸡不献头，鸭不献掌，鱼不献脊"，并要主动为客人用刀划开、剔骨。

（4）上菜时，要端平走稳，轻拿轻放。

（5）上菜时，切不可从客人肩上、头顶越过，以免发生意外。

（6）上菜忌讳"推"和"蹾"，保持盘底、盘边干净。

（7）上菜时，应注意防止出现空盘空台现象，也要防止上菜过勤，出现菜品堆积现象。

（8）上菜时，大拇指不可伸进菜盘内，注意上菜卫生。

4. 项目考核

上菜考核成绩表如表 5-2 所示。

表 5-2　上菜考核成绩表

考核项目	应得分	扣　分	考核项目	应得分	扣　分
上菜前准备	8		上菜时机与节奏	7	
上菜程序	8		服务方法得当	8	
上菜原则	10		操作规范	12	
上菜位置	10		特殊情况处理	8	
服务态度	9		整体印象	8	
报菜名	12				
总成绩					

考核时间：　　　　　　　　　　　　　　　考核人：

5.2　分菜

1. 分菜服务程序与标准

（1）桌上分让式

服务员将菜盘底部垫上干净的餐巾，左手托起，右手持分菜叉、匙，站在客人的左后侧。左脚向前伸入两椅之间，左手持菜盘向前为客人展示菜品，将匙面向上，用右手食指和拇指夹住叉柄，其余三指夹住匙柄，身体稍向前倾，用叉、匙将菜品夹起，派入客人餐盘中。分让菜品时尽量做到等量均匀，注意不要将汤汁洒在客人的身上。

（2）旁桌分让式

服务员向客人展示菜肴后，移向工作台，用分菜的标准方式将菜肴分到准备好的餐盘中，把分好的菜品放到托盘上，按先宾后主的顺序从客人左侧依次送上。

（3）两人合作式

两位服务员共同完成分菜服务。其中一位值台员站在上菜口展示介绍菜肴后，将菜品摆在自己的面前，右手持公筷，左手持公用勺，由另一位服务员将每位客人的餐碟移到分菜值台员近处或转台上，由分菜员进行分菜，然后另一位服务员将分派好的菜品从客人左侧依次为客人送上。

（4）转台分让式

服务员将菜品向客人展示介绍后，右手持服务叉、匙从转盘上将所上菜品按先宾后主的顺序依次分入客人的餐碟中，边走边转边分。

（5）几种典型中式菜的分法

① 分让鱼类菜肴。服务员左手用服务叉按住鱼头，右手持餐刀先在鱼颈和鱼尾处各切一刀，然后顺着鱼脊从头向尾划开，将鱼肉从中间剥开，顺鱼骨分放两侧，剔去中间鱼骨刺，再将两侧的鱼肉恢复原样，浇上原汁，待鱼汁浸透鱼肉后，再分块进行分让。

② 分让冬瓜盅。首先用汤勺轻轻地把冬瓜盅面上的火腿茸刮到汤里，然后用汤勺轻

轻地刮下部分冬瓜肉,将汤料、冬瓜肉均匀地分给客人,最后用刀、叉将冬瓜上半部约3cm的瓜皮削去,便于第二次分让。

③分让拔丝类菜肴。必须配上凉开水,分让时用公筷将甜菜夹起,迅速放入凉开水中浸一下,然后放入宾客餐盘中,分让的动作要连贯、快速,做到即拔、即浸、即食。

2. 分菜的注意事项

(1) 每分完一道菜,在盘内留下1/10。

(2) 鸡、鸭等菜的头、尾、翼尖部分不要分。

(3) 分派时,数量要均匀,不要在菜盘里翻来覆去地配菜,不能把一勺一筷的菜分给两位宾客,不能从分派得多的匀给分派得少的。

(4) 分菜时尽可能地避免响声,分羹、汤类,切忌把汤勺往汤盆边刮。

3. 项目考核

四人西餐分菜服务考核成绩表如表5-3所示。

表5-3　四人西餐分菜服务考核成绩表

序号	考核内容	考核要点	配分	评分标准	扣分	得分
1	分菜前准备	按规定着装,工作服整洁干净,佩戴服务号牌,仪容、仪表整洁大方 工作台清理干净 菜品餐用具准备齐全、符合卫生要求	20	不按要求着装扣5分 着装不整洁扣5分 不佩戴服务号牌扣5分 餐用具摆放不规范或者分让菜品准备不完扣5分 扣完为止		
2	操作过程	从客人左侧分菜,左侧服务调味汁,姿势优雅、规范、拿端手法正确,分让手法正确,符合卫生要求,分菜量合适,注意安全和避让宾客 准确报菜名,介绍菜肴按照顺序服务	40	分菜服务位置错误扣5分 服务调味汁位置错误扣5分 服务时操作姿势不优雅扣5分 分让菜肴手法不熟练扣5分 分菜量不准扣5分 无避让意识扣5分 报菜名不主动扣5分 未介绍菜肴扣5分 扣完为止		
3	上菜成果	菜品摆放在餐盘中,位置正确、往返3次完成分菜(烤牛肉、素菜、调味汁) 台面清洁无滴洒汤汁,调配料服务齐全	20	分让菜肴摆放在餐盘中不正确扣5分 未能3次将肉、素菜和调味汁分让到位扣5分 分让菜肴发生滴洒扣5分 配料服务不全扣5分 扣完为止		
4	操作能力	操作稳妥、拿取餐具符合卫生要求、动作娴熟、协调、规范、操作区域整洁	10	操作不稳扣2分 手法不卫生扣2分 托盘使用不熟练扣2分 动作不规范、不协调扣2分 台面、工作台不清洁扣2分 扣完为止		

续表

序号	考核内容	考核要点	配分	评分标准	扣分	得分
5	整体效果	分菜整体效果良好,菜肴在盘中摆放美观	10	分菜不均匀扣 5 分 菜肴摆放不美观扣 5 分 扣完为止		
6	失误	在总分中扣除		餐用具掉地一次扣 20 分 只允许超时 3min,超时 1min 扣 20 分,不足 1min,按 1min 计算 最多扣 80 分		
	合　计		100			

考核时间:　　　　　　　　　　　　　　　考核人:

知识链接

1. 中餐上菜

中餐宴会上菜原则:先冷后热、先咸后甜、先炒后烧、先浓味菜后清淡菜、先菜肴后点心水果。

(1) 上菜位置

中餐上菜位置在两宾客之间或在工作位的位置上,不能从客人头上越过。

(2) 上菜时机

① 当客人落座开始就餐,可将凉菜先行送上席,待凉菜剩 1/3 左右,送上第一道热菜,当前一道菜快吃完时将下一道菜送上。

② 多汁的菜肴加上公勺。

③ 有作料的菜要同时跟上作料,菜上台后才揭开菜盖,并报上菜名,简单地介绍菜肴特色。

④ 一般从左边位置上菜,从右边位置撤盘。

2. 西餐上菜

① 美式:食品的烹制和装盘全在厨房里完成,经过调理,由服务员从厨房将菜送到客人面前,由左侧或右侧端上(传统端盘服务为从左侧服务,目前,从左侧或右侧这两种方式都有)。

② 俄式:食物在厨房中就准备好,由服务人员以银盘端出,再将银盘中的食物以分菜叉、匙为客人分菜。

③ 法式:法式上菜一大特色为桌边调理。事先将食品在厨房内做部分烹调,再用手推餐车在客人面前做加工表演后,现场装饰摆盘服务上桌。

3. 中餐宴会摆菜和分菜

① 摆菜。遵循"鸡不献头,鸭不献掌,鱼不献脊"的传统习惯,即不要将鸡头、鸭掌、鱼脊对着主宾,而应将鸡头与鸭头朝右边,鱼腹对主宾。

② 分菜。

服务叉、匙的握法。叉子在上面,汤匙在下方,右手拇指和食指捏住叉子,中指、小指在下方，无名指在上方夹住汤匙。

分菜方法如下。

席上分菜：菜上桌后介绍菜名，然后将干净骨碟围转盘摆放，将菜均匀地分到各个骨碟里，最后按顺时针方向依次将骨碟送回宾客面前或以手势请客人各自享用。

席上派菜：左手托菜盘，右手持服务叉、匙，站在宾客左侧，用叉、匙把菜肴夹到客人的骨碟里。

分菜台分菜：先把菜肴上席，客人观赏后，端到服务桌上，再分到骨碟中，最后送到宾客面前。

4. 常见菜品的英文词汇

（1）中餐菜品

barbecued pork 红油牛筋

beef with pepper and chili 麻辣牛肉

boiled chicken 白斩鸡

boiled salted duck egg 咸鸭蛋

boiled shrimps 盐水虾

braised tripe 油焖笋

chicken in peanut and pepper sauce 怪味鸡

chicken shreds 拌鸡丝

Chinese cabbage in chili sauce 辣白菜

cold ham 火腿

cold pork slices marinated in wine essence 糟白肉

cold turkey 火鸡

drunken chicken 醉鸡

eight kinds of cold dishes 八色花碟

fried peanuts 油汆花生米

fried shrimps 油爆虾

kidney slices 拌海蜇皮

preserved duck egg 皮蛋

shredded jellyfish with cucumber 海蜇丝拌黄瓜

smoked fish 熏鱼

baked prawns 干烤明虾

bean curd with crab meat 蟹粉豆腐

fried shrimps balls 炸虾球

fried peeled shrimps 炒虾仁

prawns cooked in two styles 红烧大虾

shrimps with fresh mushrooms 蘑菇虾仁

mandarin fish with milk soup 奶汤鳜鱼

roasted crucial carp with scallion 葱烧鲫鱼

steamed carp 清蒸鲤鱼

stewed chicken and soft-shell tartle 霸王别姬

stewed sea cucumber with soy sauce 红烧海参

curry chicken 咖喱鸡

roast Beijing duck 北京烤鸭

salt-baked chicken 盐焗鸡

salt Nanjing duck 南京板鸭

smoked duck 樟茶鸭

braised tendons with brown sauce 红烧蹄筋

double-cooked tripe 回锅肚片

fried tripe 溜爆肚

shredded pork with fish seasoning 鱼香肉丝

steamed minced pork and crab crabmeat ball 清蒸蟹粉狮子头

sweet and sour boneless pork 古老肉

sweet and sour spareribs 糖醋排骨

braised mutton in brown sauce 红烧羊肉

bean curd with pepper and chili 麻辣豆腐

eggplant with garlic sauce 鱼香茄子

consomme of abalone 清汤鲍鱼

salted vegetable and shredded meat soup 雪菜肉丝汤

water shield soup 莼菜汤

white gourd soup 冬瓜汤

compote 蜜饯

dumplings of glutinous rice flour 元宵

dumplings stuffed with minced meat 鲜肉锅贴

eight-treasure glutinous rice 八宝饭

hot candied banana 拔丝香蕉

moon cake 月饼

rice dumplings wrapped in reed leaves 粽子

（2）西餐菜品

assorted salad 什锦色拉

fruit salad 水果色拉

chicken chop an gratin 奶油烤鸡排

fried eggs with bacon 煎蛋

fried eggs with ham 火腿煎蛋

scramble eggs with onion 洋葱炒蛋

baked cheese fish 烤汁鱼司

fish steak 鱼排

French fried pork chop 法式炸猪排

fried fillet steak 煎菲力牛排

boiled mutton 手抓羊肉

apple pie 苹果馅饼

deep-fried apple 炸苹果

fruit jelly 水果冻

pudding 布丁

sundae 圣代

cream spinach soup 奶油菠菜汤

rice with curry chicken 咖喱鸡白饭

（资料来源：英语学习网，http://www. EnglishCN. com.）

撤换餐具

教学方法 课堂示范＋实训室/企业现场实践练习＋教师点评＋技能比赛

准备工作 托盘 5 个、台布 5 条、烟灰缸 5 个、餐巾 50 条、小毛巾 50 条、餐酒用具 50 套。将学生预先分为 5 组。

6.1 撤换骨碟、汤勺、汤碗

1. 撤换方法

(1) 服务员把干净的骨碟、汤碗、汤勺放在托盘的一侧,左手托盘,右手从宾客的右侧撤换餐具。

(2) 从主宾开始,先将用过的餐具撤下放在托盘的另一侧,然后为宾客摆放干净的餐具,按顺时针方向依次进行。

2. 要点提示

在撤换时,注意将干净的和用过的餐具严格分开,以免交叉污染。

6.2　撤换菜盘

1. 撤换方法

撤换菜盘时，服务员站在副主人的右侧，右脚在前，左脚在后，用右手撤下菜盘。

2. 要点提示

注意不要将汤汁滴洒在宾客身上或台面上，动作要轻、要稳。

6.3　撤换酒具

1. 撤换方法

（1）服务员把干净的酒具放在托盘的一侧，左手托盘，右手从宾客的右侧撤换酒具。

（2）从客人右侧开始，先将用过的酒具撤下放在托盘的另一侧，然后为宾客摆放干净的酒具，按顺时针方向依次进行。

2. 要点提示

在撤换时，注意将干净的和用过的酒具严格分开，以免交叉污染。操作时不得将酒具相互碰撞，以免发出声响，打扰客人。

6.4　撤换烟灰缸

1. 撤换方法

服务员把干净的烟灰缸叠放在用过的烟灰缸上，将两个烟灰缸一起拿到托盘内，再将干净的烟灰缸摆放到原位。

2. 要点提示

动作要轻，不要打扰客人，要防止烟灰到处乱飞。

6.5　撤换香巾

1. 撤换方法

（1）服务员将消毒后的香巾用香巾夹夹放在香巾架内，摆放在托盘上。

（2）服务员左手托盘，右手将香巾架放在宾客右侧，由宾客自取。也可以将香巾夹放在垫碟内，服务员用香巾夹直接夹给客人。

2. 要点提示

注意不要用手直接取送。

6.6　更换台布

1. 更换方法

（1）将脏台布的半面卷起露出餐桌，再将台面上的用品移到露出的餐桌上。

（2）将脏台布的另一半面卷起撤下，撤时注意不要将杂物撒在座位或桌面上。

（3）在未放用品的桌面上铺上干净的台布，铺时注意折缝与桌中线吻合，再将用品移到干净的台布上。将未铺台布的桌面全部铺上台布。

2．要点提示

（1）注意台布四周下垂均匀，符合规范。

（2）将台面用品按规定摆放好。

知识链接

1．应变

如骨碟内有客人未动的菜肴，则在更换骨碟前用手指向骨碟（右手五指并拢，自然伸展，掌心斜向上），同时，征询客人意见，如"对不起，先生/女士，还用吗？"等，如有食物撒落桌面上，要用叉、勺或口布清除，切忌直接用手处理。

2．西餐撤换餐具方法

每吃完一道菜，就必须撤下脏餐具。撤盘前，注意宾客的刀、叉摆法。如果宾客将刀、叉呈八字搁在餐盘两边，说明还将继续食用，不可贸然撤去；如果刀、叉并排放在盘里，表示不再吃了。

餐饮服务与管
理项目化教程
（第2版）

餐饮服务与基层管理能力

项目 7

预订服务与管理

教学方法 课堂示范＋实训室/企业现场实践练习＋情境模拟＋角色扮演＋教师点评

准备工作 预订簿 25 本、笔 25 支。将学生预先分为两人一组。

7.1 服务程序与标准

在电话铃声响 3 下内,必须接听:"早上/下午/晚上好,××餐厅,××为您服务。"

假如在电话铃声响 3 次以上才接听电话,必须向客人道歉:"早上/下午/晚上好,××餐厅,对不起让您久等了,××为您服务。"

如果是预订电话,应按以下次序了解各种信息,并正确记录。

(1) 姓名:"请问您贵姓?"

(2) 日期:"请问预订日期和时间?"需复述一次请客人核查。

(3) 人数:"请问有多少人订餐?"

(4) 对方公司名称:"请问能知道是什么公司吗?"

(5) 询问对方有无其他要求:"请问您还有什么需要吗?"

（6）留下联系电话。

（7）复述以上信息给客人。

（8）知会客人预留台号："我们为您预留的是××厅××台。"

（9）请客人准时到达："我们将保留您的预订到××点。"

（10）向客人表示感谢和道别："谢谢您的预订，我们将期待着您和您的朋友光临，谢谢，再见。"

然后填写相关的表单，并迅速传达至各部门。

7.2　要点提示

（1）预订是一种承诺，应强调时间的重要性。

（2）预订人员既要精通业务，又要具备良好的服务意识和道德修养。

（3）预订的记录必须准确。

> **知识链接**

1. 宴会预订规范用语

- 您好！宴会预订。
- （××先生/女士），请问您需要订什么时间的宴会？请问您贵姓？全名怎么称呼？
- 好的，××先生/女士，请问您用餐人数几位？
- ××先生/女士，请问您是以什么公司或单位名义预订？
- 请问您晚上预订的标准是多少？（您看我们用什么标准为您安排？）
- 一般是以 150 元/位起订，如果您请的客人是 VIP 客人，我们还有 200 元/位和 280 元/位以上的标准供您选择。
- ××先生/女士，我把您晚上的宴会安排在××小厅，您看可以吗？
- 请您留个联系电话，好吗？（如何与您联系？可以留下移动电话号码吗？）
- （重复一下客人预订）××先生/女士，再见，期待您中午/晚上的光临！

2. 超额预订处理程序

为了保证最高的客房出租率，以防应到未到情况影响出租率，饭店可采取超额预订方法。当有预订客人抵店后，客房确实都已客满时，大堂副理应代表饭店经理处理此类问题。处理程序如下。

（1）首先向客人表示歉意，向客人解释客房出租情况，征得客人理解。立即为客人向其他饭店预订房间，并准备饭店小车免费送客。

（2）向客人说明第二天可请客人再回来，饭店一定为其准备好房间，并确定次日派车去接客人的时间。

（3）大堂副理亲自送客，向客人道别，并对给客人带来的不便再次表示歉意。

（4）在交班本上做好记录，注明客人姓名、预订抵离日期，现住某饭店，要求派车接回时间，请第二天当班的大堂副理负责落实。派专人接客人回饭店，并作 VIP 客人接待。

（5）通知预订部做好该客人的客史记录，以免类似现象再次发生在一位客人身上。

3. 预订服务英语示例

Restaurant Reservation（餐厅预订）

Dialogue A：Accepting a Reservation（情景对话 A：预订成功）

W：Waiter（服务员）　　C：Caller（电话员）

W：This is the Huayuan Restaurant. Anna is speaking. May I help you?

　　这里是花园酒店。安娜为您服务。请问有什么可以帮到您？

C：What time do you open this evening?

　　今晚何时开始营业？

W：At 7:30. And we close at midnight.

　　营业时间为晚 7:30—12:00。

C：OK. I'd like to make a reservation for tonight. A table for two, please.

　　好的,我想预订今晚一张两人台就餐。

W：For what time, Sir?

　　请问先生,您预约几点就餐？

C：Around 8:30.

　　大约 8:30。

W：May I have your name please, Sir?

　　请问先生,您贵姓？

C：Frank London.

　　弗兰克·伦敦。

W：A table for two for this evening at 8:30 for Mr. Frank.

　　弗兰克先生您预订的今晚 8:30 的一张两人台。

C：That's right.

　　是的。

W：Thank you, Mr. Frank.

　　谢谢,弗兰克先生。

C：Thank you. Good-bye.

　　谢谢,再见。

W：Good-bye.

　　再见。

Dialogue B：Refusing a Reservation（情景对话 B：预订不成功）

W：Princess Restaurant. Good morning! Can I help you?

　　早上好! 这里是王子餐厅,请问有什么可以帮到您？

C：Yes. I would like to book a table for this evening at 8:00.

　　我想预订今晚 8:00 的一桌。

W：I'm sorry, Sir. There aren't any tables left for 8:00, but we can give you one at 9:30.

　　抱歉,先生。今晚 8:00 的桌子都已经预订满了,不过可以为您预留今晚 9:30 的
餐位。

C：Oh, that's too late.

　　哦，那太晚了。

W：I'm sorry, Sir. But could you try buffet?

　　很抱歉，先生。您愿意去自助餐厅吗？

C：No, thank you all the same.

　　不了，谢谢你！

W：I'm sorry. Good-bye.

　　抱歉，再见！

（资料来源：英语学习网，http://www.EnglishCN.com）

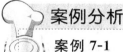

案例分析

案例 7-1

团队预订

　　刘女士是北京某四星级饭店粤菜餐厅的预订员。星期一，她接到某旅行社的电话预订，要求安排 120 位美国客人的晚餐，每人餐费标准 40 元，酒水 5 元；其中有 5 人吃素。时间定在星期五晚 6 时，付账方式是由导游员签账单（某些饭店与一些旅行社有合同，可收取旅行社的餐饮结算单，定期结账）。刘女士将预订人姓名、联系电话、客人人数、旅游团代号、导游员姓名、宾客的特殊要求等一一记录在预订簿上。

　　星期五晚 6 时该旅游团没有到达。此前刘女士曾与旅行社联系进行过确认，但都没有更改预订的迹象，因此，刘女士对其他预订均已谢绝。6 时 30 分，该团仍无踪影。刚巧，这天餐厅的上座率非常高，望着那一桌桌凉菜，大家都着急了。餐厅经理急忙做出决定，一方面，让刘女士继续与旅行社联系；一方面，允许已经上门没有预订的散客使用部分该团预订的餐桌，并与其他餐厅联系，准备万一旅游团来了使用其他撤台的餐桌。经联系，旅行社值班人员讲，预订没有改变，可能是由于交通堵塞问题造成团队不能准时到达饭店。7 时 30 分，旅游团才风风火火地来到饭店。导游员告诉餐厅，有 30 人因其他事由不能来用餐。还有 90 人用餐，其中有 3 人吃素。经理急忙让服务员安排，并回复导游员，按规定要扣除这 30 人的预订超时和餐食备餐成本费用，比例是餐费的 50%。

　　由于团队到达时间晚，有些预订餐桌没有动，餐厅内散客的撤台率较快，加上旅游团少来了 30 人，所以 90 个美国客人到达后马上得到安排。望着这些饥餐渴饮的旅游者，大家终于松了一口气。

　　思考题：请从该案例分析一下餐厅接受团队预订时应注意的事项。

案例 7-2

预订的晚餐没有了

　　某城市机场附近的一家饭店接到一个旅行社的晚餐预订，预订时间是晚 7:30。

由于飞机晚点，直到深夜导游员才接到客人。在候机期间导游员曾多次给饭店打电话，要求餐厅务必留餐，头两次饭店餐厅答复将尽量等候，21：00后就无人接听电话了。导游员在接到旅游团后怀着忐忑不安的心情奔饭店。到饭店后，餐厅早已关门，厨师都已下班，食品也已收藏入库。等在大厅里的客人知道这种情况后大为不满，将飞机延误带来的恼怒全都发泄在导游员身上。导游员请客人先在大厅休息，并安抚客人说一定让他们在最短的时间内吃上饭。随后导游员找到值班经理，质问他餐厅为什么不等候已预订的宾客。经理回答，餐厅预订由少数几个预订员负责，晚餐用餐时间也只到21：00，超过预订时间太久，可能视为预订自动取消。导游员要求经理联系预订员查看一下订餐单，并将订餐的旅游团编号交给了经理。经理在联系查实后答复，此预订因超时过久已经取消，但可以与咖啡厅联系尽量解决。经过接洽协商，双方同意该团30余人在咖啡厅用餐，并破例为客人准备了中餐、面条等，餐费按原定标准计价。值班经理又解释道，咖啡厅一般只解决本店宾客用餐，团队用餐也须事先预订。

由于宾客旅途比较劳累，对可口的热汤面和食品都很满意，特别是在餐厅得到了休息，用餐后大家十分高兴，刚才的恼怒也烟消云散了。在去住地的路上，大家对此顿"夜宵"赞不绝口。

思考题：

1. 在预订过程中应注意的时间规范是什么标准？

2. 当饭店餐饮部门结束营业时，应如何处理保证会来就餐的团体或散客的预订问题？

案例 7-3

固定客户放弃了喜爱的 10 号桌

丽萨女士是纽约某饭店一个餐厅的电话预订员，她每天都有一些固定的客户，某些客户的桌位还是固定的。汤普森夫妇喜欢预订周六晚餐，一般坐在 3 号桌；亨利夫妇也喜欢预订周六晚餐，一般坐在 10 号桌，花瓶里要放红玫瑰。这些固定客户预订的时间也相对比较稳定。

这天餐厅接到一个社会团体的年会预订，时间定在星期六晚上 7：00—8：30。这与一些固定客户的预订发生了冲突。为了争取做成这笔生意，同时又保证老客户的利益，餐厅决定让几个电话预订员紧急与老客户联系，与他们商量改时、改期或改地，并对他们实行优惠。

丽萨通知了自己的几个老客户，将汤普森夫妇的预订由原来的晚 7：30 改为晚8：40；将莱顿夫妇的晚餐由原来的星期六晚 7：00 改为星期日晚 7：00，并向他们道歉，给他们一定的优惠。只有亨利夫妇的更改遇到了一些麻烦。

"亨利先生，您预订的星期六晚 8：00 的晚餐，由于餐厅业务变动，需要更改时间，对此造成的不便，我们将给您相应的补偿，不知可否？"丽萨在接通电话后问道。

"可是我已经通知了几个朋友，星期六晚上 8：00 到你们饭店去。要知道你们餐厅的信誉不错，我特意请了朋友去庆祝我的生日，所以预订时间不能更改。"亨利先生说。

"原来星期六是您生日,恭喜您啦。能不能换一个餐厅,我保证给您营造一个良好的生日气氛。"丽萨热心地建议道。

丽萨在征得亨利先生的同意后,为他预订了小宴会厅的餐桌,安排了冰雕、烤牛肉、火鸡、海味等美味佳肴,并免费赠送亨利先生一个生日大蛋糕。亨利先生对这次变更感到很满意。

思考题:

1. 在团体客户与老客户的预订发生冲突时,饭店如何处理才比较恰当?

2. 因特殊原因而不得不使客人更改预订时间、地点时,饭店应如何处理?

案例 7-4

遗漏的预订

一天,某餐厅迎来了一位西装革履、红光满面、戴墨镜的中年男士,迎宾员快步上前,微笑引领带位,客人说昨天已打电话来预订包房,预留名姓张,迎宾员翻查预订资料,发现没有预订的登记,因此无法安排落座。迎宾员询问客人是否确定预订过,客人回答肯定,发现没有包房可用非常愤怒,并向经理投诉。

问题讨论:

1. 本案例中的客人为何会投诉?

2. 如何避免客人的此类投诉?

3. 若你是经理,如何妥善处理该位客人的投诉?

分析:迎宾员没有按照正确的服务流程工作。

处理结果:

1. 首先跟客人道歉,稳定客人的情绪。

2. 再以婉转的方式了解客人预订的人数。

3. 然后再看有哪些房间没有被预订而又恰好合适的,如果有,马上为其安排。

4. 若没有恰好合适的房间,安排接近客人想要的房间,等客人坐下再次向客人表示歉意。

5. 要交代餐中的服务员做好服务工作。

6. 管理人员对迎宾员进行批评教育,并以此事件作为经验教训,培训全体员工,务求所有员工做到礼貌待客,提高服务意识。

7. 加强员工的操作流程培训,务求服务中不出错,给客人提供最专业、最贴心的服务。

8. 将此事作为案例存档,供餐饮部培训学习,以避免日后再次发生同类事件。

案例 7-5

客人的"预订"

一天中午,一位客人打电话到餐厅消费,并说明要吃一个"T骨牛扒",希望餐厅能为其预留位置。当时,接电话的预订员正准备去用午餐,考虑到客人要半小时后才能过来，而这段时间餐厅生意都不旺，肯定有空位，且自己用餐时间不足半个小时，于是她在未向其他同事交代的情况下便去吃饭了。大约一刻钟后，客人来到餐厅，询问另一名当值的服务员，刚才已打电话来预订，午餐是否准备好？当值的服务员称没有接到客人电话，不知此事。客人听后非常生气，于是向餐厅经理投诉。

　　分析：准确的沟通是酒店服务之魂，没有沟通就没有服务。

　　案例中存在3个方面的问题需要引起注意：一是第一位服务员对客人的理解有误。客人称半小时后进餐，其实是客人希望餐厅马上准备好食物，待会儿来餐厅就可以吃到预订的午餐，因为他可能有事情要办而赶时间或是不愿意在餐厅等待，并不是半小时后再来餐厅点菜。二是沟通的方式问题。作为餐厅服务人员，要注意客人口头承诺的随意性，比如该客人说半小时后来进餐，却在一刻钟后就来了。但无论遇到什么情况，服务人员都要尽快做完自己手中的服务项目，脱岗时一定要将工作及时移交给同事，避免出现服务真空或盲点。三是当值服务员与客人的沟通问题。在未弄清情况时，餐厅服务员不应该随便对客人说"不"。将责任推给客人很容易引起客人的不满和投诉。

迎宾领位服务与管理

1. 熟悉餐饮服务礼仪
2. 掌握迎宾领位服务程序与规范

1. 能迅速引领、安排客人在合适的地方入座,较快地记住客人及其就餐特点
2. 有一定的应变能力,能妥善处理引领过程中出现的问题
3. 具有一定语言和文字表达能力,能写工作记录,说话口齿清楚

1. 客人(男士)想要靠窗边的位置,但已被预订,需暂时安排在靠门边
2. 无预订,客满,大约需要客人等待 20min,并应尽量留住客人
3. 客人搞错了预订日期,一家老小提前一天到来——将其安排在小宴会间
4. 无预订,预知餐厅 8:30 停止供餐,一批客人 8:20 到,要吃正餐
5. 有预订,但因航班晚点,晚到 1h,预订位已被占用

教学方法 课堂示范＋实训室/企业现场实践练习＋情境模拟＋角色扮演＋教师点评

准备工作 预订簿 5 本。将学生预先分为 5 组。

8.1 迎宾服务程序与规范

有客人到达时,面带微笑迎上前,向客人问好和表示欢迎:"早上/中午/下午好,欢迎光临!"

询问客人是否有预订:"先生/女士,请问您有预订吗?"

对所有预订的客人须查对预订资料,对已抵达的客人需注明。

询问客人人数:"先生/女士,请问几位?"

8.2　领位服务程序与规范

右手应向前进的方向做出请的手势："先生/女士，这边请！"

走在客人略偏右的位置，相距约3步，行走速度要合适，并注意回头观察客人是否跟上了，遇到转弯时要向客人示意，并略作停留，等客人走近后再继续前行。

到达了餐桌边后应先征询客人意见："先生/女士，请问这个位置您满意吗？"

如果客人不满意，应在条件许可的情况下，尽量根据其要求予以更换。如果客人要求的餐桌已有预订，应做出解释和建议："先生/女士，非常抱歉，这张餐桌已被预订了，那张餐台好吗？"

客人对餐桌表示满意后，协助服务员帮客人落座。

8.3　注意事项

（1）带领客人至一个座位时，除非客人另作选择，千万不可改变主意，更不要犹豫不决，变换桌座。在餐厅中往返寻找座位，使客人无所适从，是最尴尬而不恭的事。

（2）引座时，以不拼桌为原则，即不同组或互不认识的客人不安排共桌而食。

（3）刚开始营业时，需先安排前段比较明显之处，使得餐厅不会显得冷清。

（4）引位员在安排餐座时，应注意不要将客人同时安排在一个服务区域内，以免有的服务员过于忙碌，而有的则无所事事，影响餐厅服务质量。

（5）对不同特点的客人安排不同的餐台。对于带小孩的客人，应尽量将他们安排在离通道较远的地方，以保证小孩的安全；同时，也利于餐厅员工的服务。对于着装鲜艳的女宾，将其安排在较为显眼的地方，可以增加餐厅的亮色。对于来餐厅就餐的情侣将其安排在较为僻静的地方。

知识链接

1．迎宾员服务原则

迎接客户要做到"三声"服务：来有迎声、走有送声、问有答声。

2．迎宾领位的特殊服务

（1）遇到重要客人（VIP）前来就餐时，餐厅经理应在餐厅门口迎接。

（2）如引位员引领客人进入餐厅而造成门口无人时，餐厅领班应及时补位，以确保客人前来就餐时有人迎接。

（3）如客人前来就餐而餐厅已满座时，应请客人在休息处等候，并表示歉意。待到餐厅有空位时应立即安排客人入座。也可以将客人介绍到饭店其他餐厅就餐。

（4）如遇带儿童的客人前来就餐，引位员应协助服务员送上儿童座椅。

（5）如遇客人来餐厅门口问询，引位员应热情地帮助客人，尽量满足其要求。

3. 餐饮服务人员的着装礼仪

服装是一种文化，一种文明，能够反映一个国家、一个民族的经济水平、文化素养、精神文明与物质文明发展的程度。服装也是人们审美的一个重要方面，着装大方和整洁有一种无形的魅力，它是表现仪表美的重要因素。服装还是一种"语言"，它在表达对人是否尊重的同时，也表达一个人的社会地位、文化品位以及生活态度等。餐饮服务人员在着装方面要符合着装礼仪。

（1）制服着装礼仪

制服是标志一个人从事何种职业的服装。制服的设计充分考虑了穿着者所从事的职业和身份，是和穿着者的整个工作环境及工作职能相适应的。上班在岗必须穿制服，这是本行业工作的需要。旅游接待人员穿上醒目的制服，不但是对宾客的尊重，而且便于宾客辨认，同时也使穿着者有一种职业的自豪感、责任感和可信度，是敬业、乐业在服装上的具体表现。

① 穿制服要佩戴工号牌。身着制服时应同时佩戴表明其姓名、职称、部门的工号牌，这可以促使服务人员更积极、主动地为宾客服务，认真约束自己的言行，同时也便于客人辨认。因此，每一位接待人员应抱着对自己职业的自豪感去工作，自觉地把工号牌端正地佩戴在左胸上方。

② 制服要整齐挺括。制服必须合身，注意四长（袖至手腕、衣至虎口、裤至脚面、裙至膝盖）、四围（领围以插入一指大小为宜，上衣的胸围、腰围及裤裙的臀围以穿一件羊毛衣裤的松紧为宜）；内衣不能外露；不挽袖，不卷裤；不漏扣，不掉扣；领带、领结与衬衫领口的吻合要紧凑且不系歪；衣裤不起皱，穿前熨平，穿后挂好。做到上衣平整、裤线笔挺，款式简练、高雅，线条自然流畅，便于从事服务工作。

③ 制服应注意整洁。制服的美观整洁既突出了服务人员的精神面貌，也反映了餐饮企业的管理水平和卫生状况。穿制服要特别注意领子和袖口的洁净，做到衣裤无油渍、无污垢、无异味。

④ 鞋袜须合适。鞋是制服的一部分。每天应当把皮鞋擦得干净、光亮，破损的鞋子应及时修理或调换。通常男员工的袜子应与鞋子的颜色和谐，以白色、黑色最为普遍。女员工应穿与肤色相近的丝袜，袜口不要露在裤子或裙子外边。

（2）男士西装着装礼仪

西装的穿着十分讲究，在服务与社交活动中要懂得以下西装的穿着要求。

① 穿西装的正常程序：梳理头发→换上衬衫→换上西裤→ 穿着皮鞋→系领带→穿上装。这种穿着程序既是一种礼仪，也是一种规范。

② 上下装颜色、质料、款式一致，这是穿着西装套装的最基本要求。穿着时一定要合体，太大或太小不能显示人体流畅的线条美。领子应紧贴衬衫并低于衬衫 1cm 左右，袖长以达到手腕为宜，衬衫的袖长应比西装的袖子长出 1.5cm 左右。衣长以垂下手时与虎口平为宜，胸围以穿一件厚羊毛衫松紧适宜为好。

③ 衬衫的领子应干净、平整、挺括。衬衫颜色的深浅，应与西装的颜色成对比，不宜选择同类色，否则搭配后分不出衬衣与西装的层次感。在正式交际场合，衬衫的颜色最好是白色。衬衫的下摆应塞进裤腰里。若不系领带，衬衫的领口应敞开。

④ 领带、领结的颜色和图案，应与衬衣和西装搭配协调，一般应选用衬衣和西装的中间过渡色。领带的长度以到皮带扣处为宜。领带夹应夹在衬衣第三、第四粒纽扣之间。穿羊毛衫时，领带应放在羊毛衫内。系领带时，衬衫的第一个纽扣要扣好。

⑤ 单排扣西装两粒扣子的应扣上面一粒，下面的不扣；三粒扣子只需扣中间的一粒，上下两粒不扣。穿双排扣西装时，应把纽扣都扣上。

⑥ 西装的衣袋除了胸前口袋中可放置装饰性为主的手帕外，都作装饰所用，一般不应存放物品。记事本、名片夹、香烟等物应放在上衣的左右内袋。

⑦ 装饰手帕应插入口袋 1/3。装饰手帕的颜色应随着西装的变化而变化，深色西装宜配浅色手帕，浅色西装宜配深色手帕。

⑧ 西裤裤长以裤脚接触脚背为妥。西裤穿着时，裤扣要扣好，拉锁全部拉严。裤线应熨烫挺直。两手随意插在衣袋或裤袋里是有失风度的。

⑨ 天气较热、温度较高时可以脱掉西服，单穿西裤与马夹或衬衫，但系领带时必须扣上袖口的扣子，绝不能卷起袖口，更不得卷起裤脚。

⑩ 穿西装一定要穿皮鞋，不能穿旅游鞋、轻便鞋或布鞋。皮鞋的颜色应以黑色、深棕色等深色为宜，或与西装的颜色一致与协调，要略有鞋跟。女士着西装时，也不宜穿高跟皮鞋，而应穿中跟皮鞋。

⑪ 袜子一般应穿与裤子、皮鞋类似的颜色或较深的颜色。男士宜穿中长筒袜子，这样在坐下谈话时不会露出皮肤上较重的腿毛。

⑫ 新西装第一次穿着前，要取下袖口上的西装商标。出席正规场合的活动一定要选择质地较好、正规品牌的西装，而不能选那些无名厂家生产的劣质品，否则会失去西装应有的品位。

（3）女士职业装着装礼仪

职业女性的最好服装是西装套裙。西装套裙以其独特的端庄、典雅、美丽、含蓄以及流畅的线条美，受到现代职业阶层女性的青睐。西装套裙即上装是西装，下装是长度适中的裙子，多以一步裙为宜。如此搭配，使人显得精神焕发，俊秀端庄。西装套裙非常讲究配套。

① 上装和裙子的色调应统一而稳重，具有成熟感。

② 着装时一定要成套穿着，并配上与之相协调的衬衣、高领羊绒衫或有领 T 恤衫，与衬衣搭配时，领口应系上领结、领花或丝巾领带。

③ 穿套裙一定要配以连裤袜或长筒丝袜，而不是在紧身裤外穿套裙，这是不合乎规范的。

④ 套裙最好与皮鞋搭配，中跟或高跟均可。穿带跟皮鞋可使人亭亭玉立、充满朝气。布鞋、旅游鞋、轻便鞋与西装套裙搭配不相适宜。

⑤ 着套裙时，对衬衣、袜子、鞋子、饰物甚至皮包的选择，都应注意搭配协调。

（4）女士着装注意事项

① 正式场合尽量系上上衣扣，不穿领口开得太大的上衣。上衣最短齐腰，裙子不得短过膝盖，不得着超短裙。

② 夏季裙装应配上衬裙。衬裙颜色应与外装裙颜色协调一致，以免透出内裤显得不

雅。穿裙子一定要穿长丝袜,袜口切忌露在裙摆之下。冬天穿裙子,如果棉毛裤露在外,或者裙子里又加一条健美裤,都是不雅观的。

③ 休闲装、牛仔服、健美裤等为日常生活装,正式场合穿此类服装均不适宜。

④ 着上衣时对于领边、肩头和袖口等处应注意,如果内衣外露、文胸肩带和衬裙边露出来,都是女士着装的大忌。

⑤ 不管是否喜欢穿裙子,女士在正式场合以穿裙装为合乎礼节,穿长裤反而被认为是失礼。

⑥ 配裙子的丝袜以肉色、黑色最常用,但不宜穿着挑丝、有洞或用线自己补过的袜子外出。

此外,在餐饮服务岗位上,首饰佩戴要限制,除手表外,一般不宜佩戴耳环、手镯、戒指、手链、项链、胸针等饰物。餐饮服务人员,如以戴饰物来显示自己华贵娇艳,将会产生不良的影响。

4. 餐饮服务人员的仪容礼仪

容貌是仪表、仪容的重要组成部分,餐饮服务人员的个人仪容是最受宾客重视的部位。服务人员容貌端庄、面容清洁、发型大方、化妆得体,往往会给宾客留下美好舒适的第一印象。

(1) 男士仪容的基本要求

男士的仪容最重要的并不在于如何修饰与装扮,而应尽量体现出一种整体的美感,做到神采奕奕、充满活力、整齐清洁。男士在仪容方面应注意以下几个方面。

① 注意面部的清洁,养成勤洗脸、勤剃须的习惯。脸、颈及耳朵绝对干净,胡子刮干净。男性毛孔较粗,油脂分泌较多,应经常进行面部皮肤的护理,以保持面部的洁净与润泽。

② 注意头发的清洁与整形。头发应经常清洗,保持干净,梳理整齐,无头皮屑,并根据自己的脸形选择合适的发型。通常,餐饮服务人员的鬓发不应盖过耳部,头发不能触及后衣领,不烫发,不将头发染成过于鲜艳的发色。男士发型最好根据不同季节服装的变化,做一些适当的调整与搭配,以使整体外观形象显得自然、协调,充满朝气与活力。

③ 养成良好的卫生习惯。做到勤洗澡、勤换内衣,使身上无烟味、无酒味、无汗酸味。夏季汗腺分泌较多,容易产生身体异味,接待客人时可使用一些男士香水。保持口腔清洁。常规的牙齿保洁应做到“三个三”,即:三顿饭后都要刷牙;每次刷牙的时间不少于3min;每次刷牙的时间在饭后3min之内。上班前不喝酒,不吃大葱、大蒜、韭菜等有刺激性的食物。

④ 注意手的干净。要随时清洁双手,指甲要及时修剪与洗刷,以保持指甲的清洁,不得留长指甲。在工作岗位上不可乱用双手,例如,揉眼睛、掏耳孔、抠鼻、剔牙、搔头发、挠痒痒、脱鞋,或是双手四处乱摸、抓捡地上的物品,都是极不卫生的。

(2) 女士仪容的基本要求

从事餐饮服务工作的女性应尽量展示出稳重、贤淑、典雅、端庄。在仪容方面应注意下列几点。

① 注意面部皮肤的修饰与保养。除了脸、颈绝对干净外,为使容貌焕发青春,保持皮

肤的洁净、润泽并富有弹性是至关重要的。如果容貌不佳,通过皮肤的保养,达到皮肤健康、娇嫩,可以弥补五官搭配的缺陷。

②应掌握基本的面部美容化妆知识。女服务员上岗前均应化淡妆,擦粉要均匀,口红不能太红,避免使用气味浓烈的化妆品或香水,浓妆艳抹不适合女性服务员的职业特点。值得提醒的是,化妆并不是为了改变自己的容貌,而是为了弥补缺陷,增加色彩,使人具有良好的精神面貌。

③注意头发的护理。头发要梳理整齐,无头皮屑。不要将头发染成过于鲜艳的色彩,选择大方的发型,一般不留披肩发,发不遮脸,前刘海不过低,避免使用色泽鲜艳、形状夸张的发饰。

④保持手和指甲的清洁。不留长指甲,不能涂有色指甲油,只能涂无色透明指甲油。

（3）化妆禁忌

①离奇出众。即服务人员在化妆时有意脱离自己的角色定位,而专门追求所谓的荒诞、怪异、神秘的妆容,或者有意使自己的化妆出格,以另类风格出现。

②技法用错。在化妆时,若技法出现了明显的差错,将会暴露出自己在美容素质方面的不足,从而贻笑大方。因此,接待人员若不熟悉化妆之道,宁可不化妆也不要贸然化妆。

③残妆示人。残妆是指由于出汗、休息或用餐使妆容出现了残缺。长时间的脸部残妆会给人懒散、邋遢之感。所以,在上岗时服务人员不但要注意坚持化妆,而且要注意及时进行检查和补妆。

④上岗化妆。服务人员工作妆一般应在上岗之前完成,不允许在工作岗位上当众进行,否则显得工作三心二意,既不尊重自己,也不尊重宾客。

5. 餐饮服务人员的仪态礼仪

餐饮服务人员的仪态主要是指在服务工作中的姿势、举止,如站立的姿势、走路的步态、面部表情、运用的手势等。潇洒的风度,优雅的举止,最能给人留下深刻的印象。正所谓"此时无声胜有声",餐饮服务人员的仪态是服务人员和客人语言交流过程中不可缺少的"催化剂"。

（1）正确的站姿

站姿是餐饮服务人员在工作中的最基本的举止。它是一种静态的造型动作,是优雅举止的基础。对站姿的基本要求是端正、挺拔、优美、典雅。其基本要领是站正,身体重心放在两脚中间,不要偏左偏右;胸要微挺,腹部自然地略微收缩,腰直、肩平;两眼平视,嘴微闭,面带笑容;双肩舒展,双臂自然下垂(在背后交叉或体前交叉),两腿膝关节与髋关节舒展挺直。站立太累时,可变换为调节式站立,其要领是身体重心偏移到左脚或右脚上,另一条腿微向前屈,脚部放松。

餐饮服务人员在工作中的4种基本站姿。男士站姿一:身体立直,挺胸抬头,下颌微收,双目平视,两膝并严,脚跟靠紧,脚掌分开呈V字形,提髋立腰,吸腹收臀,双手置于身体两侧自然下垂。男士站姿二:身体立直,挺胸抬头,下颌微收,双目平视,两腿分开,两脚平行,比肩宽略窄些,双手在身后交叉,右手搭在左手上,贴在臀部。女士站姿一:身体立直,挺胸抬头,下颌微收,双目平视,两膝并严,脚跟靠紧,脚掌分开呈V字形,提髋立腰,吸腹收臀，双手在腹前交叉，右手搭在左手上，贴在腹部。女士站姿二：身体立直，挺胸抬头，下颌微收，双目平视，两膝并严，提髋立腰，吸腹收臀，两脚尖向外略展开，右脚（左脚）在前，将右脚跟（左脚跟）靠于左脚（右脚）内侧，双手在腹前交叉，身体重心在两脚上。

餐饮服务人员站立时要面带微笑，使规范的站立姿态与热情的微笑相结合，并融合在自身的仪态举止中。养成习惯，这样才能运用自如，分寸得当，使人感到既有教养又不造作。男士应站得刚毅潇洒，挺拔向上，精力充沛；女士应站得庄重大方，亲切有礼，典雅秀美。

餐饮服务人员禁忌的站姿有站立时弯腰驼背，左右摇晃，双手叉腰、抱胸；身体东倒西歪或身体倚靠其他物体；双手插入衣袋，或做小动作。

（2）端庄的坐姿

坐姿是静态的，但也有美与不美、优雅与粗俗之分。端庄优美的坐姿，会给人以文雅、稳重、自然大方的美感。坐姿的基本要领是入座时要轻稳，动作协调从容，走到座位前，转身后退，平稳坐下。女士穿裙装入座时，应将裙角向前收拢一下再坐，一般应从座位的左边入座和站立，不要坐在椅子上再挪动椅子的位置。落座后，上体自然坐直，两腿自然弯曲，双脚平落地上，双膝并拢，臀部坐在椅子的中央，腰部靠好；两手放在膝上，胸微挺，腰伸直；目平视，嘴微闭，面带笑容。起立时，右脚向后收半步，而后站起。

餐饮服务人员在工作中的基本坐姿。男士坐姿：上体挺直，下颌微收，双目平视，两腿分开，不超肩宽，两脚平行，小腿与地面呈垂直状，两手分别放在双膝上。女士坐姿一：上体挺直，下颌微收，双目平视，两腿并拢，两脚同时向左放或向右放，两手叠放，置于左腿或右腿上。女士坐姿二：上体挺直，下颌微收，双目平视，两腿并拢，两脚脚跟靠紧，脚尖略开，两手叠放，置于左腿或右腿上。

不雅的坐姿：两脚尖朝内，脚跟朝外，形成内八字形；两脚交叠而坐，悬空的脚尖朝上，并抖动；脚跟接触地面，且将脚尖翘起；两腿叉开，或将一条小腿架在另一条大腿上；双腿直挺挺地伸向前方或双手抱在腿上；将上身往前倾或以手支撑着下巴；坐在椅子上时前俯后仰、东倒西歪；过于放松，瘫坐于椅内。在服务宾客的过程中或在正规的社交场合，这些不雅的坐姿既不尊重客人，也不符合礼仪接待的规范要求。

（3）优雅的蹲姿

蹲是由站立的姿势转变为两腿弯曲和身体高度下降的姿势。蹲姿只是在比较特殊的情况下所采取的一种暂时性体态，如对工作岗位进行收拾、清理时；提供必要服务时；捡拾地面物品时。

有两种标准蹲姿是常用的。第一种是高低式蹲姿，基本特征是双膝一高一低。下蹲时两腿紧靠，左脚掌基本全着地，小腿基本垂直于地面，右脚脚跟提起，脚掌着地，臀部向下。第二种是交叉式蹲姿，下蹲前右脚置于左脚的左前侧，使右腿从前面与左腿交叉。下蹲时，右小腿垂直于地面，右脚全脚着地。蹲下后左脚脚跟抬起，脚掌着地，两脚前后靠紧，合力支撑身体；臀部向下，上身稍前倾。女士较适用这种蹲姿。采用蹲姿时需要注意的是，蹲下来的时候，速度切勿过快。下蹲时，应与他人保持一定的距离，与他人同时下蹲时，更不能忽略双方的距离，以防彼此迎头相撞。在他人身边下蹲，尤其是在客人身旁下蹲时，最好是与之侧身相向，正面面对他人或者背部对着他人下蹲，通常都是不礼貌的。在大庭广众面前下蹲时，身着裙装的女性服务人员，一定要避免个人隐私暴露在外。

　　（4）雅致的走姿

　　一个人的风姿和健康而优美的身材，也只能在雅致的走姿中才能尽显其美。正确的走姿要以端正的站姿为基础，其基本要领：上体正直，不低头，眼平视，面带笑容。两臂自然前后摆动，肩部放松。重心可以稍向前，这有利于挺胸、收腹、身体重心在脚掌前部上。如果小腹用一点点力使身体略微上提，走起路来就会显得很有活力和神采奕奕。

　　走姿的美好与否，还取决于步位和步幅等因素。步位即脚落在地面时的位置。特别是女性服务人员两脚交替走在一条直线上，称"一字步"以显优美。男性服务人员在行进时，两脚交替前进在两条平行线上，两脚尖稍外展。步幅即跨步时两脚间的距离。标准步幅是前脚跟与后脚尖间的距离为一脚长。但因性别不同，步幅也会不同，男士步幅应稍大些。此外，走步时速度要均匀。在一定的场合，一般应当保持相对稳定的速度。在正常情况下，服务人员每分钟走60～100步左右。由于性别的原因和审美的要求不同，男女的步态应有所不同，男士的步态应雄健有力、豪迈洒脱，显示出英武的阳刚之美；女士的步态应轻捷、含蓄、优雅、飘逸，展示出柔和、娇巧的阴柔之美。

　　不良的走姿：一是走起路来两脚尖向内或向外歪，即内八字或外八字步，这是走姿最忌讳的，正常的行走，脚印应是正对前方；二是扭腰摆臀，左顾右盼，走路不成直线。走路时臀部摆动应自然、幅度不要过大；三是弯腰驼背、歪肩晃膀，让人感到不舒服；四是将两手贴着裤缝或将手插在裤兜里走路，使步态显得僵硬，像机器人一样刻板；五是拖泥带水，抬不起脚来。走路脚步要干净利索，有鲜明的节奏感。

　　（5）亲切友善的眼神

　　在人的面部表情中，眼神和笑容最能表达人们的内心情感。餐饮服务人员的眼神应该是亲切、友善、坦然和有神的，还应懂得合理、适当地运用眼神来帮助表达情感，促进与客人之间的交流和沟通。

　　① 应掌握不同的服务工作场合，眼睛注视的部位是不同的。当问候对方、听取诉说、征求意见、强调要点、表示诚意、向人道贺或与人道别时，皆应注视对方双眼，但时间不宜过久。注视对方双眼既可表示自己对对方全神贯注，又可表示对对方所讲的话正在洗耳恭听。当与客人交谈时，应采用友善的目光，目光应注视对方的眼区（眼鼻三角区），不要聚集于一处，以散点柔视为宜。当与服务对象相距较远时，一般应以对方的全身为注视点，在站立服务时，往往如此。在服务工作的实际需要时，对客人身体的某一部分多加注视，如在递接物品时，应注视对方手部。

　　② 应了解不同眼神投放方式的含义。正视对方是交往中的一种基本礼貌，其含义表示重视对方。平视对方表现出双方地位平等与本人不卑不亢。当处于坐姿时，看见客人到来，便要起身相迎以便平视。仰视他人时，可给对方重视信任之感。

　　③ 应避免使用禁忌的眼神。冷漠、傲慢、狡黠、轻视、左顾右盼等眼神，都是在服务工作过程中所忌用的。当对方缄默不语时，就不要看着对方，以免加剧因无话题本来就显得冷漠不安的尴尬局面。对客人上上下下反复进行打量扫视的做法，往往会使对方感到被侮辱、被挑衅。当被介绍与人相识时，当对方和你谈兴正浓时或到一些正式的场合，忌东张西望，否则会给人留下不懂得尊重别人和缺乏修养的印象。在服务过程中，目光不要总往

下看,躲躲闪闪,不敢正视客人,给人一种不大方的感觉。不可长时间盯着对方尤其对异性,会造成不必要的误解与麻烦,更不允许对客人眉来眼去,挤眉弄眼,或用白眼、斜眼看人。

（6）热情和蔼的微笑

笑是眼、眉、嘴和颜面的动作集合,是面部表情中的总体表现,笑能够有效地表达人的内心情感。培根有句名言:"含蓄的微笑,往往比口若悬河更可贵。"微笑是"世界货币",在大多数情况下,它可以表示热情、友好、谦恭、和蔼、可亲,使人产生良好的心境,有效地减少人们之间的陌生感。在服务行业,微笑服务一直受到广泛的重视,并被当作一种卓有成效的经营手段和优质服务的衡量标准。希尔顿集团董事长唐纳·希尔顿曾经指出:"酒店的第一流设备重要,而第一流的微笑更为重要。如果没有服务人员的微笑,就好比花园失去了春日的阳光和春风。"因此,在许多国家的旅游从业人员岗前培训中,微笑被列为重要的培训科目之一。微笑是服务人员最基本的礼仪要求和基本职业修养,每个接待人员在接待服务工作中都应当实现微笑服务,提倡"笑迎天下客"。

在服务接待中如何正确地运用好微笑呢? 一方面要靠必要的礼貌修养;另一方面还要靠技巧或训练,这样才能把最美的微笑奉献给客人。第一,掌握好微笑要领。面含笑意,但笑容不可太显著;嘴角微微向上翘起,让嘴唇略呈弧形;在不牵动鼻子、不发出笑声、不露出牙齿的前提下,轻轻一笑。第二,注意整体配合。微笑是面部各部位的一种综合运动。整体配合协调的微笑,应当目光柔和、发亮,双眼略微眯大;眉头自然舒展,眉毛微向上扬起。第三,力求表里如一。面含微笑,应该是发自内心的自然流露。做到表里如一,要求微笑一定要以良好的心境与情绪作为前提,学会控制不良情绪的外露,增强自制力。第四,适当借助技术上的辅助。有些词、字发音时形成的口形,正好是微笑最佳的口形。例如,默念英文单词 Cheese、英文字母 G,或普通话"茄子"时均可收到一定的效果。第五,注意服务场合。微笑服务是服务人员的一种总体要求,在具体运用时,必须注意服务对象的具体情况。有些情况是不允许微笑的,如进入气氛庄严的场所时;客人满面哀愁时;客人有某种先天的生理缺陷时;客人出了洋相而感到极其尴尬时。

（7）规范恰当的手势

手势是传情达意的最有力的手段,正确适当地运用手势,可以增强感情的表达。手势是餐饮服务工作中必不可少的一种体态语言,学习手势语是大有学问的。有的服务人员在服务过程中,表现出的手势运用不规范、不明确,动作不协调,寓意含混等现象,给宾客留下漫不经心、不认真、素质不高等印象。

餐饮服务人员常用的手势及具体的做法有以下几类。

① 引导手势。引导即为客人指示行进方向,也就是指路。引导客人时,首先轻声对客人说"您请",然后采取"直臂式"指路,具体做法:将左手或右手提至齐胸高度,手指并拢,掌心向上,以肘关节为轴,上臂带动前臂,手臂自上而下从身前抬起,朝欲指示的方向伸出前臂,手和前臂成一条直线,整个手臂略弯曲,肘关节基本伸直。在指示方向时,上体微前倾,面带微笑,身体倾向来宾,眼睛看着所指目标方向,并兼顾来宾是否看清或意会到目标。注意指示方向,不可用一根手指来指示方向,在任何情况下,用拇指指着自己或用食指指点他人是不礼貌的行为。

②"请"的手势。"请"的手势是餐饮服务人员运用得最多的手势之一。"请"根据场

景的不同，有着不同的语义："请进""这边请""里面请""请跟我来""请坐"等。

在表示"请"时常用"横摆式"。其手势的规范要求为五指伸直并拢，掌心斜向上方，手掌与地面成45°，腕关节伸直，手与前臂成直线，整个手臂略弯曲，弯度以140°为宜。做动作时，应以肘关节为轴，上臂带动前臂，由体侧自下而上将手臂抬起，到腰部并与身体正面成45°时停止。头部和上身微向伸出手的一侧倾斜，另一手下垂或背在背后，面向客人，面带微笑，目视来宾，表示出对宾客的尊重、欢迎。至于用哪只手做，要根据情况来定，哪只手做起来方便即用哪只手。做手势时，必须面对客人，不得背对客人。

另外，也可采用曲臂"前摆式"的"请"手势。其做法：五指伸直并拢，掌心向上，手臂由体侧向体前摆动，摆到手与身体相距20cm处停住，身体略微前倾，头略往手势所指方向倒，面向客人，面带微笑，目视来宾。

当面对较多来宾表示"请"时，可采用双臂横摆式，如果是站在来宾的侧面，可将两只手臂向一侧摆动。

无论是哪一种，其基本手势是相同的，仅手臂所抬的高度有所不同而已。表示"请进"时，其手臂抬起较高；而"请坐"手势，其手臂抬起较低。

③ 介绍的手势。介绍他人的手势，要求：掌心向上，四指伸直并拢，拇指张开，手腕与前臂成一直线，以肘关节为轴，整个手臂略弯曲，手掌基本上抬至肩的高度，并指向被介绍的一方，面带微笑，目视被介绍的一方，同时兼顾客人。

介绍自己的手势，要求：右手五指伸直并拢，用手掌轻按自己的左胸。介绍时，应目视对方或大家，表情要亲切坦然。

介绍时，切忌伸出食指来指点别人或用大拇指指着自己，否则是一种傲慢、教训他人的不礼貌的行为。介绍他人时要热情、客观、掌握分寸。介绍有先后之别，一般将身份低者、年轻者先介绍给身份高者和年长者；将男性先介绍给女性；将客人先介绍给主人。介绍时，一般双方要起立，长者、身份高者和女性可例外。需要介绍的人较多时，介绍的顺序是先贵宾，后一般客人；先长者，后年轻者；先女士，后男士；先客人，后主人；先职务高者，后职务低者。被介绍者一般应起立或欠身致意。

④ 握手的手势。握手是由交际双方在见面或告辞时互伸右手彼此相握传递信息、感情的无声语言，它是服务人员一种重要的手势语言。

- 握手姿势。握手分为单手握和双手握。单手握是最普通的握手方式，握手时，距离对方约一步，伸出右手，四指并拢，拇指张开，手指微微内屈，肘关节微曲抬至腰部，上身微前倾，目视对方与之右手相握，并可适当上下抖动以示亲热。握手一定用右手，这是约定俗成的礼仪。双手握是为了表示对对方加倍的亲切和尊重时运用，即自己同时伸出双手，握住对方右手。但是，这种握手方式只适用于年轻者对年长者，身份低者对身份高者或同性朋友之间。男士对女士一般不用这种礼节。

- 伸手次序。在握手时，讲究由谁先伸出手，以表示尊重对方的尊严、感情、爱好、意见等。一般来说，伸手次序应是重要者先伸手，次要者后伸手。通常年长（尊）者、女士、职位高者、上级、老师先伸手，年轻者、男士、职位低者、下级、学生及时与之呼应。来访时主人先伸手，以表示热烈欢迎。告辞时等客人先伸手后，主人再伸手与之相握，才合乎礼仪，否则有逐客之嫌。朋友和平辈之间谁先伸手不作计较，一般谁伸手快,谁更为有利。若一个人要与许多人握手,最有礼貌的顺序是先长者,后晚辈;先上级,后下级;先主人,后客人;先女士,后男士。

● 握手力度和时间。握手要注意力度。不可用力过猛或有气无力,在一般情况下,握手不必用力,握一下即可。男士与女士握手不能握得太紧,如果是战友重逢或与嘉宾相见时,可稍加用力。西方男士往往只握一下女士的手指部分,但老朋友可以例外。

握手时间的长短可根据握手双方的亲密程度灵活掌握。初次见面者,一般应控制在 3s 左右。男士与女士握手除了用力要轻外,时间也要短些,长久地用力握住女士的手是失礼的行为。即使握同性的手时间也不宜过长,以免对方欲罢不能。老朋友或关系亲近的人则可以边握手边问候,甚至双手长时间地握在一起。

● 握手禁忌如下。

忌贸然伸手:遇到上级、长者、贵宾、女士时,自己先伸出手是失礼的。

抓指尖式。握手时仅轻轻触一下对方指尖,给人以勉强冰冷的感觉。过于软弱无力,时间过短,左顾右盼,心不在焉者,给人一种冷漠不情愿的感觉。

忌交叉握手:多人同时握手切忌交叉,要等别人握完后再伸手。有的国家视交叉握手为凶兆的象征,交叉成"十",意为十字架,认为必定会招来不幸。

忌戴手套:男士握手前应脱下手套、摘掉帽子。军人不脱帽先行军礼,然后再握手。在社交场合女士戴薄纱手套或网眼手套也可不脱,但在商务活动中讲男女平等,女士也摘手套。

6. 迎宾领位服务英语示例

Dialogue A(情景对话 A)

W:Waiter(服务员)　C:Customer(顾客)

W:Good afternoon,Gentlemen. Welcome to Garden Western Restaurant.

下午好,先生们。欢迎来到花园西餐厅。

W:Have you made a reservation?

请问您有预订吗?

C:No. I'm afraid we haven't.

恐怕没有。

W:How many persons are there in your party?

请问总共有几位呢?

C:Three.

三位。

W:Would you like to sit smoking or no smoking?

你们喜欢坐吸烟区还是无烟区呢?

C:Smoking.

吸烟区。

W:Follow me,please. I'll seat you.

How about this table?

请跟我来。我来帮你们找位子。这张桌子可以吗？

C：Yes. Thank you.

可以。谢谢。

W：Please take a seat. Here's the menu. Take your time，please.

请坐。这是菜单。请慢慢看。

Dialogue B（情景对话B）

W：Good evening，Gentlemen. Welcome to Garden Western Restaurant.

Have you made a reservation?

晚上好，先生们，欢迎来到花园西餐厅。

请问您有预订吗？

C：No. We haven't.

没有预订。

W：Never mind，Sir. A table for two? This way，please.

没关系，先生。是两位用餐吗？请这边走。

C：Can we sit here by the window?

我们可以坐到靠窗的位子吗？

W：I'm sorry，Sir. The table has been reserved. There is a sign on it. I'll seat you anther table.

不好意思，先生，这个位子已被预订了，这是预订的标志牌。我帮您找另一张桌子吧。

C：Ok，thanks.

可以，谢谢。

（资料来源：英语学习网，http://www. EnglishCN. com.）

案例分析

案例8-1

小马的领位

小马是某饭店餐厅的领位员。餐厅最近比较繁忙。这天午饭期间，小马刚带几位客人入座回来，就见一位先生走了进来。

"中午好，先生。请问您有预订吗？"小马微笑着问道。

"哦，我没有预订。"这位先生答道。

"欢迎您光顾这里。不知您愿意坐在吸烟区还是非吸烟区?"小马礼貌地问道。

"我不吸烟。不知你们这里有些什么特色菜?"先生问道。

"我们这里的海鲜很有名的。您要感兴趣可以坐下看看菜单。您现在是否准备入座了? 如果准备好了，请跟我去找一个餐位。"小马说道。

这位先生看着小马的倩影和整洁、漂亮的衣饰，欣然同意，跟随她走向餐桌。"不，不，我不想坐在这里。我想坐在靠窗的座位，这样可以欣赏街景。"先生指着窗口的座位对小马说。

"请您先在这里坐一下。等窗口有空位了我再请您过去,好吗?"小马在征求他的意见。

在征得这位先生的同意后,小马又问他要不要先喝些饮料。这位先生点头表示赞同。小马对一位服务员交代了几句,便离开了这里。

当小马再次出现在这位先生面前告诉他窗口有空位时,先生正与同桌的一位年轻女士聊得热火朝天,并示意不换座位,要赶紧点菜。小马微笑着走开了。

思考题:

1. 领位员应注意哪些事项?

2. 你认为可从本案例领位员小马身上借鉴到哪些经验?

案例 8-2

点好的菜没有了

某餐厅以川菜闻名,麻婆豆腐、干烧岩鲤、宫保鸡丁等招牌菜深受顾客的喜欢。一天,一位餐厅的常客带着亲朋好友到餐厅来用餐,刚入座客人就要点菜,客人在点菜的时候不时地为亲友介绍所点菜肴的特色,"到这家餐厅来吃饭,一定要尝尝这里的干烧岩鲤,口味特别正宗。"客人对所点菜肴大加称赞一番,服务员小张认真地记录下第一道菜名,点好菜后她再一次向客人确认后将所点菜单送往厨房。过了一会儿,服务员小张又来到客人桌前,"先生,今天没有干烧岩鲤,您换一道菜可以吗?"小张向客人说道。客人听了,脸上立刻表现出不愉快的神情,不高兴地说道:"没有了,你怎么不早说,让我们无故等了这么久,早说就去另一家餐厅了! 不要了,就上前面已点的菜吧!"客人的兴致一下子全没了,站在一旁的小张也感到纳闷,自己到底哪儿做错了呢?

思考题:本案例中服务员有哪些失误? 如何避免这些失误?

案例 8-3

等不到的布丁

一天,A 女士和朋友来到一家西餐厅吃饭。坐下之后服务员小刘过来为她们点菜。A 女士点了一个蔬菜汤、一个肉酱面和一个水果布丁。当前菜和主菜都上来并且已经吃完了比较长的一段时间之后,A 女士发现她点的布丁还没有上来。于是叫来小刘问道:"我的布丁还没有做好吗?"小刘有种恍然大悟的感觉:"对不起,对不起,我刚才忘记下单子了。真不好意思。我现在马上去为您下单子好吗?"A 女士不开心地说:"算了。我不要了。结账吧!"

思考题:本案例中服务员出现了哪些失误? 点菜时如何避免发生这些失误?

分析:

1. 当 A 女士询问为什么布丁还没有上的时候,虽然小刘心里知道没有下单,当着客人的面把事实说出来会让客人很失望。用缓兵之计又何尝不可呢? 可以对客人说:"不好意思,我马上帮您去看看。"然后马上去冷厨把布丁拿给客人。因为布丁是在餐前已经准备好的冷点,是拿出来就可以上的成品。小刘这样当面对客人说自己忘记了下单,不但减少了餐厅的收入,而且会损害客人的心理满足感。

2. 人难免会有错,但是在处理问题的应变能力上同样需要服务技巧。

处理结果:

1. 餐厅经理与小刘向客人道歉,以期取得客人原谅。

2. 管理人员批评教育小刘,并以此事件作为经验教训,培训全体员工,务求所有员工明确顾客第一的服务宗旨。

3. 将此事作为案例存档,供餐饮部培训学习,以避免日后再次发生同类事件。

案例 8-4

菜谱里没有的菜

陈先生和一帮朋友来到某酒店中餐厅,点了几道菜后,陈先生的朋友张先生问餐厅有没有某道菜。此道菜不是本餐厅的菜系,也是一道不太常见的菜品。

问题讨论:假如你是餐厅点菜员,遇到这种情况会如何处理?

分析:服务应随机应变,尽量满足客人的需求。

处理结果:

1. 征求客人意见,是否可换一个本店的菜品,若客人坚持吃这道菜,则询问这道菜的制作方式和原材料、大致味道与口感,然后与厨师长沟通看是否能做到。如果做不到或制作时间较长,要再次告知客人。

2. 若制作时间较长但客人坚持要此道菜品,应请客人耐心等候(一定要说明制作时间),马上与厨房说明客人的意向,叫厨师长安排立即烹制。

案例 8-5

是谁带错了房间

某天傍晚,酒店中餐客人络绎不绝,餐厅服务员忙着迎来送往,满头大汗。这时6位香港客人在一位女士的引导下来到了二楼中餐厅。服务员马上迎了过去,满面笑容地说:"欢迎光临,请问您有没有预订?"这位女士边走边说:"当然了,我们上午就电话预订好了'牡丹厅'。""请问您贵姓?""我姓王。"服务员马上查看宾客预订单,发现确实有一位王女士在上午预订了"牡丹厅",于是服务员把这批客人带进了"牡丹厅"。过了半个小时,餐厅门口又来了一批客人,共有12位,同行的王女士报出自己昨天已经预订了"牡丹厅",餐厅服务员当即发现出了问题,马上查阅预订记录,才发现原来今晚有两位王女士都预订了厅房,而服务员在忙乱中将两批客人安排在同一个包间。餐厅服务员为了弥补失误,即刻把客人带到了"紫荆厅",客人进房一看,满脸不高兴地说:"我们预订的是一张12人台,这是一张10人台的房间,我们12个人怎么坐得下?"王女士不耐烦地径直到"牡丹厅"一看,里面的客人已开席了,12人台只坐了7个人,服务员看到这样的情况,为这不恰当的安排而再次赔礼道歉,但是这12位客人仍然不愿意坐进这张10人台。"你们这么大的酒店,居然连预订都会搞错,还开什么餐厅!同意了我的预订就要兑现,我就要去'牡丹厅',其他的房间我不去!今天我的客户很重要,这样让我多没面子,把你们的经理找来!"王女士突然生气了。"十分抱歉,这是我们的工作失误,这几天预订厅房的客人特别多,我们弄错了,请你们先进房间入座,马上给你们加位好吗?"餐厅经理急忙过来好言好语地解释。"我们这么多人坐得如此拥挤,让我多么没有面子!好像我宴请朋友非常小气一样。""对不起,这是我们的失误,今天客人太多,请多原谅。"望着这群客人进了"紫荆厅"房,经理和服务员才松了一口气,但看到这群客人坐得那么拥挤,服务员心里又过意不去,正是因为自己的马虎带来的工作失误。

分析:

1. 服务员应该在为客人预订的时候把客人的中文全名和联系电话记下来,在客人到达时服务员要先核对客人的全名和电话,再把客人带到预订好的厅房就餐。

2. 即使带错厅房也应尽量安排客人到座位数与人数相应的房间。

处理结果:

1. 服务员与经理均对客人诚恳道歉。餐厅服务员为了补错,立即把客人带到了10 人台的厅房"紫荆厅"。

2. 为客人提供额外的优惠,如赠送果盘、甜品,打折优惠等,以此弥补餐厅为本身工作失误给客人造成的麻烦。

3. 再次当众向王女士一行客人表示歉意,让她在朋友们面前挽回面子,也充分让客人感觉到他们是餐厅重要的客人。

4. 以此事件作为经验教训,培训全体员工规范服务流程,务求所有员工明确顾客第一的意识。

项目 **9**

点菜服务与管理

知识目标

1. 熟悉菜肴与酒水知识
2. 掌握点菜服务程序与规范
3. 熟悉餐饮服务礼仪

能力目标

1. 能主动介绍特色菜点
2. 能按顾客需求,编配团体餐菜单
3. 能迅速准确地书写菜单
4. 有一定的社交推销能力

实训任务

1. 一对美国夫妇来到广州某中餐厅用餐,点菜员为其介绍了粤菜的特点,并按照美国人的饮食习惯,推荐合适的菜肴(粤菜)

2. 5 位日本客人来到中餐厅用餐,点菜员为其推荐合适的菜肴

3. 3 位北方客人来到广州某宾馆的餐厅用餐,想尝尝澳洲龙虾,在服务员的推荐介绍下,欣然改为广州龙虾,服务员又为其推荐了两道高档海鲜菜

教学方法　课堂示范＋实训室/企业现场实践练习＋情境模拟＋角色扮演＋教师点评

准备工作　菜单 5 份、记录本 5 本、笔 5 支。将学生预先分为 5 组。

9.1　点菜程序

递送茶水、手巾→递送菜单→等候点菜→点菜点酒→记录菜名和酒水。

9.2　点菜服务规范

(1) 当客人看完菜单或示意点菜时,应先征询主客是否可以点菜。

（2）搞清楚客人需要的酒水和菜品的规格、种类、加工方法及要求。

（3）有些菜品在加工前应进一步请客人确认，并让客人看到实物。

（4）当出现错误时，不要强调理由，更不能与客人发生争执。

（5）点菜服务出现错误后，如不是因顾客造成的，则不应将责任推给客人，并让其承担损失；如果是客人的错误，那么也应帮其寻找办法，将其损失减少到最小。

知识链接

1. 菜肴知识

（1）中国主要菜系

① 粤菜

粤菜有广州、潮州、东江 3 个流派，以广州菜为代表。

特点：菜的原料较广，花色繁多，形态新颖，善于变化，讲究鲜、嫩、爽、滑，一般夏、秋力求清淡，冬、春偏重浓醇。调味有所谓五滋（香、松、臭、肥、浓）、六味（酸、甜、苦、咸、辣、鲜）之别。菜肴色彩浓重，滑而不腻，尤以烹制蛇、狸、猫、狗、猴、鼠等野生动物而久负盛名。

② 川菜

正宗川菜以四川成都、重庆两地的菜肴为代表。重视选料，讲究规格，分色配菜主次分明，鲜艳协调。

特点：酸、甜、麻、辣香、油重、味浓，注重调味，离不开三椒（辣椒、胡椒、花椒）和鲜姜，以辣、酸、麻脍炙人口，为其他地方菜所少有，形成川菜的独特风味，享有"一菜一味，百菜百味"的美誉。

③ 湘菜

特点：用料广泛，油重、色浓，多以辣椒、熏腊为原料，口味注重香鲜、酸辣、软嫩。

④ 鲁菜

鲁菜由济南和胶东两部分地方风味组成。

特点：以清香、鲜嫩、味纯而著名，十分讲究清汤和奶汤的调制，清汤色清而鲜，奶汤色白而醇。味浓厚，嗜葱蒜，尤以烹制海鲜、汤菜和各种动物内脏为长。

⑤ 闽菜

闽菜以福州、泉州、厦门等地的菜肴为代表。

特点：以色调美观、滋味清鲜而著称。烹调方法擅长炒、熘、煎、煨，尤以"糟"最具特色。由于福建地处东南沿海，盛产多种海鲜，如海鳗、蛏子、鱿鱼、黄鱼、海参等，因此，多以海鲜为原料烹制各式菜肴，别具风味。

⑥ 安徽菜

安徽菜由皖南、沿江和沿淮地方风味构成，皖南菜是其主要代表。

特点：以火腿佐味、冰糖提鲜，擅长烧炖，讲究火功。善于保持原汁原味，不少菜用木炭制成，炭基长时间地用小火炖，因而汤汁清纯，味道醇厚。

⑦ 苏菜

苏菜与浙菜同为"南食"两大台柱之一。苏菜是由苏州、扬州、南京、镇江四大菜为代表而构成的。

特点：浓中带淡，鲜香酥烂，原汁原汤浓而不腻，口味平和，咸中带甜。烹调时用料严谨，注重配色，讲究造型，四季有别。苏州菜口味偏甜，配色和谐；扬州菜清淡适口，主料突出，刀工精细，醇厚入味；南京菜、镇江菜口味和醇，玲珑细巧，尤以鸭制的菜肴负有盛名。

苏菜以其制作精良、口味独特、咸淡适中而颇受南北不同人士的欢迎，在1949年开国大典的国宴上，毛泽东主席就亲点了淮扬菜作为开国第一菜，从那时起淮扬菜就有了"共和国第一菜"的美誉。

⑧ 浙菜

浙菜由杭州、宁波、绍兴等地方菜构成，最负盛名的是杭州菜。

特点：鲜嫩软滑，香醇绵糯，清爽不腻。

（2）西餐主要菜系

西餐大致可分为法式、英式、意式、美式、俄式和德式几种，不同国家的人有着不同的饮食习惯和不同的特点。

① 西菜之首——法式大餐

法国人一向以善于吃并精于吃而闻名，法式大餐至今仍名列世界西菜之首。

法式菜肴的特点：选料广泛（如蜗牛、鹅肝都是法式菜肴中的美味），加工精细，烹调考究，滋味有浓有淡，花色品种多；法式菜肴还比较讲究吃半熟或生食，如牛排、羊腿以半熟鲜嫩为特点，海味的蚝也可生吃，烧野鸭一般六成熟即可食用等；法式菜肴重视调味，调味品种类多样。用酒来调味，什么样的菜选用什么酒都有严格的规定，如清汤用葡萄酒，海味品用白兰地酒，甜品用各式甜酒或白兰地等；法国菜和奶酪，品种多样，法国人十分喜爱吃奶酪、水果和各种新鲜蔬菜。

法式菜肴的名菜有马赛鱼羹、鹅肝排、巴黎龙虾、红酒山鸡、沙福罗鸡、鸡肝牛排等。

② 简洁与礼仪并重——英式西餐

英国的饮食烹饪，有"家庭美肴"之称。英式菜肴的特点：油少、清淡，调味时较少用酒，调味品大都放在餐台上由客人自己选用。烹调讲究鲜嫩，口味清淡，选料注重海鲜及各式蔬菜，菜量要求少而精。英式菜肴的烹调方法多以蒸、煮、烧、熏见长。

英式菜肴的名菜有鸡丁沙拉、烤大虾苏夫力、薯烩羊肉、烤羊马鞍、冬至布丁、明治排等。

③ 西菜始祖——意式大餐

在罗马帝国时代，意大利曾是欧洲的政治、经济、文化中心，虽然后来意大利落后了，但就西餐烹饪来讲，意大利却是始祖，可以与法国、英国相媲美。

意式菜肴的特点：原汁原味，以味浓著称。烹调注重炸、熏等，以炒、煎、炸、烩等方法见长。

意大利人喜爱面食，做法、吃法甚多。其制作面条有独到之处，各种形状、颜色、味道的面条至少有几十种，如字母形、贝壳形、实心面条、通心面条等。意大利人还喜食意式馄饨、意式饺子等。

意式菜肴的名菜有通心粉素菜汤、焗馄饨、奶酪焗通心粉、肉末通心粉、比萨饼等。

④ 营养快捷——美式菜肴

美式菜肴是在英式菜肴的基础上发展起来的，继承了英式菜肴简单、清淡的特点，口味咸中带甜。美国人一般对辣味不感兴趣,喜欢铁扒类的菜肴,常用水果作为配料与菜肴一起烹制,如菠萝焗火腿、苹果烤鸭。美国人喜欢吃各种新鲜蔬菜和各式水果,对饮食要求并不高,只要营养、快捷。

美式菜肴的名菜有烤火鸡、橘子烧野鸭、美式牛扒、苹果沙拉、糖酱煎饼等。

⑤ 西菜经典——俄式大餐

沙皇俄国时代的上层人士非常崇拜法国,贵族不但以讲法语为荣,而且饮食和烹饪技术也主要学习法国。但经过多年的演变,特别是俄国地带,食物讲究热量高的品种,逐渐形成了自己的烹调特色。俄罗斯人喜食热食,爱吃鱼肉、肉末、鸡蛋和蔬菜制成的小包子与肉饼等,各式小吃颇负盛名。

俄式菜肴口味较重,喜欢用油,制作方法较为简单。口味以酸、甜、辣、咸为主,酸黄瓜、酸白菜往往是饭店或家庭餐桌上的必备食品。烹调方法以烤、熏、腌为特色。俄式菜肴在西餐中影响较大,一些地处寒带的北欧国家和中欧南斯拉夫民族人们日常生活习惯与俄罗斯人相似,大多喜欢腌制的各种鱼肉、熏肉、香肠、火腿以及酸菜、酸黄瓜等。

俄式菜肴的名菜有什锦冷盘、鱼子酱、酸黄瓜汤、冷苹果汤、鱼肉包子、黄油鸡卷等。

⑥ 啤酒、自助——德式菜肴

德国人对饮食并不讲究,喜吃水果、奶酪、香肠、酸菜、土豆等,不求浮华,只求实惠营养,并发明了自助快餐。德国人喜欢喝啤酒,每年的慕尼黑啤酒节大约要消耗掉 100 万 L 啤酒。

2. 烹调方法

当客人向你询问某一道菜是怎样烹制并了解其制作过程时,掌握下列烹调常识对提供服务是很有帮助的。

烘——在烘炉中,用干燥的、持续不断的热度制作。

煮——在 100℃ 的沸水中制作,水泡会不断上升到水面,并随之分解。煮的特点是汤菜各半,汤宽汁浓,口味清鲜。

焖——将经过炸、煎、炒或水煮的原料,加入酱油、糖等调味汁,用旺火烧开后再用小火长时间加热成熟。焖的特点是制品的形态完整,不碎不裂、汁浓味厚。

炸——在灼热的食用油中炸煎制作,有的用少量食用油嫩煎,也有的在量大的热油中深炸。

烤——将经过腌渍或加工成半熟制品的原料,放入以柴、煤炭或煤气为燃料的烤炉或红外线烤炉中,利用辐射热能直接把原料烤熟。

烩——将加工成片、丝、条、丁的多种原料一起用旺火制成半汤半菜的菜肴。

汆——沸水下拌,一滚即成。

爆——将脆性原料放入中等油量的油锅中,用旺火高油温快速加热。

蒸——在有压力或没有压力的蒸汽里制作。

炖——在能淹没食物的足够的水中慢火炖制。

煨——在水将沸未沸的条件下用文火慢慢地煨煮。

3. 烹制时间

烹制时间是指做好菜单上某一道菜并将其装盘所需要的时间。菜肴的烹制时间取决于厨房的设备、厨师的工作效率、积压订单的多少和菜肴本身烹制方法所需花费的时间。掌握某种菜肴所需的烹制时间，可以帮助服务员在不同的情况下恰当地给客人推荐菜肴，例如，对于赶时间的客人，为他推荐烹制时间短的菜肴。对烹制时间的掌握要向厨师请教，平时注意观察和积累。

常规菜肴的烹制时间如下。

鸡蛋：10min

鱼：(炸或烤)10～15min

牛排(1in① 厚)：

半生熟　　10min

适中的　　15min

熟透的　　20min

羊肉排：20min

猪排：15～20min

野味：30～40min

炸鸡：10～20min

蛋奶酥：35min

4. 菜色的配料

无论是中餐还是西餐，许多菜都伴有一定的调味品、为色香味而配的汁料以及和主菜相配的配菜。根据约定俗成的步骤，服务员要知道哪些调料需在上菜前上台，哪些则应在上菜后服务，并做到调味品的盛器要干净。有时，常用的配料用品可以保存在餐厅的餐具柜里，如经常要用的色拉汁盛器等。

常用菜肴配料如下。

鱼菜配 V 形柠檬片

鱼和海鲜类配鞑靼调味汁（汁中含有捣碎的熟蛋黄、碎酸菜、橄榄油、干葱粒等）

汉堡包配番茄酱和泡菜

牛排配牛肉酱汁

热狗配芥末酱汁

土豆薄煎饼配苹果酱

薄煎饼配糖酱、蜂蜜

色拉配调味汁（3 种以上可供选择）

面包配黄油

烤面包配黄油、果酱

汤配苏打饼干

龙虾配澄清的黄油

主菜配欧芹以增加色彩

咖啡配牛奶和糖

---

① 1in＝2.54cm。

茶配柠檬切片和糖

烤鸭配薄饼、葱和甜酱

煎炸的鸡、鸭等配椒盐和番茄酱

5. 常用菜品英文词汇及点菜服务英语

（1）常用菜品英文词汇

① 海鲜类

seafood 海鲜	cod fillets 鳕鱼块
hair tail fish 带鱼	conger 鳗鱼
salmon 三文鱼	tilapia 罗非鱼
bass 鲈鱼	oyster 牡蛎
corvine 黄花鱼	crab 螃蟹
milkfish 奶鱼	prawn 虾
mullet 梭鱼	pomfret 鲳鱼
cod 鳕鱼	clams 蛤蚌
crucial 鲫鱼	scallop 扇贝
eel 鳝鱼	sea cucumber 海参
tuna 金枪鱼	seaweed 海带
sea bream 海鲤	squid 鱿鱼
carp 鲤鱼	crab stick 蟹肉条
jellyfish 海蜇	peeled prawns 虾仁
halibut 大比目鱼	tiger prawns 虎虾
flounder 比目鱼	whelks tops 小螺肉
swordfish 箭鱼	shrimps 基围虾
octopus 章鱼	cockles 小贝肉
squid 乌贼	dried shrimps 海米
sturgeon 鲟鱼	fish maw 鱼肚
cuttlefish 墨鱼	lobster 龙虾
sardine 沙丁鱼	winkles 田螺
white bait 银鱼	

② 蔬菜类

vegetables 蔬菜	broad bean 蚕豆
asparagus 芦笋	broccoli 花椰菜
bamboo shoot tip 笋尖	bitter gourd 苦瓜
agar-agar 紫菜	broccoli 甘蓝
dried bamboo shoot 笋干	bean 菜豆
bean sprout 豆芽	chive 细香葱
bean starch sheet 粉皮	celery 芹菜
beetroot,beet 甜菜	cucumber 黄瓜

cabbage 包心菜；大白菜

caraway 香菜

carrot 胡萝卜

cauliflower 菜花；花椰菜

lettuce 莴苣

chili(干)辣椒

dandelion 蒲公英

dried day lily 金针菜

eggplant 茄子

fennel 茴香

fungus 木耳

garlic 蒜

green soy bean 毛豆

ginger 姜

hot pickled mustard tuber 榨菜

horseradish 辣根

luffa 丝瓜

lettuce 生菜

leek 韭菜

lotus 藕

marrow 嫩葫芦

mushroom 蘑菇

mung bean sprout 绿豆芽

mater convolvulus 空心菜

mustard leaf 芥菜

③ 水果类

fruit 水果

almond 杏仁

apple 苹果

apple juice 苹果汁

apricot 杏子

areca nut 槟榔子

banana 香蕉

banana skin 香蕉皮

beechnut 山毛榉坚果

Beijing flowering crab 海棠果

bitter orange 酸橙

blackberry 黑莓

onion 洋葱

pea 豌豆

pumpkin 南瓜

pepper 胡椒

potato 马铃薯

parsley 西芹

pea sprouts 豆苗

potherb mustard 雪里蕻

pumpkin 西葫芦

rape 油菜

radish 萝卜

soy bean sprout 黄豆芽

string bean 四季豆

spinach 菠菜

salt vegetable 咸菜

tarragon 蒿菜

tomato 番茄；西红柿

taro 芋头

turnip 白萝卜

water chestnut 荸荠

water caltrop 菱角

white fungus 银耳

white gourd 冬瓜

yam 山芋

canned fruit 罐头水果

carambola 杨桃

cherry 樱桃

cherry pit 樱桃核

cherry pulp 樱桃肉

chestnut 栗子

Chinese chestnut 板栗

Chinese date 枣

Chinese gooseberry 猕猴桃

Chinese walnut 山核桃

coconut 椰子

coconut milk 椰奶

coconut water 椰子汁

cumquat 金橘

damson plum 西洋李子

downy pitch 毛桃

dried fruit 干果

duke 公爵樱桃

fig 无花果

filbert 榛子

flat peach 蟠桃

fresh litchi 鲜荔枝

fruits of the season 应时水果

gingko 白果；银杏

grape 葡萄

grape juice 葡萄汁

greengage 青梅

Hami melon 哈密瓜

haw 山楂果

hawthorn 山楂

honey peach 水蜜桃

jujube,date 枣

lemon 柠檬

litchi 荔枝

litchi rind 荔枝皮

longan 桂圆；龙眼

longan pulp 桂圆肉；龙眼肉

loguat 枇杷

mango 芒果

mature 成熟的

morello 黑樱桃

muskmelon 香瓜；甜瓜

navel orange 脐橙

nut 坚果

nut meat 坚果仁

olive 橄榄

orange 柑橘

papaya 木瓜

peach 桃子

pear 梨

pineapple 菠萝

plum 李子

pomegranate 石榴

pomelo 柚子

red bayberry 杨梅

seedless orange 无核橘

strawberry 草莓

sultana 无核小葡萄

watermelon 西瓜

(2) 常用点菜服务英语示例

① Are you ready to order,Gentleman? 可以点菜了吗,先生?

② May I take your order now? 请问我现在可以帮您点单吗?

③ This is the menu. What kind of food do you prefer? 这是菜单。你喜欢哪一种类型的菜?

④ Would you like to have a la carte or buffet? 请问您单点还是吃自助餐?

⑤ What is the specialty of the house? 餐厅的特色菜是什么?

⑥ Would you like to try our specials? 要不要尝一尝我们这里的特色菜?

⑦ How would you like your steak done,Sir/Madam,medium,medium well or well done? 先生/女士,请问您点的牛排喜欢几成熟呢? 半熟、七成熟或全熟?

⑧ What kind of dressing would you prefer with your steak? We have black paper sauce,red wine sauce,mushroom sauce,onion sauce,would you like to have your steak with rice,French fries,baked potatoes or spaghetti? 您的牛排喜欢配什么汁呢? 我们有黑椒汁、红酒汁、蘑菇汁、洋葱汁。配米饭还是配炸薯条、焗薯或意面?

⑨ The buffet breakfast is RMB 48/per person plus 15% service charge,and the service hour is from 7:00am till 11:00am. 自助早餐从早 7 点到 11 点每位 48 元外加 15%的服务费。

⑩ Hours room service provided by the western restaurant. 西餐厅配有 24h 的客房送餐服务。

⑪ Would you like to have a drink while waiting for your friend? 在等朋友的时候您要喝点什么吗？

⑫ What would you like to drink? 您要喝点什么？

⑬ What will you have for dessert? 您喜欢吃点什么点心？

⑭ What kind of drinks would you prefer? Beer,juice or other soft drinks? 请问喜欢喝点什么饮品？我们有啤酒、汽水和果汁。

⑮ What kind of beer would you like to have,Sir/Madam? 您想要哪种啤酒呢,先生/女士？

⑯ Excuse me,Sir/Madam? Would you like one more beer? 打扰一下,先生/女士,请问您要不要加一杯啤酒呢？

⑰ Do you like to have anything else? 您还要吃别的东西吗？

⑱ May I repeat your order now? 我来重复一下您的菜单好吗？

⑲ Anything else,Sir/Madam? 先生/女士,还有其他需要吗？

（3）点菜服务情景对话示例

W:Waiter(服务员) C:Customer(顾客)

W:Please take a seat. Here's the menu. Take your time please. I'll take your order a moment later. Would you like something to drink first?

请坐。这是菜单。请先慢慢看,稍后由我来帮您点单。先来点喝的怎么样？

C: We have three bottles of Tsingtao beer.

给我们来 3 瓶青岛啤酒。

W:Just a moment. I'll bring them for you right away.

请稍等。我马上去拿过来。

W:May I take you order now,Sir?

先生,我现在可以帮您点单了吗？

C: Yes. Can I order set lunch?

好的。我可以点中午套餐吗？

W:Certainly. How do you want your set lunch of,Sir?

当然可以。先生,您想要什么中午套餐？

C: I have cream of white bean soup,grilled sirloin steak with gravy sauce,fresh fruit plate,hot coffee.

我要白豆汤、西冷牛排配烧汁、鲜水果碟、热咖啡。

W:How would you like your sirloin steak done?

　　请问您要的西冷牛排要几成熟？

C：Medium well.

　　七成熟。

W：Shall I bring your coffee now or later?

　　您的咖啡要现在上还是晚点上呢？

C：Later.

　　稍候再上。

W：May I repeat your order now? Cream of white bean soup, grilled sirloin steak with gravy sauce, fresh fruit plate, hot coffee.

　　我来重复一下您的点单。白豆汤、西冷牛排配烧汁、鲜水果碟、热咖啡。

C：Yes.

　　是的，没错。

W：Would you like something else?

　　请问您还要其他的吗？

C：No. That is all.

　　不了，就这些。

W：We'll cooked your order set lunch about 10 minutes.

　　10min 后您点的中午套餐将会做好。

C：Good. Thank you.

　　非常好。谢谢。

W：You are welcome. It's our pleasure to service you.

　　不用谢。能为您服务是我们的荣幸。

（资料来源：英语学习网，http://www. EnglishCN. com）

案例分析

案例 9-1

　　梁先生请一位英国客户到上海某高级宾馆的中餐厅吃饭。一行人围着餐桌坐好后，服务员走过来请他们点菜。

　　"先生，请问您喝什么饮料？"服务员用英语首先问坐在主宾位置上的英国人。

　　"我要德国黑啤酒。"外宾答道。接着，服务员又依次问了其他客人需要的酒水，最后用英语问坐在主位的衣装简朴的梁先生。梁先生看了她一眼，没有理会。服务员忙用英语问坐在梁先生旁边的外宾，点什么菜。外宾却示意请梁先生点菜。

　　"先生，请您点菜。"这次服务员改用中文讲话，并递过菜单。

　　"你好像不懂规矩。请把你们的经理叫来。"梁先生并不接菜单。

　　服务员感到苗头不对，忙向梁先生道歉，但仍无济于事，最终还是把餐厅经理请来了。梁先生对经理讲："服务员看不起中国人，她影响了我请客的情绪。因此，我决定换个地方请客。"说着，他掏出一张名片递给餐厅经理，并起身准备离去。其他人也连忙应声离座。经理一看名片方知，梁先生是北京一家名望很大的国际合资公司的总经理，该公司的上海分公司经常在本宾馆宴请外商。

"原来是梁总，实在抱歉。我们对您提出的意见完全接受，一定要加强对服务员的教育。请您还是留下来让我们尽一次地主之谊吧。"经理微笑着连连道歉。

"你们要让那位服务员向梁老板道歉。他是我认识的中国人当中自尊心和原则性很强的人，值得尊重。"英国人用流利的中文向经理说道。原来他是一个中国通。

在餐厅经理和服务员的再三道歉下，梁先生等人终于坐了下来。餐厅经理亲自拿来好酒尽地主之谊，气氛终于缓和下来了。

案例 9-2

许先生带着客户到北京某星级饭店的餐厅去吃烤鸭。这里的北京烤鸭很有名气，客人坐满了餐厅。由于没有预订，许先生一行到餐桌前入座后，许先生马上点菜。他一下就为8个人点了3只烤鸭、十几道菜，其中有一道"清蒸鱼"，由于忙碌，服务员忘记问客人要多大的鱼，就通知厨师去加工。

不一会儿，一道道菜就陆续上桌了。客人们喝着酒水，品尝着鲜美的菜肴和烤鸭，颇为惬意。吃到最后，桌上仍有不少菜，但大家已酒足饭饱。突然，同桌的小康想起还有一道"清蒸鱼"没有上桌，就忙催服务员快上。

鱼端上来了，大家都吃了一惊。好大的一条鱼啊！足有3斤重，这怎么吃得下呢？

"服务员，谁让你做这么大一条鱼啊？我们根本吃不下。"许先生边用手推了推眼镜，边说道。

"可您也没说要多大的呀？"服务员反问道。

"你们在点菜时应该问清客人要多大的鱼，加工前还应让我们看一看。这条鱼太大，我们不要了，请退掉。"许先生毫不退让。

"先生，实在对不起。如果这鱼您不要，餐厅要扣我的钱，请您务必包涵。"服务员的口气软了下来。

"这道菜的钱我们不能付，不行就去找你们经理来。"小康插话道。最后，服务员只好无奈地将鱼撤掉，并汇报领班，将鱼款划掉。

思考题：

1. 请分析服务人员在点菜中的注意事项。

2. 点菜服务中出现错误时，服务员应如何处理？

餐间服务与管理

1. 熟悉餐饮服务礼仪
2. 掌握上菜服务程序与规范
3. 掌握巡台服务程序与规范

1. 能够熟练地为宾客提供上菜、分菜服务
2. 具有一定的应变能力,能妥善处理服务过程中出现的问题

上"铁板牛肉"时,调汁有几滴飞落到女宾客的连衣裙上,引起投诉,餐厅女经理出面解决

教学方法 课堂示范＋实训室/企业现场实践练习＋情境模拟＋角色扮演＋教师点评

准备工作 托盘 5 个。将学生预先分为 5 组。

10.1 餐厅投诉处理的程序与规范

餐厅的经理总是努力要使客人的投诉控制在最低限度内,通常餐厅服务越好,客人的投诉就越少。然而,一旦客人确有抱怨,应当将其作为对餐厅服务管理的反馈,用来改进今后对客人的服务。服务员应在服务工作和客人的投诉中吸取经验。有些投诉是可以事先采取措施避免的,如当客人所点的菜在厨房被延误时,要主动向客人打声招呼,表示他点的菜没有被忘记,又如客人提出需要某种附加配料和服务,而这是另外加收费用的,应当事先讲清楚。要机灵礼貌,防患未然。

处理客人投诉的程序如下。

(1) 认真倾听客人的全部意见。

（2）简要地重复客人的意见表示理解。

（3）诚恳地赞同客人提出的某些意见，如"你把这个问题提出来是正确的"，这就使你和客人站在一边，取得他的信任，并和他一起分析问题。

（4）及时处理客人的意见，做出纠正，对待顾客要设身处地地为其着想。若非你权力范围内所能处理的问题，应迅速向上级反映。

（5）感谢客人向你反映问题，表示该问题已引起管理部门的注意。

（6）记录投诉和处理经过，可作为案例用于培训。

10.2　巡台服务程序与规范

（1）观察客人进餐情况，勤巡视每台客人台面，发现事情马上去做。

（2）将空的菜碟/餐碗及时撤走，并重新摆好台面上的其他菜碟。

（3）主动为客人添加酒水、茶水等。

（4）撤换烟灰缸、骨碟。

（5）注意客人的进餐速度，随时与厨房联系出菜速度。上完菜后，告诉客人菜已上齐。

（6）客人完全停筷后，征得客人同意，将台面上的菜碟撤走，并留意是否要补充牙签。

10.3　餐间服务特殊情况的处理

餐厅服务员的任务是要使每一个来餐厅就餐的客人吃得满意，而要做到这一点是不容易的。在餐厅里服务员会遇到各种各样的客人，会碰到形形色色的事情；而处理每一种情况，无论如何都要以诚恳的态度，用最好的服务方法去照顾他们。这时服务员所做的每一点努力，都会得到客人的赞赏。

（1）对年幼客人的接待

① 对小客人要耐心、愉快地照应，并且帮助其父母使得小客人坐得舒适。要端一张儿童座椅来，并且尽量不要把他安排在过道一边的座位上。

② 在不明显的情况下，把糖缸、盐瓶等易碎的物品移到小客人够不着的地方。

③ 如果备有儿童菜单，应让小客人的父母为他点菜。

④ 不要把小客人用的玻璃杯斟得太满，不要用高脚玻璃器皿，最好用较短小的甜食餐具。

⑤ 尽可能地为小客人提供围兜、新的坐垫和餐厅送的小礼品，这会使其父母更开心。

⑥ 如果小客人在过道上玩耍或者打扰了其他客人时，要向他们的父母建议，让他们坐在桌边以免发生意外事故。

⑦ 不要抱、逗小客人或抚摩小客人的头，没有征得其父母同意，不要随便给小客人吃东西。

（2）对醉酒客人的处理

① 值班的餐厅经理先要确定该客人是否确已喝醉，然后决定是否继续为其提供含酒精饮料。

② 如果客人确已喝醉,经理应该礼貌地告诉客人不可以再向他提供含酒精饮料,同时安排客人到不打扰其他客人的靠里面的席位上,或者安排在隔开的餐室内。

③ 如果客人呕吐或带来其他麻烦,服务员要有耐心,迅速清除污物,不要抱怨。

④ 如果该客人住在本旅馆,而没有人搀扶又不能够回房间时,应通知保卫部门陪同客人回去。

⑤ 如果该客人不住在本旅馆,也应交由保卫部门陪同他离开。

⑥ 事故及处理结果应记录在工作日记上。

（3）对残疾客人的接待

在碰到有残疾的客人在无人照料下来到餐厅时,要理解他的不便之处,恰当、谨慎地帮助他,使他能够享受到为他提供的美味佳肴。

① 应将坐轮椅来的客人推到餐桌旁,尽量避免将其安排在过道上;拐杖也要放好、以免绊倒他人。

② 盲人需要更多的照顾,但要适当,不要因过分的关照而引起客人的不愉快;要小心地移开桌上的用品,帮助他选择菜肴。上完饮料和菜肴后,要告诉他放在什么地方。

③ 接待耳聋的客人时要学会用手势示意,上菜、上饮料时要轻轻地用手触碰一下客人,表示从这边或那边上菜服务。

④ 对突然发病的客人要保持镇静,如果客人昏厥过去或摔倒,不要搬动他,应马上通知医生和经理来处理。

知识链接

常用餐间服务英语示例。

Sorry to interrupt you. 对不起,打扰了。

Excuse me. 对不起/打扰一下。

Can I take this away, Sir/Madam? 我可以帮您把这个收走吗,先生/女士?

May I collect the used dishes? 可以收走餐具吗?

I am afraid this dish will take some more time to prepare. 不好意思,恐怕这个菜需要等一定的时间。

Just a moment, please. 请稍等一下。

Sorry to have kept you waiting. 对不起,让您久等了。

Can I bring your dessert for you now? 现在可以上点心了吗?

Would you like to have it now or later? 现在要还是等一会儿?

Can we offer a stool for your daughter? 需要给您女儿换张高椅子吗?

The dessert(fruit) is complimentary. I hope you will enjoy it. 甜食(水果)是免费赠送的。希望您喜欢。

There is a washroom at the end of this passage. 洗手间在过道的尽头。

I'm awfully sorry for my carelessness. 对于我的粗心大意我表示非常抱歉。

I am sorry, Sir. I can't understand, can I transfer your phone to the assistant manager? 对不起，我听不明白，帮您转到大堂副理处可以吗？

（资料来源：英语学习网，http://www. EnglishCN. com. ）

案例分析

案例 10-1

空 洗 手 盅

某饭店的中餐厅内，建材商行的陈经理正在宴请两位客户。值台服务员小杨在为客人上了基围虾后，笑吟吟地为客人们端上洗手盅，只见水面上漂着几朵菊花。小杨在一声"先生，请用"之后立即退开，忙着为其他客人服务去了。此时，陈经理正巧收到一个传呼，因为手机没电，便去餐厅的吧台回电话。两位客人误认为洗手盅里盛装的是菊花茶，其中一位感到口渴的刘先生便一饮而尽。

打完电话的陈经理回来，忽然发现洗手盅空了，便向两位客人询问。刘先生这才意识到自己方才喝的是洗手盅里的水。几位客人刚想顾左右而言他以消除尴尬，不料正在一旁上菜的小杨却"扑哧"地微微一笑，结果笑得刘先生成了大红脸。

分析：在饭店服务中，微笑是一种特殊的无声语言。微笑在一定程度上可以代替语言，甚至起到无声胜有声的作用。但饭店服务人员应根据当时的具体情况灵活掌握，并非任何场合都是适宜微笑的。

本案例中小杨不恰当的微笑不仅没有帮助客人摆脱窘境，反而使客人觉得失了面子，甚至可能恼羞成怒，怪罪饭店。因此，当客人投诉、处于尴尬境地或遇到不幸时，服务人员就应该收起笑容，转为认真而诚恳的态度，让客人感到你的关心与同情发自内心；否则，这时的微笑会被客人理解为幸灾乐祸。

导致刘先生误喝洗手盅里的水的原因是多方面的，除了客人不知情之外，小杨在上洗手盅时没有及时进行详细介绍应是主要原因。如果小杨在提供洗手盅服务时即说："先生，请用洗手盅。"也就不会造成刘先生的尴尬。

案例 10-2

"投降"的客人

某天晚上，老沈正在宴请远道而来的老朋友小李一行。在点菜时，服务员小陈热心地向老沈推荐应时的大闸蟹，老沈欣然接受。当大闸蟹上桌时，小陈又热情地向小李等人介绍本地大闸蟹的特色，在座的客人们非常满意小陈的服务。在客人们津津有味地品尝大闸蟹时，小陈走近小李说："对不起，先生，给您换一下餐碟好吗？"此时的小李右手拿着半只螃蟹，见状后忙侧身让开，为避免碰到小陈，小李还把右手举过了肩膀，小陈发现餐碟中还有半只螃蟹时，便提醒小李："先生，还有半只螃蟹呢。"小李又连忙用左手拿起另外半只螃蟹。双手各拿半只螃蟹的小李为不影响小陈更换餐碟而成举手投降状，一旁的老沈看到后便打趣地说："小李，是不是喝不下酒而向我投降了？"小李一听，忙自嘲地说："我是向漂亮的服务员投降。要说到喝酒，我哪会怕你。等服务员换好餐碟，我好好与你喝几杯。"等小陈换好餐碟，小李果真要与老沈喝酒,老沈也不甘示弱。当两人干完第一杯后正凑在一起说话时,小陈过来说:"对不起,先生,给您倒酒。"小李和老沈不约而同地向两边闪,小陈麻利地为两人斟满酒,两人又干了一杯,然后又凑在一起说话,小陈又不失时机地上前说:"对不起,先生,给您倒酒。"此时的小李忽然对着小陈大声怒吼道:"没看到我们正说着话吗?"小陈一脸茫然,不知该怎么办才好。

分析:大多数饭店的餐厅服务规程明确规定:当客人餐碟中的骨刺杂物超过 1/3 时必须及时撤换;当宾客杯中酒水不足 1/3 时应及时添至八分满等。这些规定对保证饭店的服务质量有一定的作用,但关键是饭店的服务应以不打扰客人为原则,否则,服务规程就显得毫无意义。

本例中的小陈严格按饭店的服务规程为客人提供服务,最终却招致小李的怒吼,应该引起所有饭店从业人员的深思。小陈的错误在于其服务非但没有给客人带来舒适感和享受感,反而令客人感到麻烦,实际上变成一种打扰,难免使小李生气。其实小陈在第一次换餐碟而听到老沈的玩笑话时,即应意识到自己服务中的不足,在此后的斟酒服务时,应待客人谈话告一段落后再倒酒,即会使客人满意。本例充分说明饭店在提供规范化服务的同时,更应顾及客人的个性需求而要求服务人员灵活应变。

案例 10-3

应不应该赔海蜇肘子

某酒店的中餐厅座无虚席,洋溢着和谐欢快的气氛,就餐客人在与亲朋好友共享丰富可口菜肴的同时谈论着各自感兴趣的话题。这时 11 号台的客人正在激烈地讨论着问题。他们点的菜很多,餐桌上的盘子已摆满。这时服务员小吕又端上来一盘"清蒸海蟹",并轻声地报上了菜名,但没有及时把菜放下,她正在考虑这盘菜该放在哪儿。小吕挪动一下桌上的菜盘,准备将手里的菜放在"海蜇肘子"上面。不料此时,客人因看服务员无处放盘子便动手帮忙,反而帮了倒忙。一个盘子滑到了"海蜇肘子"里。小吕赶忙道歉。客人开玩笑地说:"小姐是否该赔一盘菜呢?"而小吕却当真起来,心想:这盘子是你碰下去的,跟我有什么关系,还想赔偿?就回答说:"赔?赔什么?"客人一听此话,觉得有失颜面,就认真吼起来:"赔什么?赔海蜇肘子。"小吕接着说:"赔什么?这又不是我的错!"气氛一下就紧张起来。领班急忙找来餐饮部经理。餐饮部经理立即要求小吕暂停工作,向客人道歉。小吕只好向客人说:"对不起,请您原谅!"然后就离开了餐厅。餐饮部经理在向客人道歉的同时又给客人送上一盘"海蜇肘子",并征求客人的意见,同时还叮嘱领班,等客人用完餐再免费送客人一个果盘,以表示对客人光临本餐厅的谢意,也为刚才的服务不周深表歉意。后来,客人在结账时主动多付了一盘"海蜇肘子"的餐费。

分析:

1. 作为餐厅管理人员和服务人员,都应该牢记:无论在什么时候,都应遵循顾客第一的宗旨,不要去"埋怨顾客"。

2. 不能与客人争论,耐心倾听客人的挑剔和批评,主动向客人道歉并积极寻求解决的途径。在本案例中,服务员处理突发事件的经验不足,误解了客人的玩笑话,又缺乏灵活处理问题的能力,态度刻板生硬,甚至与客人争论是非。这样做的结果只能增加客人的不满,而无助于问题的解决。如果服务人员以低姿态妥善处理与顾客的纠纷,则会得到大部分顾客的谅解,他们也会主动为服务人员考虑,不会让服务人员为难。

处理结果:

1. 领班找来餐厅经理。餐厅经理立即要求小吕暂停工作,向客人道歉。小吕和餐厅经理在向客人道歉的同时又给客人送上一盘"海蜇肘子",并征求客人的意见,同时还叮嘱领班,等客人用完餐再免费赠送客人一个果盘,以表示对客人光临本餐厅的谢意,也为刚才的服务不周深表歉意。结果,客人在结账时主动多付了一盘"海蜇肘子"的餐费。

2. 以此事作为经验教训,培训全体员工,务求所有员工提高服务意识。

案例 10-4

鱼刺卡住了孩子的喉咙

一天,一对夫妇带着一个小男孩到餐厅吃晚饭。小男孩坐在服务员特意拿来的儿童专用高脚椅上。小男孩只有两岁左右,非常好动,他一会儿玩筷子,一会儿又把餐碟拿在手里。

当服务员为客人送上"番茄虾仁"时,只见两个客人正在焦急地抱着小男孩看他的口腔,小孩子在大声地哭闹。原来在服务员离开时,淘气的孩子吃了一口鱼,被鱼刺卡住了喉咙。男孩不停地哭喊,他的父母焦急地不知如何是好。

思考题:如果你遇到这种情况,该如何处理?

案例 10-5

服务人员无辜被骂之后

某天中午,一家饭店的中餐厅内生意红火,宾客如云。服务员小宋正在静候一桌新到的客人点菜。一位客人点了"东坡肘子"并要求马上上菜,小宋告诉他,加工这道菜需要30min左右,希望大家先享用其他菜肴。客人听后并无异议。

"西湖醋鱼""叫花鸡"等食客们所点的菜肴一道道地被送上餐桌,他们狼吞虎咽,吃得津津有味。过了一会儿,那位点菜的客人把小宋叫到身边问:"我们桌上的菜已经快吃光了,怎么'东坡肘子'还没做好?难道你们家的猪刚刚出窝,肘子还没有长出来吗?"他的话音刚落,同桌的客人便哄然大笑起来。看到他醉眼蒙眬的样子,小宋知道他喝醉了,便爽快应答,马上替他们催菜。

当小宋端着一道"东坡肘子"为另外一桌送菜时,那位客人突然步履踉跄地奔到小宋面前,拦住她,并用手指着她的鼻子说:"你为什么不把这道菜送到我们桌,是不是存心和我们过不去?"

"先生,这桌客人是先到……"话还没有说完,那位客人便对小宋辱骂脏话。对这突如其来的辱骂,小宋毫无心理准备。此时,她真想将盘子砸向对方,但还是极力克制住了。

她强作微笑地说:"您要是急,可以先把这份送到您的桌上,请您先回到座位上去,我再向那桌客人解释一下。"

"哈哈,不骂人不知老子的厉害。"客人说完,摇摇晃晃地回到了餐位上。

其他服务员见小宋挨骂,都愤愤不平,闻讯后都想要冲上前去教训这个客人,为小宋出气。餐厅经理和小宋连忙把这几个同事拦了回去。

"先生,我们有什么不对的地方,请多提意见,员工的冲动行为我们也会处理,但您出口骂人也绝对不行。我们的服务员和各位一样,您需要尊重她的人格,必须向她赔礼道歉。"餐厅经理义正词严地对无礼的客人提出批评和要求。

最后,骂人者自知理亏,向小宋赔礼道歉。

分析:

1. 在餐饮服务中,服务员如果遭到客人辱骂,应严肃而理智地对待,积极寻求解决问题的方法,而不是与客人对骂。本案例中的小宋就很好地做到了这一点。她不计个人得失,忍受精神上的委屈,积极化解矛盾,继续坚持服务,并阻止同事的过激行为,避免了恶性事件的发生。

2. 小宋的朋友们一时冲动可以理解但行为却不可取,为了保证饭店和餐厅的声誉,任何时候都要理智地面对宾客的无理行为。宾客的行为如果触犯了法律应由执法部门解决,绝不允许服务人员用过激报复的手段来对待客人,以免引发新的事端。

3. 餐厅经理的处理方法体现出新的管理思维。从管理的角度来看,尊重员工、以人为本是增强服务人员工作热情的有效手段。餐厅经理能够义正词严地指责侵犯人权的不当行为,强调对服务人员也必须尊重,并严肃要求骂人者赔礼道歉,这和一切顺从宾客的做法有很大区别。餐厅对于宾客的合理要求,应努力满足、热忱服务;但对客人的无理行为,管理者则应坚持真理,站在公正、客观的立场上指出客人的错误。

思考题:

1. 在餐饮服务中,服务员遭到客人辱骂,应如何对待?

2. 面对这类事件,餐厅管理人员应如何处理?

3. 餐厅应如何区别对待客人的合理要求与无理行为?

案例 10-6

不要忽视任何一位客人

某天晚上,北京一家五星级宾馆的中餐厅正在接待外宾旅游团和会议团。孙先生是某公司负责接待外宾会议团的翻译,他把外宾安排好后就和同事一起到旁边的工作餐厅用餐。这一天,外宾团队订的都是"北京烤鸭"的餐宴,翻译、导游员和司机等随团人员也享受和外宾同等的用餐标准。孙先生入座后,服务员端上了茶水和凉菜,但等候良久仍不见其他的菜上桌。他忍不住去催问服务员,服务员告诉他,今天太忙,请他再等一下,马上上菜。孙先生又等了半天,仍不见上菜,此时其他桌的菜已经上得差不多了。孙先生和同事又去催问了两次,但就是他们这桌不给上菜,孙先生赌气不再催问。外宾用完餐，孙先生直接带他们上车。此时，服务员追到车门前请孙先生签单结账。

孙先生没好气地说："我根本就没吃上饭，结什么账？"

"先生，实在对不起。今天的确太忙了，把您那一桌给疏忽了。要不然给您包上菜和鸭子带走。但是请您先把账结了。"服务员着急地说。

"我们虽然也是服务人员，但到你们饭店的都应该是客人，待遇也是平等的。你们给外宾和其他桌都上了菜，就是不给我们上菜，催了几次还不行，搞得我们现在都没吃上饭。要结账就找'老外'吧。"孙先生说着就要上车。其他人见状忙劝解孙先生，车上的外宾也有人问及此事。最后，孙先生还是和服务员一同回到餐厅结账。他拒绝了餐厅给他包装好的"晚餐"，只是对服务员说："请你们记住这次教训，以后不要忽视任何一位客人。"

思考题：本案例中服务人员在供餐服务方面存在哪些不足之处？

案例 10-7

粗心导致的投诉

10月4日，某酒店宴会厅接待了一场5桌的寿宴，接待完毕后，客人顺利结好账。次日，寿宴客人到部门投诉，说10月4日宴席上没有上鱼，要讨个说法。经部门调查了解后，客人在预订时是点了"清蒸鲈鱼"，但是服务员在下单时工作粗心，开漏了分单，厨房负责人和此次宴席服务跟进人员也没有认真检查，导致未出菜品，才引致上面客人的投诉。

分析：

1. 这次投诉属营业员工作责任心不够强、不细心所致。出菜品部门应每日检查每一张进入厨房的菜单、核对清楚每道菜式是否分到每个出菜品部门。此次宴席服务跟进人没核对菜单也应负一定的责任。

2. 以上环节如果能检查到位那么类似的错误是可以避免的。

处理结果：

1. 在本案例中，部门负责人接到投诉后马上查明原因，当即给客人赔礼道歉，并再三承认错误。在征询客人意见后，将5桌"清蒸鲈鱼"的餐费退还给客人，并再三跟客人道歉。

2. 部门内部要对入单的经手人和厨房总厨、宴席负责人进行批评与处罚。

3. 加强营业员的业务培训。对每次宴会的预订单和点菜单，下单人员必须再三核对清楚、分单清楚、保证万无一失，各管理人员也必须对各项细节严格把关，理顺服务流程。

项目 **11**

餐后服务与管理

知识目标

1. 熟悉餐饮服务礼仪
2. 掌握结账服务程序与规范
3. 掌握送客服务程序与规范
4. 掌握撤台服务程序与规范

能力目标

1. 能够熟练地为宾客提供结账、送客、撤台服务
2. 具有一定的应变能力,能妥善处理服务过程中出现的问题

实训任务

1. 现金结账(台号:8;人数:1;食品、酒水若干)
2. 住客签单(台号:8;人数:1;食品、酒水若干;房号:206)

教学方法 课堂示范＋实训室/企业现场实践练习＋情境模拟＋角色扮演＋教师点评

准备工作 收银夹 10 个、钞票若干、单据 10 张、笔 10 支。将学生预先分为 10 组。

11.1 结账服务程序

当客人要求结账时,请客人稍等,检查账单上标注的台号、人数以及食品和酒水消费是否正确,到收银台为客人结账。

将账单放在收银夹内,在客人右侧打开收银夹,递至客人面前,对客人说:"先生/女士,这是您的账单。"

11.2 结账服务规范

(1) 饭店餐厅可以考虑备一套没有标价的菜谱专门供客人过目点菜,而把有标价的

送给主人参考。

（2）服务员应该善于察言观色，凭借其观察力来确定谁是做东的付账者；或者轻声地在某位耳边问一下："请问是哪位付账？"然后默默地将账单递至主人面前。这种做法有很多好处，如果你请的对方是一位地位很高的人，用餐费用太便宜了，会使客人不满；如果你请的对方是经济不太宽裕的朋友，对方也不会因为你请他吃一顿便饭，花费较高使心中不安。

（3）在境外账单也称为"埋单"，即账单送来时，将其埋在茶杯下面或别人看不见的地方，免得令人产生尴尬。

知识链接

1. 送客服务程序与规范

（1）送客服务程序

客人离席时，拉椅送客，面带微笑向客人行30°鞠躬礼，向客人致谢并欢迎客人下次光临，同时提醒客人不要忘记所带物品。

客人离开餐厅时，迎宾员向客人致谢并道别。

（2）送客服务规范

送客服务除了注重礼貌、礼节之外，还应保持一种真诚和友好的超值服务意识。如果只是简单地按规定的送客程序服务，不考虑宾客具体的个性要求，超过服务程序范围就推诿或敷衍，就谈不上超值服务。

因此，服务员在送客服务的程序化中，应结合宾客的个性要求和客观环境的变化，不断完善程序中所没有的内容，使送客服务的形式更加生动和实用，让宾客感到更多的真情和温暖。

2. 撤台服务程序与规范

翻台就是在宾客离开餐厅以后，服务员收拾餐具、整理餐桌，并重新摆台的过程。翻台往往是在其他宾客仍在进餐的过程中进行，或是在没有找到餐桌的宾客正在等候时进行，所以，翻台的文明和效率是该程序的重要标准。可以说，一个餐厅翻台率的高低和翻台速度的快慢，能够反映出其营业水平和接待能力的优劣。翻台服务中应注意的要点如下。

（1）翻台应注意及时、有序，应按酒具、小件餐具、大件餐具的顺序进行。

（2）翻台时如发现宾客遗忘的物品，应及时交给宾客或上交有关部门。

（3）翻台时，应注意文明作业，保持动作的稳定，不要损坏餐具、物品，也不应惊扰正在用餐的宾客。

（4）翻台时应注意周围的环境卫生，不要将餐纸、杂物、残汤剩菜等乱撒乱扔。

（5）撤台结束后，应立即开始规范地摆台，尽量减少宾客的等候时间。

3. 常用餐后服务英语示例

（1）常用餐后服务英语

Would you like to have one check or separate checks? 您要开一张账单还是单独开单付账？

May I settle your bill now? 请问现在可以为您结账吗？

How would you like to pay for your bill? By cash or by credit card? 您打算如何付款呢？付现还是信用卡？

This is your change and receipt. 这是您的找零和发票。

Sir/Madam, please put your name and sign here. 先生/女士，请在这里签名，并写上房号。

May I have your room key, please? 我可以看看您的房卡吗？

Excuse me, Sir/Madam, your room deposit balance become insufficient now, could you pay cash or settle by credit card now? 先生/女士，您在前台所交的押金余额不足，麻烦您支付现金或者刷卡可以吗？

Excuse me, Sir/Madam, could you please sign the bill again? As your signature is different from the registration record. 不好意思，您的签名模式跟前台登记时的签名模式不一样，麻烦您重新签一下可以吗？

Thank you, Sir. We hope to see you again. 感谢您的光临，希望再次为您服务。

I'm glad you enjoyed your med. Good-bye. 很高兴您用餐愉快，再见。

Thank you very much. Have a nice evening. Good-bye. 十分感谢，祝您有个愉快的夜晚，再见。

Thank you for you coming. Hope to see you next time. 谢谢！请慢走，欢迎下次光临。

(2) 餐后服务情景对话

Dialogue A（情景对话 A）

W: Waiter（服务员）　C: Customer（顾客）

W:（When he sees Mr. Bell wave to him, he comes over.）
（当他看到贝尔先生向他招手时，他走过来。）
Would you like anything else, Sir and Madam?
先生和夫人，你们还要点什么吗？

C：No, thank you. We'll take the check now.
不，谢谢。我们现在就去结账。

W：Yes, Sir.（Gives the check to Mr. Bell）Here it is, Sir.
好的，先生。（把账单递给贝尔先生）给您，先生。

C：（Goes over the bill）What's the 21 yuan for?
（检查了一下账单）21元是什么消费？

W：For the three coffees.
三杯咖啡。

C：We only had two!
我们只消费了两杯！

W：（Checks the bill carefully）Oh, I'm awfully sorry, Madam.
（The waiter goes back to the cashier to have the a-mount changed.）
（仔细检查账单）哦，非常抱歉，夫人。

（服务员回到收银台去替换。）

W：I'm sorry to have kept you waiting. Would you mind checking it again?

对不起，让您久等了。您是否再检查一遍？

C：That's all right.

好的。

W：Would you please sign for it, Sir?

先生，请您签字好吗？

C：Yes, thank you.

谢谢你。

Dialogue B（情景对话 B）

W：Waiter（服务员）　　C：Customer（顾客）

W：Are you all through, Madam?

您用完餐了吗，女士？

C：Yes.

是的。

W：Did you enjoy your dinner?

您吃得好吗？

C：Yes, everything was very good. Can I have my bill, please?

是的，一切都很好。请把账单给我好吗？

W：Yes, one moment, please.（He brings the bill.）Here you are, Madam.

好的，请稍等。（他把账单带来。）给您，夫人。

C：Thanks for your nice service. Here is 70 dollars. Keep the change, please.

谢谢你的服务。这是 70 美元。不用找了。

W：Thank you. Please come again.

谢谢！欢迎您下次光临！

C：We will. Good-bye.

好的。再见！

（资料来源：英语学习网，http://www. EnglishCN. com. ）

案例分析

案例 11-1

账　　单

华东沿海某城的一家餐馆里正一派忙碌景象。但坐在餐厅正中央一张小方桌前的几位宾客却闷闷不乐。这一切被服务人员小王看在眼里，她估计可能是客人对刚刚递过去的账单有意见。小王微笑着向客人走去，亲切地问道："先生，需要我做些什么吗？"客人见状说出了不愉快的原因，他们原估计今天的就餐价格在 200 元上下，可账单上却写着 503 元，他们不明白是什么原因。小王认真地听完后，先安慰客人让他们别着急，接着再到账台上去查询。原来问题是出在大盘醋熘黄鱼上，菜单上写明每 50 克 22 元,而客人误以为一盘菜 22 元,那条黄鱼实际上重 750 克,计价 330 元。

思考题:如果你是小王,你该如何做? 对餐厅管理提出你的意见。

案例 11-2

这不是我的账单

将近 8 点,两位客人走进某饭店的餐厅,找了一个较安静的角落——18 号桌坐了下来,值台服务员上前为客人斟茶点菜,两位客人要了瓶啤酒,耐心地等着菜肴上桌。这时一个路过的服务员随手将一张单子放在了桌上,客人拿起单子一看,也是 18 号桌的账单,但不是自己点的菜肴,便叫来一个服务员对她说:"这不是我们的点菜单。"这个服务员看着单子上的 18 号桌,似乎也搞不清楚怎么回事。正在此时,为客人点菜的服务员又放了一张单子,客人拿起看了一下,正是自己所点的菜肴,便放在了桌上。客人吃完饭后,让服务员结账,账单拿来一看远远超出客人的预计,顿时感到奇怪,拿过账单仔细看了看,扯下其中的一页账单说:"我说过这不是我的,怎么又算在了我的头上?"服务员忙说:"请您稍等,我再核对一下。"将账单拿回结账台,过了一会儿,服务员过来对客人说:"对不起,是弄错了。"客人于是爽快地付了款,离开了餐厅。

分析:本案例的情况在餐厅时有发生。这至少说明两个问题:一是员工的工作责任心不够,在接受客人点菜后,连最基本的桌号也没有弄清楚的情况下,就随便将点菜单放在客人餐桌上,实在是不应该;二是餐厅的信息沟通存在很大的问题,当 18 号桌的客人声明点菜单不是他的时候,餐厅服务员漠视这样的信息,以至于后来的结账出错。因此,该餐厅应加强对员工的培训,使之增强工作责任心;餐厅管理人员也应加强管理,对员工的工作进行经常性的监督和检查,以减少工作失误,提高宾客的满意度。

案例 11-3

送错信用卡

某餐厅早茶生意很旺,上午 10:30 左右,贵宾厅领班小叶同时为贵宾厅 1~3 号厅的客人结账。她到收款台打印了这几个厅房的账单,并且分别到 1 号厅收了现金,2 号厅收了南洋商业银行的 VISA 金卡,3 号厅收了中国工商银行牡丹卡,并同时到收款台为这 3 间厅房的客人结账。当她为 2 号厅、3 号厅打出信用卡的签账单并拿到 1 号厅客人应找零的现金,回到贵宾厅时,在 3 号厅门口她遇到了该厅的服务员小丘,她就把 3 号厅的账单及信用卡签账单交给小丘,让小丘给客人签账并为客人取回卡,但当时没有清楚地告知该厅客人支付使用的是中国工商银行牡丹卡,而小丘请 3 号厅的客人张先生签了认购单后马上到收款台交单,接过了收款员递出的原本是属于 2 号厅客人叶先生的 VISA 金卡及账单,小丘回到 3 号厅,将卡及账单交回给客人张先生。张先生当时没有认真看,就将账单及卡放好,离开了 3 号厅。而当小叶为

2号厅的客人叶先生送回信用卡时（此信用卡是收款员递给她的，小叶也没有留意就递给了叶先生）。叶先生发现此卡不属于自己，马上询问小叶是否弄错了信用卡。小叶此时方知弄混了客人的信用卡，是由于收款员将叶先生的金卡给了小丘，小丘拿给了3号厅的张先生，而收款员又把牡丹卡给了小叶，从而造成了信用卡调换的失误。此后，在牡丹卡所属中国工商银行相关部门的协助下，联系上了张先生，并将两张信用卡正确调换回来。

分析：

1. 此事教育我们结账时必须认清台号，注意区别客人的东西，并对号入座，结账后将信用卡与找零交还给对应的客人。

2. 凡有转接的工作必须交代清楚，以免造成不必要的差错。

处理结果：

1. 餐厅经理与小丘向客人诚恳道歉，以期取得客人原谅。

2. 管理人员对小丘进行批评教育，并以此事件作为经验教训，培训全体员工。

3. 加强员工的操作流程培训，务求服务中不出错，给客人提供最专业、最贴心的服务。

4. 将此事作为案例存档，供餐饮部培训学习，以避免日后再次发生同类事件。

案例 11-4

同意客人签单吗

某日中午，某单位的客人来餐厅用餐。餐后客人提出该单位在酒店约有两万元的预存款，要求签单而拒付现金。经信用结算组查阅，发现客人所报金额与签单人姓名均与原始记录不符。为维护签单人的权益，信用结算组便通知餐务中心该单位在本餐厅并没存款，而宾客坚持称确有存款，一定要签单。餐务中心与客人协调，提出先将餐费结算，由账台出具收条，待有确切证明能够签单，再退还此款，在现有存款中结算餐费。客人当时表示同意。

过了两天，经该单位存款当事人与酒店联系，说明了上次餐费可以签单，酒店立刻退还了钱款。但此时宾客已经以餐厅服务工作有疏漏为由向酒店提出投诉，并要求餐费折扣。服务中心与信用结算组共同向客人解释了缘由，再三说明这也是维护该单位内存的安全以及保密性而执行的一项工作制度，对于此事给宾客造成的不便表示歉意，餐务中心给予该单位此次用餐享受8.8折的优惠政策，信用结算组也提出将尽快改进工作方法，避免类似的误会发生。最终，宾客表示满意。事后，酒店的质量管理办公室召集这两个相关部门针对此次投诉进行了分析。财务部态度非常积极，提出了一项改进方法，即向各有内存的单位签单人发放临时卡片，其他客人消费时只需出示此卡片同样签单有效，这样能够使工作做得更圆满一些。餐务中心也表示将增强两个部门之间的协调与合作，促使服务更加周到。

分析：

1. 当服务发生失误时，顾客尤其想要的是正义和公平，顾客在投诉后寻求结果公平、过程公平和相互对待公平。结果公平指的是顾客希望结果或赔偿能与其不满水平相匹配。这种赔偿可采用实际货币赔偿、一次正式道歉、未来免费服务、折扣价格或更换服务等形式进行。

2. 在本案例中,虽然曾给顾客带来不便,但餐厅向顾客做出了解释,满足了顾客要求餐费折扣的要求,给予了 8.8 折优惠,使得顾客能够满意而归。同时,顾客反映的事情被重视,并能很快得到妥善处理,使顾客感到自己受到尊重。餐务中心与信用结算组的态度也很积极,能做到细心、坦诚地对待顾客的要求。

3. 在事件发生过程中,信用结算组在宾客提供的资料与记录不相符时,严格执行专人签章有效制度,是正确的,符合保护顾客和酒店双方利益的原则。餐务中心则积极配合,向宾客做好解释工作,并采取了宾客能够接受的灵活措施,缓解了一时的矛盾。

4. 当发生宾客投诉时,两个部门并没有相互推诿,而是主动开展了有益的协作,不仅协力处理好宾客善后事宜,使宾客满意而归,还从中积累经验,提出了具有可行性的改进措施,努力使今后的服务工作做得更好。

处理结果:

1. 加强员工的操作流程培训,务求服务中不出错,给客人提供最专业的服务。

2. 将此事作为案例存档,供餐饮部培训学习。

案例 11-5

催促客人结账

某天晚上,3 位客人在一家中餐厅用餐。他们已在此用餐结束许久,仍没有去意。服务员心里很着急,到他们身边站了好几次,想催他们赶快结账,但一直没有说出口。最后,她终于忍不住对客人说:"先生,能不能赶快结账,如想继续聊天请到酒吧或咖啡厅。""什么?你想赶我们走,我们现在还不想结账呢。"一位客人听了她的话后非常生气,表示不愿离开。另一位客人看了看表,连忙劝同伴马上结账。那位生气的客人让服务员把账单拿过来。看过账单,他指出有一道菜没点过,却算进了账单,请服务员去更正。这位服务员忙回答客人,账单肯定没错,菜已经上过了。几位客人却辩解说,没有要这道菜。服务员又仔细回忆了一下,觉得可能是自己错了,忙到收银员那里去改账。当她把改过的账单交给客人时,客人对她讲:"餐费我可以付,但你服务的态度却让我们不能接受。请你马上把餐厅经理叫过来。"这位服务员听了客人的话感到非常委屈。其实,她在客人点菜和进餐的服务过程中并没有什么过错,只是想催客人早一些结账。"先生,我在服务中有什么过错的话,我向你们道歉了,还是不要找我们经理了。"服务员用恳求的口气说道。"不行,我们就是要找你们经理。"客人并不妥协。

服务员见事情无可挽回,只好将餐厅经理找来。客人告诉经理,他们对服务员催促他们结账的做法很生气。另外,服务员把账单多算了,这些都说明服务员的服务不周。

"这些确实是我们工作上的失误,我向大家表示歉意。几位先生愿意什么时候结账都行，结完账也欢迎你们继续在这里休息。"经理边说边让那位服务员赶快给客人倒茶。在经理和服务员的一再道歉下，客人们终于不再说什么了，他们付了钱，仍面含余怒地离去了。

思考题：本案例中的服务员在结账这个环节上犯了哪些错误？

案例 11-6

乌 龙 账 单

某酒店，春节期间生意较旺，D303号台有两批客人同座一张台（拼桌）。两单客人先后点菜。后点菜的C客人，由领班小冯服务。小冯点菜后，将点菜单交给服务员小马录入计算机。小冯告知小马C客人为拼桌，而小马当时听得不太清楚，以为此单是客人加菜，故将此单菜录入进先点菜的客人台号上。当服务员小黄帮客人埋单时，C客人觉得账单有问题，小黄马上查单，才知道两个账单合在了一个台号上，后告知冯经理。冯经理在原账单上减数，但却漏减一个"清炒油菜"。此时，结账人员多，等了一会儿才结好账，故当时C客人从提出结账到结账完毕一共花了半小时左右时间，结账后C客人很不满意地离开了。其回家后查单，发现多收一个"清炒油菜"，款项共计47元，故C客人打电话来酒店投诉，得知此事后，餐厅派领班小胡和结账人员小黄一齐上门向该客人道歉，但是领班上门时并没有穿酒店制服，语言又不够诚恳，又造成客人第二次的投诉。

分析：

1. 发现账单有问题应马上道歉，管理人员迅速准确地解决问题，而不应拖延时间。

2. 多收款项后，应派管理人员（餐厅经理级以上）上门道歉，以表诚意。

处理结果：

1. 餐厅经理亲自上门道歉，给客人赠送小礼品，使客人原谅了服务人员的过失。

2. 加强员工的操作流程培训，务求服务中不出错，给客人提供最专业、最贴心的服务。

3. 将此事作为案例存档，供餐饮部培训学习，以避免日后再次发生同类事件。

餐饮服务与管理项目化教程（第2版）

模块三

餐饮企业经营与管理能力

项目 **12**

规划餐厅厨房布局

教学方法 理论讲授＋企业实践

准备工作 中餐厅的规划布局图实例、西餐厅的规划布局图实例、历届优秀学生成果。

12.1 餐饮空间布局的原则

1. 根本原则是顾客导向性原则

餐馆的设计首先应根据市场定位,在以顾客为导向的前提下进行。一个餐馆得以在餐饮市场上立足与发展,其根本原因在于是否受到顾客欢迎,其产品是否以顾客为导向。"以顾客为导向"应该真正地了解顾客的需求,做好菜品与服务,从根本上给顾客以关怀,而不是一味地追求豪华材料的堆砌来强调高档,甚至忽视了生态环保的需要。

2. 注重符合性及适应性原则

(1) 符合性

餐馆的设计是餐馆经营的基础环节,包括选址及装修设计等,从平面到空间、从装帧到陈设这一切务必以餐馆的经营观念为出发点,以餐馆的功能为依据。不同等级、规模、经营内容及理念的餐馆,其餐馆设计的重点和原则也各有不同。

（2）适应性

餐馆设计还应注意与当地的环境相适应。餐馆的设计一方面要尊重顾客的偏好；另一方面也要考虑当地的实际环境。设计餐馆时，必须配合餐馆所在地的环境条件，不考虑土地、噪声、排污以及灯光等因素，影响周边居民的正常生活，餐馆经营则难有好的发展，最终导致顾客流失。周边环境是餐馆设计的基本限制因素，要做到对环境了如指掌，并给予恰当的配合。

3. 突出方便性、独特性、文化性、灵活性原则

（1）方便性

餐馆设计不仅要注重满足顾客的需要，还必须考虑如何方便服务与管理。就餐厅而言，产品及服务的生产、销售及消费基本上是在同一时间，并且是在同一场所发生的，客人动线与餐厅动线紧密联系，无法割舍。因此，在考虑顾客的同时，也应考虑到如何尽可能地方便员工及管理者，从而更好地完成服务。

（2）独特性

餐馆设计的特色与个性化是餐馆取胜的重要因素。若设计与餐馆运营脱节、主题性缺乏，则使得餐馆的设计较为平庸，因此过分地趋于一致化或追求某些略带盲目的"流行"而缺乏个性和特色，盲目堆砌高档装修材料，忽视个性风格的塑造和文化特征对餐馆设计是大忌，对整个餐饮业的发展也是不利的。

（3）文化性

随着经济的发展，社会文化水平的普遍提高，人们对餐饮消费的文化性的要求也逐步提高。世界范围内餐饮业发展趋势是产品文化内涵的不断升值，通过文化氛围的营造与文化附加值的追加吸引顾客。无论从餐馆建筑外形、室内空间分隔、色彩设计、照明设计乃至陈设品的选用都应充分展现特色的文化氛围，帮助餐饮企业树立形象和品牌。

（4）灵活性

餐馆的经营秘诀在于常变常新，这一方面体现在菜肴口味的更新上；另一方面也体现在餐馆设计的灵活调整上。因此，在设计餐馆时应注重灵活性。根据经常性、定期性、季节性以及与菜肴产品更新的同步性、适应性原则，通过对餐馆某些方面如店面、店内布局、色彩、陈设、装饰等适时的调整变更，达到常变常新的效果。

4. 多维设计原则

餐馆是餐馆业主向顾客提供餐饮产品及服务的立体空间，不仅包括二维设计及在此基础上形成的三维设计，以人为服务对象，产品具有高情感性的特征，这决定餐馆设计也包括四维设计和意境设计。

（1）二维设计

二维设计是整个餐馆设计的基础，它是运用各种空间分割方式来进行平面布置，包括餐桌或陈列器具的位置、厅房面积及布局、客人通道、员工通道、货物通道的分布等。合理的二维设计是在对供应餐饮产品的种类、数量、服务流程与经营管理体系及顾客的消费心理、购买习惯，以及餐馆本身的形状大小等各种因素进行统筹考虑的基础上形成的量化平面图。根据人流、物流的大小方向、人体学等来确定通道的走向与宽度；根据不同的消费

对象分割不同的消费区域。例如，散客大厅区、无烟区、儿童玩耍区、豪华包厢区、待客休息区等。

（2）三维设计

三维设计即三维立体空间设计，它是现代化餐馆卖场设计的主要内容。三维设计中，针对不同的顾客及餐饮经营产品，运用粗重轻柔不一的材料，恰当合宜的色彩及造型各异的物质设施，对空间界面及柱面进行错落有致的划分组合，创造出一个使顾客从视觉与触觉都感到轻松、舒适的用餐空间。例如，采用带铜饰的黑色喷漆铁板装饰餐厅中的柱子，能造成坚毅而豪华的气势，较为适合提供商务套餐的商务型餐馆；而采用喷白淡化装饰，用立面软包设计圆柱，则更易创造出较为温馨的环境，适合于以白领女性或家庭成员为用餐对象的餐馆。

（3）四维设计

四维设计是对空性设计，主要突出的是卖场设计的时代性和流动性。卖场设计需要顺应时代的特点，随着人们生活水平、风俗习惯、社会状况及文化环境等因素变迁而不断标新立异，时刻走在时代的前沿。同时，卖场设计还应具有流动性，即在卖场中运用运动中的物体或形象，不断改变处于静止状态的空间，形成动感景象。流动性设计能打破卖场内拘谨呆板的静态格局，增强卖场的活力与情致，活跃卖场气氛，激发顾客的购买欲望及行为。餐馆的动态设计可以体现在多个方面，例如，餐馆内美妙的喷泉、顾客在卖场中的流动、不断播送各种菜品信息的电子显示屏，以及旋律优美的背景音乐等。

（4）意境设计

意境设计是餐馆卖场形象设计的具体表现形式，它是餐馆经营者根据自身的经营范围和品种、经营特色、建筑结构、环境条件、顾客消费心理、管理模式等因素确定企业的理念信条或经营主题，并以此为出发点进行相应的卖场设计。一般通过导入企业形象策略来实现意境设计，例如，按企业视觉识别系统中的标识、字体、色彩而设计的图画、短语、广告等均属意境设计。意境设计是卖场整体设计的核心和灵魂。

12.2　餐饮企业的空间划分

1. 餐饮的空间划分

餐饮是接待客人用餐的营业区。一般包括门厅、迎宾区、候餐区、收银台、吧台、就餐大厅和雅间等。

（1）门厅、迎宾区

门厅、迎宾区是客人进入餐厅后接触到的第一个区域，它应该给客人留下比较深刻的第一印象。在设计中应在门厅比较醒目的地方突出店名。在迎宾区设置迎宾台、订餐牌和推荐新菜品的 POP 海报等。餐厅的门厅一般需要设置两道门以形成空气隔离带。

（2）候餐区

候餐区是客人等候就餐和餐后休息的区域。一般要求布置沙发、茶几供客人休息，同时要求布置能吸引客人观赏并能表现餐厅主题和文化内涵的装饰陈设品。

（3）收银台、吧台

收银台作为餐厅中控制进出账、结账收款的重要功能区域，应设置在离入口较近的、比较醒目的位置。吧台是制作果盘及传递、暂放酒水的地方。吧台后面可设置酒水柜，用于展示酒水、饮料。吧台内可安放冰柜、制冰机等设备。

（4）就餐大厅

就餐大厅是餐厅的主要营业场所，在功能设计上应考虑有足够的面积，并且在布局上要能方便地承接婚宴和其他大型宴会。大厅里可布置圆桌、方桌、条桌以满足不同数量客人的就餐需求。就餐大厅中每 20～30 个餐位需设置一个备餐柜，用于临时放菜、酒水，换台布，放置从餐桌上撤换的餐具等。

（5）雅间

雅间是相对独立的封闭式区域。能满足客人一定的私密性要求。客人选择雅间就餐，是为了方便交谈，减少外界环境的干扰，享受更高档次的就餐环境。因此，雅间无论在设计构思、材料选择和陈设布置上，都应比就餐大厅更加精致。

雅间的数量可根据餐厅面积、当地的餐饮消费习惯考虑。在北方如内蒙古、山东、山西、河北等地区，人们普遍喜欢在雅间就餐；而广东、浙江等地人们喜欢在大厅就餐。一般可按就餐面积的 20%～60% 设置雅间。

在雅间设计布局时，可考虑两个相邻的既可独立又可合二为一的雅间，以满足两桌或两桌以上的客人在雅间的用餐需要。两个雅间之间可用折叠门或推拉门分隔。高档一点的雅间内可设置独立的卫生间，并设置单独的休闲区，安放棋牌桌或卡拉 OK 设备，供客人娱乐之用。同时，还可根据餐厅层高和结构形式，设置豪华的跃层大雅间，以提高餐厅的消费档次。

2. 厨房的空间划分

厨房的空间划分为原料接收、储藏及加工区域，烹调作业区域和备餐清洗区域。

（1）原料接收、储藏及加工区域。这一区域的布局，应靠近原料入口，区域中有干藏库、冷藏库和冷冻库，还有相应的办公室和适当规模的加工间。根据加工的范围和程度，确定其面积的大小。

（2）烹调作业区域。这一区域应包括冷菜间、点心间、配菜间、炉灶间以及相应的小型冷藏库和周转库。这个区域是形成产品风味、质量的集中生产区域，因此应设置可透视监控厨房的办公室。

（3）备餐清洗区域。这一区域应包括备餐间、餐具清洗间和适当的餐具储存间。小型厨房可以用工作台等做简单分隔。

12.3　餐饮企业的空间规划

1. 餐厅的空间规划

（1）餐厅空间的布局要点

餐厅的通道设计布置应体现流畅、便利、安全，切忌杂乱，要求从视觉上给人以统一的意念，要求其平面变化达到完整与灵活相结合的布局效果。餐厅动线是指客人、服务员、食品与器物在厅内流动的方向和路线。客人动线应以从大门到座位之间的通道畅通无阻为基本要求。

　　餐厅内部的设计和布局应根据餐厅空间的大小决定。由于餐厅内各部门对需占用的空间要求不同，所以在进行整体空间设计与布局规划时，要做到统筹兼顾，合理安排。既要考虑到客人的安全性、便利性，以及营业各环节的功能、操作效果等因素，又要注意全局与部分之间的和谐、均匀、对称，体现出浓郁的风格情调，使客人一进入餐厅就能强烈地感受到形式美与艺术美，得到一种艺术享受。

　　餐厅的空间分隔要使客人既能享有相当隐蔽的小区，又能感受整个餐厅的气氛。由于陈设的繁简以及空间曲折、大小、高低的不同变化，能产生出形态繁多的空间分隔。

　　（2）餐厅座位设计与布局

　　座椅的设计。在现代餐厅中，椅子的功能，首先要满足客人坐的需要；其次才是满足美感的要求。所以椅子的设计，首先要有舒适感，其关键在于座面要符合人体坐姿的自然曲线；其次，靠背的支撑必须切中人体上部的着力部位。

　　餐厅座席的设计。餐厅座席的配置一般要根据用餐人数、桌子的形状来确定合适的座席数，做到既不使客人感到拥挤局促，又不使其感到相互间的疏远。

　　（3）辅助性营业设施的布局

　　餐厅中常设有一些为餐厅经营活动服务、便利客人的公共设施。

　　接待室。为了在客满时，客人不必站立等候，可以在设备设施齐全、舒适的休息室待位。接待室可提供给客人一些可以打发时间的设施和用品，如电视机、报纸、杂志等。

　　衣帽间。衣帽间通常设置在靠近餐厅入口处，由专门服务人员管理客人的厚重衣物和帽子、手杖等用品。

　　洗手间。洗手间的设置应该做到以下几点。洗手间与餐厅设在同一楼层，避免客人上下不方便；洗手间的标志要清晰、醒目（中英文对照）；洗手间切忌与厨房连在一起，不宜设在餐厅中间或者正对大门的地方，以免使客人产生不良的联想，影响客人的食欲；洗手间的空间能容纳3人以上；洗手间应设在排水方便的地方；附设的酒吧应该有专门的洗手间。

　　电话服务。电话应设在餐厅进门处的一角，由专人负责兼带订餐和相应的接待任务。

　　2. 厨房的空间规划

　　（1）厨房内部规划要保证工作流程的通畅和连续，如热菜的厨房工作流程主要从切配—烹制—出菜，相应的热菜厨房布局就应该遵循这一程序，冷菜程序则刚好相反。

　　（2）厨房内部布局要保证主通道的宽敞和安全，厨房特别是热菜厨房和综合性厨房，其主要通道必须宽敞，因为主通道主要是厨房内菜点传输的通道。如果主通道太窄，打荷员在打荷工作台与划菜桌之间忙于运输传菜，相互碰撞难免发生，从而造成安全隐患。而如果打荷员送菜时一个个谨慎小心，势必将影响出菜的速度，故而从安全和效率两方面来看，主通道必须宽敞。

　　（3）厨房内部布局各个工作流程之间要协调，在厨房特别是综合性厨房中，有许多工作流程，如原料进入粗加工间，从粗加工间取料，切配好的原料送入打荷工作台，成品从打荷工作台到划菜桌，撤台后餐具送入洗碗间等，这些工作路线要尽量避免交叉、回流、重复等现象，以免影响工作效率，造成安全隐患。

知识链接

1. 中餐厅装饰布置

餐厅是人们就餐的场所。餐饮行业中,餐厅的形式是很重要的,因为餐厅的形式不但体现餐厅的规模、格调,而且体现餐厅的经营特色和服务特色。在我国,餐厅大致可分为中式餐厅和西式餐厅两大类,根据餐厅服务内容,又可细分为宴会厅、快餐厅、零点餐厅、自助餐厅等。中式餐厅是提供中式菜式、饮料和服务的餐厅。我国是一个幅员辽阔、民族众多的国家。由于各地的物产、气候、风俗习惯及历史情况不同,长期以来逐渐形成了许多菜系、流派和地方风味特色。因此,各地经营的中餐厅也颇具地方特色。近年来,随着各地饮食、文化相互交流,各种风味的中餐厅竞相开业,又形成了一种新局面。

中餐厅装饰布置要依据中国传统的就餐心理,突出就餐时的愉悦心情,如富有民族风格的灯饰(宫灯、马灯、大红灯笼)、中式家具、盆景、盆栽、民间挂饰(剪纸、挂毯),结合室外中国式的庭园景色,让客人感受到浓郁的中国风情。

中餐厅还可以依据传统手法,在餐厅门上悬挂匾额和楹联,书以厅名(新月厅、祥云厅、青玉厅、香木缘),厅内筑墙面悬挂大型国画,但其主题内容、风格需与餐厅的总体格调相协调。中餐厅内部装潢和食器通常选择雕花桌椅、古董书画、竹木阁楼、元宝餐厅叠花、象牙红木筷箸和细瓷碗碟砂锅等,这些都带有浓厚的民族风味。

2. 餐饮企业的空间规划与装饰布置对企业经营和管理的影响

餐饮企业的空间规划和布局必须遵循经济、高效、安全的原则,力求营造独特、鲜明的形象,让顾客光顾后留下深刻的印象,才能在竞争激烈的市场上以自己的特色占有一席之地。

1) 合理的空间规划和布局,可以使餐厅突出主题,形成风格

通过对餐饮区的空间规划和装修布局,可以突出餐厅主题,形成餐厅风格,营造舒适、高雅、美观的就餐环境,以吸引客人,拓宽客源。

(1) 餐厅主题

主题是餐厅环境布置的主调和灵魂,它反映餐厅总体形象,形成餐厅风格。

① 根据餐厅性质确定主题。餐厅性质是由餐厅所提供的产品类型决定的,中餐厅环境布置的主题必须是中国风格,反映中华民族文化特点。西餐厅环境布置的主题必须是西洋风格,反映西方民族文化特点。因此,餐厅设计布置要突出主题,反映餐厅风格,不同类型的餐厅应该突出什么样的主题,切忌不伦不类。

② 根据餐厅饮食风格选择主题。同是中餐,广东风味的餐厅规划与布局,应具有广东地区的地方文化特色;四川风味的餐厅应突出巴蜀风情。同是西餐,法式餐厅应突出法国风格,反映法兰西民族文化特点;美式餐厅应突出美国风格,具有美利坚民族文化情趣。又如,海鲜餐厅、野味餐厅的主题选择,也要同产品风味相适应,或突出海边风格,或突出山地风光。根据不同餐厅的具体饮食风味来选择主题,并选择相应的装饰与布局,使客人一走进餐厅,就能感受到餐厅的性质和产品风味,获得美好的精神享受。

③ 根据餐厅具体名称安排主题。餐厅设计布置要突出主题,还要同餐厅的具体名称结合起来才能形成本餐厅的独特风格。如北京饭店的"清风阁"餐厅,其环境布置重点突出了优雅清爽,色彩以绿色为主。棕榈树、花草、扇形图案、墙面、天花板、地面和餐桌椅色

彩协调、布置典雅，处处给人以美观、舒适、清凉、优雅的感觉，形成"清风阁"独具特色的风格。广州花园酒店的"荔湾亭"，其环境布置的主题取海边渔村风光，突出自然形象。榕树、藤萝、渔船、花草点缀其中，餐厅桌椅摆在榕树下、海滩边和渔船中，形成风格各异的就餐环境。客人进入餐厅，仿佛走进渔村，使人心旷神怡，突出了"荔湾亭"清新、优雅、舒适、美观这一特定的主题。我国宾馆酒店的餐厅名称各不相同，在环境布置中必须坚持因地、因店、因各餐厅具体情况不同的原则，形成独具特色的餐厅风格，以适应客人不同的消费需求。

④ 用字画、条幅深化主题。字画、条幅、图案是餐厅环境布置中重要的装饰手段，它与色彩、灯光和装饰手法结合，可以形成美好形象，深化主题。如华侨、中国港澳客人较多的餐厅，可以用"一心在华，四海为家"来深化主题；外国客人较多的餐厅，可以用"美味通五洲，友谊连四海"来深化主题。当然，宾馆酒店各种类型的餐厅具体用什么字画、条幅、图案来深化主题，也要坚持因地、因店、因各餐厅性质和接待对象制宜的原则，才能收到相得益彰的效果。

（2）餐厅风格

通过对餐饮区的规划布局和装饰布置，形成餐厅风格与格调，营造良好的就餐气氛。

① 装饰手法的运用要突出餐厅特点。装饰手法主要表现在天花板、墙面和地面的装修材料运用与家具造型的选择及陈设运用上。如天花板，一般餐厅可采用平顶天花板，白色衬底，宫灯装饰，也可根据需要采用井字天花板或帷幄布置。墙面主要通过壁纸、壁画、壁毯来装饰，布置时要突出主墙，形成重点装饰。地面主要依靠家具造型、餐桌餐椅的陈设、盆栽盆景布置和屏风的运用等来体现。要做到摆放整齐，风格统一。在装饰手法的运用过程中，要选好主色调，大胆使用陪衬色调，使天花板、墙面、地面和各种家具造型优美、色彩和谐，形成美观舒适的空间构图形象，才能突出餐厅装饰布置的特点。

② 家具陈设要体现餐厅风格。餐厅的家具以餐桌、餐椅为主。桌椅的选择要与餐厅性质及风格相协调，陈设布置讲求空间分割和平面处理，点面结合，线条流畅。其空间构图有规则型、网状型、厢座型、中心图案型等多种，要根据不同餐厅的主题要求来确定，才能形成不同餐厅的具体风格，反映餐厅环境布置的质量标准。

③ 格调高低要与餐厅等级规格相适应。不同类型、不同档次的餐厅有不同的格调。如西餐扒房档次最高，中餐宴会规格最高，格调要高雅、豪华。大众餐厅、一般快餐厅，格调要相对低一些。具体运用时，要通过天花板、墙饰、帷幔、灯饰、窗帘的装饰布置和色彩选择等来体现，使其和谐、美观、舒适、典雅，使人赏心悦目。

④ 装饰布置要讲究餐厅气氛。餐厅格调和气氛是相辅相成的，高雅的餐厅格调必然要求气氛和谐。因此，要通过色彩、灯光、服饰等来突出餐厅气氛。如色彩的选择、主色的调和、陪衬色的运用要柔和、清新，避免过于刺激。灯光要经过装饰，可以调节，高档餐厅晚间开餐可用烛台，演奏钢琴或乐器，服务人员的服装要美观、大方，由此形成餐厅气氛。

2）合理的空间规划和布局，可以保证餐厅与厨房内部物流、加工生产流程、服务流程的持续畅通

建立高效快捷、连贯的物资传送流程机制，将设备安置于流程线口，便于物品的到达、储存和冷藏。

厨房加工生产的功能区域分布，要依循餐饮生产流程和出菜次序。按照厨房生产工艺的流程划分作业区域，即原料筹措及加工区域，配菜和烹调区域及出菜区域的布局相对

独立,整体上又符合生产、出菜的次序。各作业区域设备工具配套齐全,集中紧凑,便于操作,减少体力消耗,提高工作效率。

餐厅服务流程顺畅,便于提高餐饮服务效率。

3) 合理的空间规划和布局,便于餐饮企业高效率的运作

(1) 合理的空间规划布局,能够尽量缩短服务的距离,提供快捷、高效的服务

服务的距离由餐厅的形状、餐厅与厨房的相对位置及连接处理而定。对于长方形餐厅,厨房与餐厅的连接口设在餐厅长边的中间,可有效地缩短服务的距离;对于形状不规则的餐厅,应通过测量,找出厨房与餐厅之间最短的路线,并在其交叉点上设立餐厅与厨房之间的连接处。

(2) 合理的空间规划与布局,能够避免餐厅和厨房内人流、物流的交叉与碰撞

餐厅内服务通道顺畅,餐桌之间保持一定的距离,避免服务员和客人之间行动路线的相互交叉与碰撞。就餐区域的布局既要考虑到客人就座时的宽敞,又要便于服务员顺畅地进行餐桌服务。

餐厅和厨房的连接处应分别设有进出两个通道,以避免服务员进出厨房时相互碰撞,以及菜肴进口和垃圾出口的交叉污染。

厨房各作业区域的布局应确保每个厨师有较为宽裕的操作空间。

厨房各作业区域的布局应符合其操作的特点和出菜的次序,使服务员进入厨房的行动路线,形成一个循环圈,避免在厨房内重复地往返和服务员之间的相互碰撞。

4) 合理的空间规划和布局,可以为员工营造良好的工作环境

"有快乐的员工,才会有快乐的宾客。"员工是酒店最重要的资源。餐厅属于封闭的劳动密集型企业,其特点是工作时间较长,工作负担较重,要求员工具有良好的人际关系和适应环境的能力。良好的工作环境和工作氛围有助于员工发挥积极性、创造性,进行高效的生产和服务。餐厅的设计必须以人为本,确保工作场所和设施设备的舒适、安全、高效,如温度、湿度、照明、排气、通风以及墙壁、地面和天花板的强度与颜色、噪声分贝以及操作空间等。同时,设计布局和设备安装还必须有利于酒店落实高标准的卫生、安全和消防措施。

古根汉姆博物馆莱特餐厅平面示意图见图 12-1。

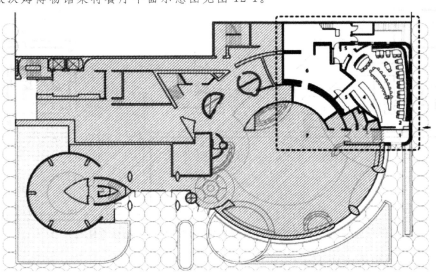

图 12-1　古根汉姆博物馆莱特餐厅平面示意图

瑞典斯德哥尔摩孔雀餐厅俱乐部平面示意图见图 12-2 和图 12-3。

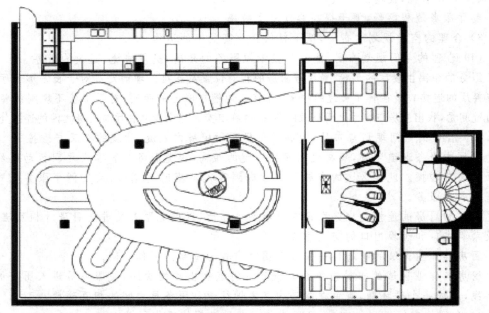

图 12-2　瑞典斯德哥尔摩孔雀餐厅俱乐部平面示意图（1）

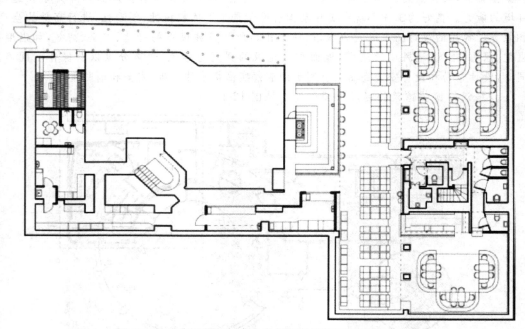

图 12-3　瑞典斯德哥尔摩孔雀餐厅俱乐部平面示意图（2）

某厨房布局图例见图 12-4。

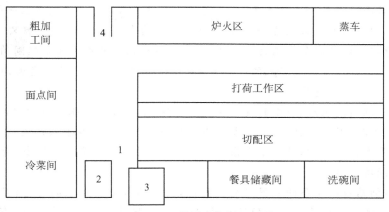

图 12-4 某厨房布局图例

注:1—出菜口;2、3—划菜桌;4—后门。

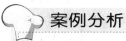

案例分析

案例 12-1

禁 烟 区

一个阳光明媚的下午,刚过 1 点钟,客人就陆续而来,本来安静的咖啡厅,开始热闹起来。

"先生,下午好!请问是否愿意坐禁烟区?"一位服务员迎上刚刚步入餐厅的申屠先生说。申屠先生略微迟疑了一下,就欣然向有禁烟标志的方向走去。

果然,禁烟区空气清新,没有一个烟客。申屠先生找了个靠窗的桌子就座,开始环顾起四周。周围的桌子上没摆烟灰缸,而放了一个小小的水果糖罐,几颗包装精美的糖果放在里面。申屠先生再向远处吸烟区看去,只见其上空飘腾起丝丝青烟。申屠先生满意地笑着,对服务员说:"来杯苹果红茶吧。"然后优哉游哉地品味起来。申屠先生临走前结账时对服务员赞叹说:"不错!地方虽然不大,但划分吸烟区和禁烟区,感觉就是不一样。到这儿坐坐挺舒服的。"然后笑着离开了。

思考题:试分析餐厅分区设计对餐饮经营的重要性。

案例 12-2

直径为 3m 的圆台面

某酒店的歌舞厅生意向来较冷淡,但餐饮经营一直较为红火。酒店在广泛征求员工意见后,决定将舞厅及其周围的卡拉 OK 包厢改为餐厅。一方面为提高酒店设施的利用率;另一方面也为适应目标市场客源对餐厅包厢的需求。在改建时,酒店又一次征求员工的意见,希望员工们畅所欲言,为酒店提出新颖的设计布局或设施设备配置方案。

服务员小吴在餐厅工作多年,她发现经常有十五六位客人喜欢挤在一张 10 人餐桌上就餐,因为客人觉得坐在一张桌上就餐方式有气氛,不愿分开,但又过于拥挤。因此,她便建议酒店配备一张大一点的圆台面,以适应那些人多又求热闹的客人的需要。酒店考虑到这确实是客人的一种需求,且在当地的酒店中还没有大圆台面的餐位,便采纳了小吴的意见。

歌舞厅改造结束后,原来的舞厅变成了餐厅,中间放着一张直径为 3m 的大圆台面;原来的卡拉 OK 包厢被改成了大小不一的餐厅包厢。这些餐饮设施开始营业后,立即受到客人们的喜爱,特别是那张大圆台面,其利用率出乎意料的高,为酒店带来了可观的经济效益。

分析:酒店设施设备的配置应突破常规,一方面可形成自己的特色;另一方面也可满足客人的实际需要。从餐饮设施的配置来看,就餐客人的需求各异,有的客人喜欢清净,不愿意太过拥挤,而更多的内宾则是聚会图个热闹。因此,酒店在设计餐饮设施并进行设备配置时,应考虑到本酒店目标市场客源的消费需求。

本案例中的小吴是位有心人,她在日常的工作中非常注意观察,从而发现一同前来聚餐的客人宁愿挤在一张餐桌上也不愿意分桌就餐。当酒店征求改造意见时,她便提出了自己的建议,并为酒店所采用。事实证明,该酒店的餐厅改造是成功的,这与员工参与酒店的创新是分不开的。

案例 12-3

引人怀旧的餐厅

杨女士、李先生和沈先生 3 人在北京旅游时,通过出租车司机的介绍,来到北京地坛附近的一家餐厅。刚进餐厅,3 位客人便有一种耳目一新的感觉:服务人员的服装很有特色,男服务员身着对襟衫,女服务员则身穿古色古香的旗袍;餐厅地面没有进行处理,只是简单而普通的水泥地面,并没有像市面大多数餐厅那样地面铺地毯或采用花岗岩、大理石铺设;餐桌采用八仙桌;四壁悬挂着若干幅 30 年代的明星照;供应地道的北京传统菜品。

沈先生觉得很好奇,四处环绕了一圈,发现周围的包厢里没有通常所见的圆台面,而是北方常见的火炕,客人就在炕桌上就餐! 来自南方的沈先生没有见识过,便询问服务员:"还有包厢吗?"服务员询问道:"请问先生有没有预订?"沈先生回答说:"没有!"服务员说:"先生,那就对不起了,包厢全都被预订了。"

沈先生遗憾地坐回到大厅里。在就餐过程中,3 位客人还惊喜地发现在餐厅的一头还有一个舞台,上面有艺人在轮流表演京剧、评剧、相声、杂技、魔术等。3 位客人在该餐厅度过了难忘的一晚。

分析:雷同是目前许多饭店给客人的感觉。客人对雷同的饭店设施不会感到新鲜和特别,难以给客人留下深刻印象。在饭店业竞争日趋激烈的情况下,饭店应努力创造自己的经营特色,才能占领市场,吸引更多的客人。饭店的经营特色体现在许多方面,如菜品创意、装饰布置、设施设备和用品的配备、服务项目等。

　　本案例中的餐厅之所以会给客人留下难以忘怀的印象,正是因为其注重特色的装饰布置带给客人以耳目一新的感觉。从服务人员的服饰、餐厅的装饰、餐桌的款式、包厢的风格到四壁的装饰画、供应的菜品和艺人的表演,无不给客人以独特的、非同一般的感受。这种感受并非来自饭店设施设备的豪华,而是因为其独具匠心!

　　因此,饭店应从客人的视角来进行装饰布置,饭店应着重考虑客人的需求,并非与其他饭店攀比或跟风。

项目 13

筹划与设计菜单

教学方法 理论讲授＋课堂讨论

准备工作 各类菜单实例、历届优秀学生成果。

菜单作为餐饮生产和经营的计划书,作为餐饮推销的宣传品,内容的编写、顺序的编排、艺术设计及印刷对其功能的发挥都起着十分重要的作用。

13.1 菜单的种类

餐饮菜单种类繁多、形式广泛、层次多样,不同的菜单体现了不同的内容和特色。把握菜单的种类,主要是重点把握菜单的分类情况,熟悉常用的经营性菜单和了解逐渐发展的电子菜单。

1. 菜单的分类

(1) 按进餐时间分类,主要有早餐菜单、午餐菜单、晚餐菜单和宵夜菜单等。

(2) 按餐饮形式分类,主要有中餐菜单、西餐菜单、鸡尾酒会菜单及中西餐合用菜单、快餐菜单、自助餐菜单、火锅餐菜单和休闲餐菜单等。

(3) 按企业形态分类,主要有宾馆餐饮菜单、单体酒楼餐饮菜单、连锁餐饮菜单、大排档餐饮菜单和配餐公司餐饮菜单等。

（4）按产品类别分类，主要有菜单、饮料单、酒单和甜品单等。

（5）按消费地点类别分类，主要有标准餐厅菜单、酒吧菜单、茶房菜单、客房用餐菜单、健身房菜单、俱乐部菜单、康乐中心菜单和休闲会所菜单等。

（6）按层次规格分类，主要有高标准菜单、中规格菜单和普通大众化菜单等。

（7）按消费对象及群体分类，主要有家庭菜单、儿童菜单和特殊人群菜单等。

（8）按销售方式分类，主要有零点菜单、套餐菜单和宴会菜单等。

（9）按表现形式分类，主要有印页式菜单、台卡式菜单和 POP 菜单等。

（10）按属性类别分类，主要有销售引导菜单、可视销售材料菜单和触摸屏电子菜单等。

（11）按功能作用分类，主要有食疗菜单、素食菜单、营养菜单、秘宗菜单、仿膳菜单等。

此外，还有极具特色、不同类型的少数民族用餐菜单等类型。

2. 常用菜单

餐饮企业常用菜单是指经营使用率高、设计制作讲究、覆盖面广、销售特点强并普遍为众多餐饮企业所采用的菜单。

（1）零点菜单

零点菜单是餐饮企业提供给消费者供其随机点菜消费的菜点、饮品销售一览表。又称为点菜菜单，是零点餐厅销售菜点的菜目一览表，是餐饮企业最基本的菜单，是餐饮消费者和企业员工接触得最多的菜单。常见的点菜菜单有中餐零点菜单、西餐零点菜单和客房用餐零点菜单等。零点菜单的特点是菜单上所列菜肴种类较全面，品种较丰富，并按相应特点排序，且排序灵活多变。如中餐零点菜单的普遍排列顺序为冷菜类、热菜类、汤菜类、素菜类、甜菜类、面点类、主食类、酒水类等，每类下所列品种一般有一定的季节性，并有一定的大份、中份、小份之分，明码标价，便于消费者选择；西餐零点菜单的顺序及内容主要有开胃品、汤菜类、主菜类、蔬菜类、马铃薯、面食及谷类、沙拉类、甜点类、饮品类等，也有大份、中份、小份之分，明码标价。中餐零点菜单、西餐零点菜单普遍存在于各类风味、主题型社会餐饮企业中。此外，宾馆餐饮企业的客房用餐菜单也是普遍、典型且有特色的零点菜单。

（2）套餐菜单

套餐菜单又称为特定组合菜单，它所列的是一定数量、不同类型且消费标准各异的整套菜点。常见的套餐菜单主要有中餐商务式、西餐商务式、生日式、节日式等多种形式。套餐菜单的主要特点是有较为固定的菜肴、点心和水果等组合搭配，菜点种类相对较少，整套菜的价格相对稳定。中餐套餐菜单与西餐套餐菜单在价格形式上存在一定的差异性，即在西餐套餐菜单中，每组菜肴的价格由其主菜决定，主菜的价格就是该套餐的售价；中餐套餐菜单的价格形式多样，标准不一，主要根据餐饮规格与就餐人数而定。不同风格、档次、主题的套餐菜单，较普遍存在于社会餐饮企业和宾馆餐饮企业中，并主要适用于快餐、团队餐、会议餐等用餐形式。此外，较多餐饮企业的大众化宴会在保证组合品种比较丰富的情况下，也采用套餐菜单形式灵活营销。套餐菜单的制定较为复杂，既要考虑团队或特定团体的用餐特点，又要兼顾消费者的具体情况；既要注意不同风味菜点的合理搭配，又要考虑菜单季节性的变化和更新。

（3）宴会菜单

宴会菜单是企业结合自身综合资源，根据设宴主题、进餐对象、消费标准等餐饮需求和具体情况，将不同类型的众多菜点及水果，以一定的原则和形式进行有效组合而形成的宴会菜点一览表。常见的宴会菜单主要有国宴、正式宴和便宴等宴会菜单；生日宴、婚宴、寿宴、团拜宴和商务宴等宴会菜单；中餐宴会、西餐宴会、自助餐宴会和鸡尾酒会宴会等宴会菜单。宴会菜单的基本特点是标准明确，编排格式讲究，制作材料与形式多样，所列食物品种丰富，并讲究合理搭配与灵活多变，特别是放置于宴会桌面的宴会菜单，精美典雅，文化艺术性强。传统宴会菜单与现代宴会菜单、中餐宴会菜单与西餐宴会菜单，在设计、编排和制作等方面都存在较大的差异性。此外，宴会菜单的设计，无论从形式上还是内容上，都需结合企业综合资源并充分尊重消费者的民族习惯、民俗习惯与消费意愿。

　　3. 电子菜单

电子菜单是指与计算机系统配套的触摸屏式电子点菜单。电子菜单是现代餐饮企业数字化管理的重要内容和手段，并与传统菜单存在明显区别。电子菜单在所具备的优势上，所构成的内容上以及在管理与控制上，都有其鲜明的特点。

　　(1) 电子菜单的优势和特点

电子菜单有以下优势和特点。

　　① 品种丰富、分类明细。由于计算机的高效储存功能，电子菜单可以实现无限量品种供应，并且分类标准明细。电子菜单方便管理者和消费者按不同的标准进行检索。

多样化组配，满足个性化需求。电子菜单向消费者提供了对各种菜肴、点心不同的烹调方法、主料要求和辅、调料搭配的选择余地，有效地做到了以消费者为主导的产品组合，一定程度上满足了不同消费者个性化的餐饮风味需求。

　　② 有形展示，明码标价。电子菜单以图像形式向消费者展示了不同质量、不同类别的菜点，并详细介绍了其原料构成、烹调方法、营养与搭配、制作工艺及成品特点等众多餐饮信息，充分实现了对菜点食品的有形展示；同时，顾客还可通过明确的标价特性及自助计费功能，清楚地了解到菜点的总体价格。

　　③ 多项预订，自动生成宴会预订菜单。电子菜单能有效通过企业内部局域网络，立体式地向消费者展示和推介菜点，实现预订的多样性；同时，电子菜单的另一个强大功能体现在宴会菜单设计与预订中，在管理者或消费者登录系统中录入相关宴会标准和设宴主题，即可自动生成多份同等档次与不同内容的宴会菜单，还可以进行同等价格及类别的其他菜点替换。

　　(2) 电子菜单的内容

电子菜单有以下几个方面内容。

　　① 菜点编码与分类。系统中的每一款菜肴、面点及酒水都有独立的编码，并可根据相关标准，如菜肴原料、味型、特点等进行多级分类。

　　② 菜点名称。系统中的菜点可为菜点全称，或与原料和烹调方法组合命名。

　　③ 菜点价格。系统中的电子菜点价格详细显示了大、中、小份价格或标准例价、中例价、大例价、个位价（点心等）以及重量价等。价格形式是由成本控制部门根据企业的餐饮毛利率及主辅原料的成本核定的输入价格。重量价主要为海鲜、河鲜时价，其价格由进货价及设定的毛利率自动生成，并随进货价的升降变化而变化。

　　④ 菜单类别。电子菜单的类别可分为零点菜单、宴席菜单和团队菜单等类型；同时，还灵活存在特色营销菜单和厨师特价菜单等不同功能与形式的菜单。

此外,电子菜单由于网络的功能,能将营业厅(餐厅或楼面)确认的菜点单或酒水单,分别快速地传递到备餐、厨房及吧台环节并能即时打印,有效地缩短了落单和人工传递的时间,提高了上菜速度。同时,电子菜单处于智能化餐饮销售管理控制系统中,对菜点的增添与取消均进行了合理的密码设置,解决了漏单、跑单现象,有力地加强了餐饮销售控制。

13.2　菜单的内容

菜单内容的编写涉及餐厅如何利用信息把所选定的菜品传递给客人,同时也影响到餐饮企业各项工作的安排和经营。菜单作为计划书,它的内容和分类要方便厨房的生产安排和销售统计;作为推销工具,应该将信息正确而迅速地传递给顾客,同时又要通过菜单内容的编写、顺序的安排以及外观的艺术处理来影响顾客购买,引导他们多购买以及选择企业最愿销售的菜品。

从整体上看,一份完整的菜单应有以下 4 个方面的内容。

1. 菜品的名称和价格

菜品的名称会直接影响顾客的选择,对于未品尝过的菜肴,顾客往往会凭菜名进行挑选,菜品名称起了引导客人消费的作用。消费者对餐厅满意的程度取决于菜肴的实际内容,但也与由菜名引发的期望值有关。菜品名称和价格的编写要符合下述要求。

(1) 菜品名称真实。菜品名称应能吸引顾客的注意,但必须真实,不能太离奇。不熟悉的、故弄玄虚的、离奇的名字,不容易被顾客所接受。一些餐厅为吸引顾客的注意,在菜名上挖空心思,让顾客莫名其妙。例如,有道菜名为"青龙过江",就是青葱浮在汤上。当然有些经典传统菜肴的名称经过世代相传,反而成了菜肴的招牌,如杭式点心"猫耳朵"、粤菜中的"龙虎斗"、闽菜中的"佛跳墙"等。另外,一般宴会菜品的命名为了突出宴会主题,往往会给现有菜品另起一套名字。这种讨口彩的命名往往可以起到一定的营销作用。

(2) 菜品质量真实。菜品质量真实包括原材料的质量和规格要与菜单的介绍相一致,如菜品名为炸牛里脊,餐厅就不能供应炸牛腿肉。产品的产地必须真实,如菜单上标明某菜的原料是日本雪花牛肉,则所用的原料就不能用国产的牛肉代替。同样,菜品的份额必须准确,有的餐厅名为价格打折实为分量减少,实际上等于是变相的欺诈。菜品的新鲜程度也应真实,菜单上注明是新鲜蔬菜,就不能用罐头或速冻食品代替。

(3) 菜品价格真实。菜单上的价格应该与实际供应的一样。如果餐厅加收服务费,则必须在菜单上加以注明,若有价格调整要立即改动或更换菜单。

(4) 外文名称正确。菜单是餐厅服务质量的一种标志,如果菜单上的英文或法文名称搞错,说明该餐厅对质量控制不严,会使顾客对餐厅产生不信任感。

(5) 菜单上列出的产品应保证供应。有些餐厅把本餐厅能制作的菜品全部列在菜单上,多给客人选择的余地,然而实际上有许多产品的原料不能保障供应,客人点要时却缺货,使菜单显得不严肃、不可靠。

2. 菜品的补充介绍

除菜名外,菜单应对菜肴进行相关补充介绍,这种介绍可以代替服务员的口头介绍,减少顾客选菜的时间。这些补充介绍包括以下几个方面。

（1）主要配料及一些独特的浇汁和调料。有些配料要注明规格，如肉类注明是里脊还是腿肉等，有些配料需注明质量，如新鲜橘子汁、活鱼等。

（2）菜名的烹调和服务方法。对具有特殊烹调和服务方法的菜品必须予以介绍，而普通加工及服务方法则无须说明。

（3）菜品的烹调口味和等候时间。某些具有独特口味的菜品，在菜单上应予以说明，如某道菜香辣，某道菜鲜咸。某些特殊菜肴，由于加工时间较长，应在菜单上注明烹调等候时间，以免引起不必要的误会。

（4）菜品的份额。有些菜品要注上每份的量。西餐用分量方法加注，如牛排重200g，中餐通常标注盛器规格，如例盘、大盘等。

3. 告示性信息

除菜品、价格等核心内容外，菜单还应提供一些告示性信息，一般包括以下几项。

（1）餐厅的名字，通常安排在封面上。

（2）餐厅的特色风味。如果餐厅具有某些特色风味而餐厅名称又反映不出来，最好在菜单封面、餐厅名称下列出其风味。

（3）餐厅的地址、电话和商记标号，一般列在菜单的封底下方。有些菜单还附有简易地图，列出该餐厅在城市中的地理位置。

（4）餐厅的营业时间，一般列在封面或封底。

（5）餐厅加收的费用，如果餐厅加收服务费，要在菜单的内页上注明。例如，所有价目均加收15%的服务费。

4. 机构性信息

有的菜单上还介绍餐饮企业的历史背景和餐厅特点、发展现状等内容。餐厅需要推销自己的特色，而菜单是推销的最佳途径。例如，肯德基进入中国市场时，在其各分号的餐馆中利用菜单介绍了这个国际集团的规模、历史背景、企业发展过程及其炸鸡的烹调方法。

13.3　菜品顺序的安排

顾客一般按就餐顺序点菜，也就希望菜单按就餐顺序编排。这样既符合人们正常的思维步骤，又可以较容易找到菜肴的类别，不会漏点。中餐一般按照冷菜、热炒、汤、主食、饮料依次进行。西餐的排列顺序一般是开胃品、汤、沙拉、主菜、甜点、饮品。

1. 中餐菜单的表现形式

中餐菜单最常见的表现形式仍停留在如杂志式的编排上，打开之后，菜名、菜价平铺直叙，无重点、无起伏，这也是中餐菜单亟待改进的地方。

2. 西餐菜单表现形式及主菜的相应位置

西餐菜单表现形式一般有单页式菜单、双页式菜单、三页式菜单及四页式菜单。西餐菜单中，主菜的地位举足轻重，分量很大，应该尽量排在显要的位置。根据人们的阅读习惯和经验的总结，单页菜单的主菜应列在菜单的中间位置；双页菜单上主菜应放在右页的上半部分；三页式菜单中，主菜应安排在中页的中间；四页式菜单中，主菜通常被放于第二页和第三页上。

3. 重点营销菜肴的安排

重点营销菜肴可以是时令菜、特色菜、厨师拿手菜,也可以是特别推荐菜,总之是餐厅希望尽快介绍推荐给就餐者的菜。菜肴在菜单上的位置对于重点营销菜肴的推销有很大影响。要使推销效果明显,必须遵循两大原则:首部和尾部,也就是将重点营销菜肴放在菜单的首部和尾部,因为这两个位置往往最能吸引人们阅读的注意力。顾客几乎总能注意到同类产品的第一个和最后一个菜肴。菜单上有些重点推销的名牌菜、高价菜和特色菜或特价菜可以采用插页、夹页、立式台卡的形式单独进行推销。

13.4 菜单的制作与设计

1. 菜单制作的准备

(1)选择列入菜单的菜品。在制作菜单以前,要将拟提供的菜品分类列出一份清单。注意所选菜品在原料、烹调方法、价格和营养等方面是否搭配得当,而且要写出拟重点推销的特色菜及套菜。如双人套菜及其他各色套菜、家庭套菜、周末特色菜、节日特色菜、海鲜特选菜等。每种特色菜要列出具体菜品名,列出包价或各菜品价格,并要将管理者的推销意图在清单上注明,使艺术设计师和撰稿人能理解并帮助餐饮企业达到推销特色菜、提高企业利润的目的。

(2)选择艺术设计师、撰稿人。菜单对餐厅有点缀、推销作用,并且是餐厅的重要标记,它能够反映餐厅的形象和情调。因此,菜单的设计一定要选一位专业的艺术设计师,聘请善于写作的人员配合。这样菜品名、菜品介绍等描述性的措辞可运用适当。

2. 菜单制作材料的选择

菜单的材料一般以纸张居多,菜单设计应从选择菜单纸开始。纸张是构成优雅设计的基础,一份精美的菜单的说明、印刷效果等都要通过纸张来体现。纸张的成本在制作一份菜单中占 1/3 左右,所以,餐饮经营管理人员和设计者应该重视纸张的选择。

(1)菜单内页的材料用纸。菜单内页的材料用纸选择主要需考虑菜单的使用期限。一次性使用菜单可印在轻型的、无涂层的纸上,不必考虑纸张的耐污、耐磨等性能,但一次性使用并不意味着粗制滥造。而较长久使用的菜单应该印在重磅的涂膜纸上,经久耐用,经得起频繁使用。长期使用的菜单可印刷在防水纸上,脏了可用湿布擦净。另外,在同一份菜单上使用不同类的纸张可起到强化其功能的作用,纸张薄厚和颜色的不同可以突出显示菜单的某一部分是餐厅推销的重点。

(2)菜单封面材料的选用。菜单面应避免使用塑料、绢绸等材料,塑料制品给人的感觉通常是廉价的,易给顾客造成不良的印象,绢绸固然高档,但极易污损,也不宜做菜单封面。一般可选用塑料薄膜压膜的厚纸,这样如有水或油腻也不易留下痕迹,四周不易卷曲。

3. 确定菜单的规格和字体

菜单的式样和尺寸大小应根据餐饮内容与餐厅规模而定,菜单设计的格式参考如图 13-1 所示。一般餐厅使用 28～40cm 单面,25～35cm 对折或 18～35cm 三折菜单比较合适。要求字间不要太密,菜单的篇幅上应保持一定的空白。篇幅上的空白会使字体突出、易读并避免杂乱。文字占总篇幅的面积不能超过 50%。

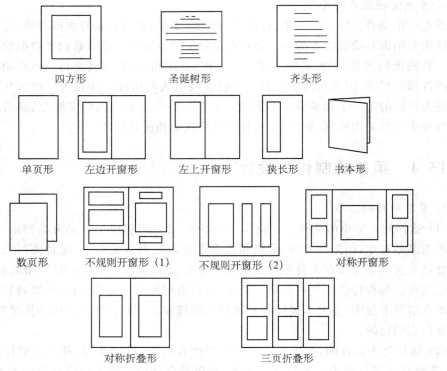

图 13-1　菜单设计的格式参考

菜单的字体同餐厅所用的标记一样,是构成菜单整体风格的重要组成部分,字体印刷要端正,要使客人在餐厅的光线下很容易看清。菜单上字体一经确定,就和餐厅标记颜色等一起印在菜单上,同时还印在火柴盒、餐巾纸、餐垫以及餐具上。仿宋体、黑体等字体较多地应用于菜单正文,而隶书常被用作菜肴类别的题头。在外文字母上,要根据标准词典的拼字法统一规范。英文字有大写和小写之分,大写字体不便阅读,人们习惯阅读小写字体。在菜单上,标题一般用大写字体,说明用小写字体,避免使用花体、圆体等印刷体。

4. 菜单的颜色及艺术设计

(1) 菜单的颜色。菜单颜色具有装饰作用,使菜单更具吸引力,更令人产生兴趣,同时颜色还能显示餐厅的风格和气氛。一般来讲,鲜艳的大色块、五彩标题、五彩插图等较适合于快餐厅之类的餐厅菜单,而以淡雅颜色,如米黄、天蓝等为基调设计的菜单,点缀性地运用色彩,可以使人觉得这是一个具有相当档次的餐厅。不同的颜色能起到突出某些部分的作用。

某些特殊推销的菜品采用与众不同的颜色,会使它们显得突出。在这里需遵循一条原则:只能让少量文字印成彩色,因为大量文字印成彩色,不容易阅读且伤眼神,人们最容易辨读的是黑白对比色。

(2) 菜单上的插图。插图可以直接展示餐厅所提供的菜肴和饮品,让客人有直观的印象,能使顾客加快点菜速度、加快座位周转率。印上彩色照片的菜肴应该是餐厅欲销售的希望顾客最能注意并决定购买的菜肴。市场趋势是越来越多的菜单使用菜肴图片加文字说明的形式。

5. 菜单的封面设计

封面是菜单的门面,一份设计精良、色彩丰富、漂亮、得体、实惠的封面往往是一家经营有方的餐厅的点缀和醒目的标志。

首先,封面的设计要体现餐厅的经营特色。如果经营的是老字号餐厅,菜单封面的艺术设计要反映出传统色彩。

其次,菜单封面的色彩要与餐厅环境色调相匹配。菜单放在桌上或分散在顾客的手中,其颜色可以和餐厅色彩相近,形成一个体系,也可以相互形成反差,使之相映成趣,犹如万绿丛中的花朵,增加色彩及动感。

另外,菜单封面要恰如其分地列出餐厅名称、营业时间、电话号码,使用信用卡支付的信息可列在封底,有的还在上面传递外卖服务信息。

13.5 饮料单的制作

餐和饮是分不开的,所以许多餐厅会在菜单的篇幅里加上饮料的介绍,或者是企业另外设计一套饮料单,有系统地介绍餐厅所提供的酒类和其他饮料。但是,在整体餐厅的经营上,企业无须过分强调饮料的重要性,毕竟饮料并非是用餐不可缺少的必备品。经营者不妨以专业的姿态向顾客建议,或者是在饮料单的制作上多花些心思,吸引顾客点用。例如,标榜是德国菜的餐厅,不妨提供传统的德国啤酒来搭配。当然,餐饮企业的性质、规模及客源不同,所提供的饮料单也不应该一致。一般来说,饮料单可以归纳成全系列酒单、限制酒单、宴会酒单、酒吧饮料单和客房送餐服务饮料单5种。

(1) 全系列酒单。全系列酒单是高档饭店和餐厅提供给消费较高的顾客使用的。这类饮料单的特色是将所有饮料分为葡萄酒单和其他饮料单两种。葡萄酒单的排列次序一般是香槟、起泡酒、勃艮弟、波尔多、玫瑰红、德国酒、加州酒、意大利酒和招牌酒。除了葡萄酒以外,其他饮料可以按下列顺序一一介绍给顾客:开胃酒、雪莉或波特、威士忌(苏格兰威士忌、爱尔兰威士忌、加拿大威士忌、美国威士忌)、伏特加、琴酒、龙舌兰、甘邑、阿梦雅邑、甜酒、啤酒、鸡尾酒、矿泉水和果汁。

(2) 限制酒单。一般餐厅所提供的限制酒单,其特点只列出其中常见的名牌酒,并且可以酒瓶为单位来出售。

(3) 宴会酒单。宴会酒单则是根据宴会的不同需求而选定的饮料单。在中国宴席上常见的还有黄酒、绍兴酒、啤酒、红酒、白酒、矿泉水和果汁。

(4) 酒吧饮料单。酒吧饮料单有两种:一种是在酒吧内出售的各种不同的酒,其中很大一部分可以用单杯来出售;另一种是置于吧台上的吧台饮料,以各类鸡尾酒为主。

(5) 客房送餐服务饮料单。客房送餐服务饮料单是高档饭店附属客房服务项目之一。根据不同类型的饭店,客房送餐服务提供饮料服务也有差别。

13.6 菜单定价方法

1. 以需求为中心的定价方法

(1) 声誉定价法。餐厅所提供的食品饮料及质量形象,以及服务、广告推销等"非价格因素"，使宾客对该餐厅的产品形成一种观念，这就是声誉。根据这种声誉制定相应的、符合消费者价值观的价格。这种价格一般都高于成本核算定价法所定的价格，因声誉好而拥有高层次固定的客源，若削价贱售，宾客反倒产生怀疑而不再光顾。

（2）区分需求定价法。餐厅在定价时，按照不同的宾客（目标市场），不同的地点、时间，不同的消费水平，区别定价。这种定价策略易取得宾客的信任，但不容易掌握得恰到好处。

（3）低价诱饵法。主打某些受欢迎的菜点，降低售价来吸引顾客并刺激其消费，这是一般餐厅常用的手法。选择诱饵菜须是顾客熟悉且成本不至于过高者。

（4）系列产品定价法。可以针对一系列不同目标客源设计可接受的菜单价位。另外，也可针对一系列不同价位来设计菜单，不以单一菜品的成本来考虑。例如，可把广东料理的点心菜价分为小点8元、中点12元、大点20元。另外，又以点心盘子的种类及大小来分类，此方法对餐厅来说，便于统计数量及管理。

2. 以价格竞争为中心的定价方法

（1）追随同业定价法。一般小型独立餐厅选用此法较多。因无足够的资金与技术力量来制定竞争价格，故跟随市场上同类产品的价格为定价的依据，其优点是定价过程简单、顾客已经接受、与同行关系协调；而其缺点则是缺少新意、竞争者较多。

（2）追高定价法。使用此法的菜点应以品质来取胜，适合讲究服务的高级餐厅。

（3）同质低价法。菜点采用薄利多销，但仍需维持一定的品质，否则将缺少竞争力，逐渐被市场淘汰。

3. 成本核算定价法

（1）系数定价法。以菜点原料成本乘以定价系数，即为菜点销售价格。这里的定价系数是计划菜点成本率的倒数；如果经营者计划自己的菜点成本率是40%，那么，定价系数即为 $1/40\%$，即2.5。

例：已知一份青椒炒里脊丝成本为8元，计划食品成本率为40%，则售价为

$$8÷40\%=8×2.5=20（元）$$

（2）依照毛利率定价法。

$$菜点售价=\frac{菜点成本}{1-内扣毛利率}$$

这里的菜点成本是指该菜点的主料、配料、调料成本之和。

例：一份椒盐基围虾，虾及调料的成本共计90元，现定毛利率为60%，其售价为

$$P（售价）=90÷(1-60\%)=225（元）$$

另外有一种外加毛利率计算法，其公式为

$$菜点售价=菜点成本×(1+外加毛利率)$$

不过这种方式实践中很少使用。

（3）主要成本定价法。把菜点原材料成本和直接人工成本作为定价的依据，并从财务"损益表"中查出其他成本费用和利润率，即可计算出菜点销售价格：

$$菜点销售价格=\frac{菜点原材料成本+直接人工成本}{1-(非原材料和直接人工成本率+利润率)}$$

例：一份砂锅牛腩原材料成本15元，直接人工成本3元，从财务"损益表"中查得"非原材料和直接人工成本率"及"利润率"之和为60%，则这份砂锅牛腩的价格为

$$P=(15+3)\div(1-60\%)=45(元)$$

（4）以数字心理反应的定价方法。

① 整数定价法。大多用于高级别的餐厅。优点为方便计价、结账、收款和财务的数字计算。

② 尾数定价法。适用于经济型的餐厅，带尾数的价格看起来比整数位的价格小很多。

③ 特殊意义定价法。如一些顾客相信定价中的数字 6 代表"顺利"，8 代表"发"，9 代表"永久"，168 代表"一路发"。

知识链接

1. 食品的基本营养素

食品中的营养丰富，不同的食品包含的营养也是不同的。概括起来说，食品中包含六大营养素，这六大营养素能够给人们提供精力，促进细胞发育，调节人体循环机能。食品中的基本营养素如表 13-1 所示。

表 13-1　食品中的基本营养素

营养素	作用	主要来源
蛋白质	① 构成核修复组织细胞 ② 人体分泌液的主要组成要素 ③ 帮助维持适当的体液平衡 ④ 帮助人体抵抗感染	鸡蛋、瘦肉、鱼肉、禽肉、牛奶等含有优质的蛋白质；黄豆、干豆、豌豆及其他坚果中也含有高质量的蛋白质；谷物、面食及一些蔬菜也含有蛋白质
碳水化合物	① 给人体提供运动、循环的能量及热能 ② 帮助人体有效地利用脂肪 ③ 储存蛋白质用于组织的构成及修复	淀粉；谷物与谷物制品；大米、玉米、干豆、土豆、干果、香蕉；糖类如蔗糖、糖浆、蜂蜜、果酱、果冻、冰糖、糖果、糖霜以及其他糖果类制品
脂肪	① 提供浓缩的能量（重量上相当于碳水化合物的两倍） ② 帮助人体利用溶质维生素（A、D、E、K） ③ 提供全身组织细胞膜结构要素	植物油类、黄油、人造黄油、蛋黄酱、沙拉酱、肥肉、油炸食物、大多数的奶酪、全脂牛奶、蛋黄、坚果、巧克力和椰子
核黄素（维生素 B_2）	① 帮助人体细胞利用氧气，从食物中获取能量 ② 帮助保持眼部健康 ③ 帮助保持口腔周围皮肤光滑	牛奶和奶制品、动物肝脏、心脏、瘦肉、鸡蛋、深绿色类蔬菜、干豆、杏仁及谷物类（许多食物中都有少量的核黄素）
烟酸（维生素 B_3）	① 帮助人体细胞利用氧气，从食物中获取能量 ② 帮助维护健康的皮肤，以及消化系统和神经系统 ③ 帮助维护全身细胞组织的生长	鱼类、禽类、肝脏、瘦肉、花生、维生素面包谷物及豆类
维生素 D	① 帮助人体利用钙和磷构成及维护强壮的骨骼和牙齿 ② 促进人体正常发育	鱼肝油、维生素 D、牛奶、紫外线脱水炼乳、肝脏、蛋黄、鲑鱼、金枪鱼、沙丁鱼（直接的日照也能产生维生素 D）

续表

营 养 素	作 用	主 要 来 源
维生素 B_6	① 帮助人体利用蛋白质构成人体组织 ② 帮助人体利用碳水化合物和脂肪产生能量 ③ 帮助维持皮肤及消化系统和神经系统的康复	猪肉、肝脏、心脏、肾脏、牛奶、浓缩粮食制品、麦芽、牛肉、黄玉米、香蕉
叶酸	① 帮助人体产生红细胞 ② 帮助细胞内部的新陈代谢	肝脏、莴笋、橘子汁
维生素 A	① 帮助维持眼部健康，增强眼睛在黑暗中的视力 ② 帮助维持皮肤健康光滑 ③ 帮助维持口腔、鼻腔、喉部的线条以及消化系统的健康并抗感染 ④ 帮助正常的骨骼发育、牙齿形成	肝脏、黄油、加维生素人造黄油、蛋黄、全脂牛奶、加维生素 A 奶、深黄色和深绿色叶类蔬菜、罗马甜瓜、杏及其他深黄色水果
维生素 C	① 帮助合成人体细胞 ② 增强细胞组织壁膜 ③ 强化正常的骨骼及牙齿形成 ④ 有助于恢复伤口及骨骼损伤 ⑤ 有助于铁的吸收 ⑥ 有助于抗感染	柠檬类水果及果汁、草莓、罗马甜瓜、西瓜、西红柿、花茎、甘蓝、青椒，在菜花、红薯、白薯和生白菜中也有相当数量的维生素 C
硫胺素（维生素 B_1）	① 增进正常的食欲与消化，帮助人体将食物中的碳水化合物转化为能量 ② 帮助维护健康的神经系统	瘦猪肉、心脏、肾脏、干蚕豆、豌豆、加维生素的粮食面包和谷物及某些坚果类
维生素 B_{12}	① 有助于体细胞正常发挥作用 ② 帮助人体红细胞的再生	肝脏、肾脏、牛奶、鸡蛋、鱼类、奶酪、瘦肉
钙	① 有助于强壮骨骼与牙齿 ② 有助于改善神经、肌肉和心脏的正常功能 ③ 有助于正常的血液凝结	牛奶、奶油、冰激凌、沙丁鱼、蛤肉，在深绿色叶类蔬菜和牡蛎中也有相当的钙成分
铁	① 与蛋白质结合组成血红蛋白、将人体所需氧气输送到人体各个部位 ② 有助于细胞对氧的吸收 ③ 预防缺铁性贫血	肝脏、心脏、瘦肉、贝类、深绿色叶类蔬菜、蛋黄、干豌豆、蚕豆、干果、粮食作物、加维生素面包以及谷物类和糖浆类
碘	① 帮助甲状腺发挥正常的功用 ② 帮助预防某种甲状腺肿大症	碘化盐、海鲜食物
磷	① 有助于强壮骨骼和牙齿 ② 构成所有人体细胞的必需成分 ③ 帮助人体肌肉发挥正常功能 ④ 帮助人体对糖分及脂肪的吸收利用	肉类、禽类、牛奶、鸡蛋、奶制品、坚果、干蚕豆以及豌豆类

2. 主要烹饪原料中的营养成分

(1) 植物性烹饪原料的营养成分

植物性烹饪原料是碳水化合物、维生素、无机盐及膳食纤维素的良好来源。此类原料包含范围很广,食用方法很多,在烹饪中占有十分重要的地位。

① 谷类和豆类的营养特点。谷类所含营养素以淀粉为主,是热能的主要来源。其中的 B 族维生素和一些无机盐在膳食中占有相当的比重。

● 谷类的营养价值

碳水化合物:谷类的碳水化合物主要以淀粉的形式存在,含量可达 70% 以上。粮食所含的碳水化合物利用率较高,如小麦为 93%,大米为 95%。

蛋白质:不同地区、不同品种的谷类,其蛋白质含量各不相同。谷类蛋白质含量一般为 7%~16%,燕麦较高为 15.6%,小麦约为 10%,稻米及玉米均为 8% 左右。从数量上看,稻米的蛋白质含量较低,但质量略高于一般谷类。

脂肪:谷类含脂肪较少,一般为 1.3%~2.6%,其中多为不饱和脂肪酸。玉米、小米的脂肪含量较高,约为 4%。

维生素:谷类为膳食 B 族维生素的主要来源。在糙米中硫胺素约含 0.3~0.5mg/100g;核黄素约含 0.08~0.10mg/100g;烟酸为 505mg/100g,集中于糊粉层和胚芽中。玉米的烟酸多集中在糊粉层,并以结合型存在,故不易被人体利用。所以,谷类碾磨得越精细,维生素含量也越低。

无机盐:谷类含无机盐为 1.5%~3%,它们的分布常与纤维素平行,大部分集中于谷皮和糊粉层。其中约 50%~60% 为磷,且多以植酸盐的形式存在。谷类含钙不多,为40~80mg/100g,含铁为 1.6~4.2mg/100g,还含有铜、锌、锰、铝、镍、铬等微量元素。大米、面粉精制后,这些无机盐的含量也有所下降。

● 豆类的营养价值

蛋白质:大豆中蛋白质含量为 30%~40%,其他豆类中的含量为 20% 左右。

脂肪:大豆中脂肪含量为 15%~20%,其他豆类为 10%。

碳水化合物:赤豆、绿豆和豌豆含碳水化合物 50%~60% 左右。主要为淀粉,是热能的良好来源。大豆约含 25% 的碳水化合物,主要为蔗糖、棉籽糖、水苏糖等,不含淀粉。

维生素:豆类含 B 族维生素较多。大豆中的硫胺素含量较高,核黄素次之,另外含有少量胡萝卜素。

无机盐:豆类中钙、磷、铁含量比较多。大豆含钙量比谷类高出 10 倍以上。

● 几种主要大豆制品的营养价值

大豆可制成豆浆、豆腐、豆芽等食品。从营养价值、消化率及应用范围等方面来看,大豆的加工制品比食用整粒大豆更有营养。豆浆在供给蛋白质上与鲜乳相当,约含蛋白质4.4%,并含有比较丰富的维生素、无机盐及少量脂肪。豆腐是一种大众化食品,蛋白质含量丰富,易消化吸收。豆腐的主要营养成分中:水分约占 65%,蛋白质约占 7.4%,脂肪约占 3.5%,碳水化合物约占 2.7%,粗纤维约占 0.1%,硫胺素约 0.03mg/100g,核黄素约0.03mg/100g,烟酸约 0.2mg/100g,豆芽主要指绿豆、大豆经过避光潮湿环境培育而成的新鲜蔬菜。豆类发芽过程中,在酶的作用下,部分蛋白质水解为多肽和氨基酸,淀粉转化为单糖。豆芽维生素 C 含量一般可达 17～20mg/100g,发芽短者含量高。据报道,发芽后 6～7 天时维生素 C 的含量最高。在冬季或某些地区缺乏蔬菜时可用豆芽作蔬菜供应维生素 C,并且可提高豆芽中铁的利用率。

②　蔬菜、水果的营养价值。

蔬菜和水果的种类繁多,生产消费量较大,是重要的食品和食品原料。它们在化学组成及营养特点方面比较相似。大部分鲜菜、瓜果含水量在 90% 以上。碳水化合物含量不高,蛋白质含量少,脂肪含量更低,故不能作为热能和蛋白质的来源。但它们都含有丰富的维生素、无机盐和膳食纤维,是维生素 C、胡萝卜素和核黄素的重要来源,也是钙和铁等无机盐的重要来源。

蔬菜、水果还含有多种呈味、呈色和呈香的化学成分,如有机酸、糖、色素、辛辣物质,使蔬菜、水果有良好的感官性状,可促进消化腺分泌、增进食欲。选择新鲜的蔬菜、瓜果烹饪菜肴,可以起到配色、增香、造型、调味和解腻的作用。

③　植物干货原料的营养价值。

植物干货原料所包括的范围比较广,凡是经过脱水加工的植物根、茎、叶、花、果、种子,以及藻藓、食用真菌,都属此类。其中一些干制品含有较多的营养成分和呈味成分,不但在营养上各具特色,而且可增进菜点的风味。

植物干货原料主要包括陆生植物、水生植物、食用菌和坚果类。这类原料中一般都含有一定比例的蛋白质、脂肪、碳水化合物、无机盐和维生素。

(2)　动物性烹饪原料的营养成分

动物性烹饪原料是人体所需蛋白质、脂肪、维生素及无机盐的重要来源。肉类原料中含有较丰富的含氮浸出物质,可使汁液或汤汁呈浓郁鲜香味。

①　畜肉类的营养价值。

肉类原料的营养成分随牲畜种类、部位、年龄及肥瘦程度的不同而有显著差异。

● 蛋白质

畜类的肌肉及内脏中含蛋白质为 10%～20%,肥肉中蛋白质含量较瘦肉少。猪肉 9.5%(肥肉 2.2%,瘦肉 16.7%);羊肉 13.3%(肥肉 9.3%,瘦肉 17.8%);牛肉 19.7% (肥肉 15.1%,瘦肉 20.3%)。

畜肉原料不但蛋白质含量较一般植物性原料多,而且富含一般植物性原料中缺少的精氨酸、赖氨酸、苏氨酸和蛋氨酸。所以,畜肉原料的蛋白质营养价值较高。

肉类原料中的"含氮浸出物"是一类能溶于水的含氮物质的总称。新鲜肉平均可浸出 2% 固体物质,其中无机物占 1.3%,有机物占 0.7%。其主要成分为可溶于水的肌溶蛋白、肌酸、肌酐和少量氨基酸。这些物质是肉汤鲜味的主要来源。含氮浸出物越多,汤味道越浓,刺激胃液分泌的作用也越强。一般成年动物的含氮浸出物较幼小动物多。肉汤内除含氮浸出物外尚有两种能溶于中性盐的肌浆蛋白,即肌凝蛋白和肌凝蛋白原。

● 脂肪

肉类脂肪的组成、物理性质及含量,因动物种类、饲料、生理状态、肉体部位的不同而有所差异。平均脂肪含量为 10%～30%。胆固醇在瘦肉中的含量约为 70mg/100g,在肥肉中为 100～200mg/100g,在内脏中含量更高,为瘦肉的 4～5 倍,脑中含量最高,为

2000～3000mg/100g。肉类原料中的脂肪对香味和滋味均有一定影响。

- 碳水化合物

动物体内的碳水化合物含量很低，一般为 1%～5%，主要以糖原形式储存于肌肉和肝脏中。同种动物因营养状况及疲劳程度的不同，其糖原量也有差异，如屠宰前未过度疲劳，糖原含量较高。正常的畜肉中也含有少量的葡萄糖和乳糖。

- 无机盐

畜肉无机盐的总量为 0.6%～1.1%。一般瘦肉中的含量较肥肉多，内脏器官的含量又较瘦肉多。其中钙含量较低，为 7～11mg/100g，磷含量较高，为 127～170mg/100g。肌肉中铁的含量与屠宰放血程度有关，一般为 0.4～2.0mg/100g。动物血的含铁量很高，如猪血的含铁量平均为 44.9mg/100g。动物内脏含铁量均高。肉类中存在的铁主要为血红素铁，不易受食物中其他因素的干扰，消化吸收率较高。

- 维生素

畜肉含有多种维生素。肌肉组织含 B 族维生素较丰富，其核黄素及烟酸的含量一般高于植物原料，各种内脏的维生素含量则高于肌肉组织，特别是肝脏中含有 V_A、V_D、V_{B1}、V_{B3} 和烟酸、叶酸、V_{B12} 以及胆碱等，并含有一定量的 V_C。猪肉中 V_{B1} 含量丰富，平均含量为 0.5mg/100g，猪瘦肉含量可达 0.89mg/100g，比牛肉、羊肉高出 7 倍。牛肉中叶酸含量又比猪肉、羊肉高。而维生素 A 的含量则是羊肝最高。

② 水产品的营养价值。

水产品为海产和淡水鱼、虾、蟹、贝类及藻类的统称。鱼类营养丰富，所含营养成分与畜肉大致相似，是人们摄取完全蛋白质和多种无机盐的良好来源之一。有些水产品所含的某些营养成分超过畜、禽肉类。

- 鱼类的营养价值

鱼类的营养价值随着鱼的年龄、品种、鱼体部位、生产季节及地区而有所不同。

蛋白质：鱼肉蛋白质含量为 15%～20%，人体消化吸收率为 87%～89%。鱼类含氮浸出物与肉相似，但含量较少，主要是胶原蛋白与黏蛋白，经水煮沸成溶液，冷却后成凝胶。

脂肪：鱼类脂肪含量一般为 1%～10%，多数为 1%～3%。鱼类脂肪具有一定的防治动脉粥样硬化和冠心病的作用。鱼类脂肪熔点低，通常呈液态，容易为人体消化吸收；其消化率达 95% 以上。鱼类的胆固醇含量一般为 100mg/100g 左右，低于畜肉类。

无机盐：鱼类无机盐含量为 1%～2%，一般比其他肉类高。含有多种无机盐，如钾、钙、磷等，也有一定量的硫、铁、铜、碘，还有镍、锰等微量元素。一般来说，鱼类含钙、磷、碘等比畜禽肉多，铁的含量一般也超过猪肉、牛肉，与羊肉接近。海鱼含钙和碘的量比淡水鱼高。鱼类是钙、碘的良好来源。

维生素：鱼类含核黄素和烟酸比畜肉多，肝脏内含维生素 A 和维生素 D 比较丰富。鱼类肌肉中含硫胺素并不高。值得注意的是，某些鱼肉含有硫胺素酶，能分解硫胺素，所以，已死的鲜鱼应尽早加工烹调，以减少硫胺素的损失。

- 虾、蟹、贝类的营养价值

虾、蟹、贝类广泛分布于江、河、湖、海中。这类原料不仅营养价值较高，并且含有丰富的呈味物质。虾、蟹大多鲜食，贝类多做干制品。它们所含营养成分因种类、产地、生长条件及季节不同而异。

蛋白质：虾、蟹、贝类的蛋白质含量较高（指可食部分）。对虾为20.6%，青虾、河虾、白米虾为17%左右，毛蟹、河蟹为14%左右；贝类大都为10%左右，鲍鱼则为19%，扇贝为14.8%，营养价值较高。

脂肪：虾、蟹、贝类脂肪含量一般不高，为1%～3%左右，少数例外，而毛蟹高达10.6%，牡蛎为4.3%以上。虾、蟹、贝类脂肪中不饱和脂肪酸所占比例较大。此类原料的胆固醇含量均高于各种肉类。

无机盐：虾、蟹、贝类含有丰富的钙、磷、铁、钾。铁含量较高。

维生素：河蟹、海蟹、蛤蜊、对虾、青虾含维生素A丰富，同时V_{B_2}也较多。

③ 禽肉和蛋类的营养价值。

禽肉通常是指鸡、鸭、鹅、鸽等的肌肉、内脏及其制品。禽肉的组织结构与畜肉基本相似，所含营养成分与大牲畜肉相近，能供给人体蛋白质、维生素、无机盐和脂肪。与畜肉相比，其肉质软嫩、味道鲜美、易于消化。

● 禽肉的营养价值

禽肉的营养价值也随种类、年龄及部位不同而略有差异。

蛋白质：禽肉蛋白质的含量约在20%，只有极肥的禽类才因脂肪含量的增加而使蛋白质含量相对减少。禽肉的含氮浸出物，就同种禽肉而言，幼禽含氮浸出物比老禽少，幼禽汤汁不如老禽的鲜美；故老母鸡适合煲汤，嫩仔鸡适宜爆炒。就不同禽类比较，野禽肉比家禽肉含有更多的含氮浸出物，肉汤常带有强烈的刺激味，不宜做汤。

脂肪：各种禽肉的脂肪含量相差很大。鸡肉约为2%，鸭、鹅脂肪含量为7%～11%，而野禽肉的脂肪含量则相对较少。禽肉脂肪的熔点较低，故易于消化，且禽肉脂肪中有20%左右的亚油酸。

维生素：禽肉和内脏含有一定量的B族维生素及脂溶性维生素A、D、E，尤以肝脏含维生素最丰富。

无机盐：禽肉及内脏也是无机盐的良好来源，尤其铁、磷较多。鸡肉中钙的含量较低，铁的含量较高。禽内脏无机盐的含量均较肌肉高，鸡肝含钙21mg/100g，而含铁量8.2mg/100g，禽类中铁都以血红素的形式存在，易被人体消化吸收，是铁的主要食物来源。

● 蛋类的营养价值

蛋类通常是指各种禽类的卵，主要有鸡蛋、鸭蛋、鹅蛋、鸽蛋、鹌鹑蛋等。各种野禽卵也应列入此类。其中，鸡蛋产量最大，应用最广。鸭蛋一般都加工成咸蛋、皮蛋（松花蛋）。

蛋白质：蛋类的蛋白质含量为13%～15%。蛋清含水量较蛋黄高，蛋黄蛋白质含量（16%）较蛋清（11%）多。蛋黄中主要为卵黄磷蛋白，蛋清主要为卵清蛋白。加工后的咸蛋和皮蛋，蛋白质绝对量变化不大。蛋类的蛋白质含有人体需要的各种氨基酸，且氨基酸组成与人体组织蛋白质所需的模式十分相似，生物学利用价值可达95%以上，其全蛋白质几乎能被人体全部吸收和利用，为天然食物中生物价值最高的蛋白质。

脂肪：蛋类的脂肪含量为11%～15%，绝大部分在蛋黄内，呈乳融状，易被人体消化吸收。蛋黄中含脂肪 30%，其中 39% 为中性脂肪，15% 为卵磷脂，3%～5% 为胆固醇。每个鸡蛋约含胆固醇 200mg，鸡蛋黄胆固醇含量为 1700mg/100g，加工成咸蛋和松花蛋后，胆固醇的含量无改变。而蛋黄的脂肪中尚有 4% 左右的卵磷脂蛋白。

无机盐：蛋类无机盐主要集中在蛋黄内，钙、磷、铁含量均很丰富。铁的含量虽多，但因与磷蛋白结合成卵黄高磷蛋白，其吸收率不高，约 3%。鸡蛋含钙量为 55～64mg/100g。此外，蛋类还含有镁、硫、铜、锌、氟等。加工成咸蛋和皮蛋后，钙的含量会明显增加。

维生素：蛋类的维生素大部分集中在蛋黄内，其中 V_A、V_D、V_{B2} 含量较丰富，V_{B1} 和烟酸含量则相对较少。生蛋清中含抗胰蛋白酶，能妨碍生物素的吸收和抑制胰蛋白酶的活性。这两种物质随蛋白质加热煮熟后，即可被破坏。因此，不应吃生蛋。

④ 奶类的营养价值。奶类通常是指家畜的乳汁及其制品，有牛奶、羊奶等。奶类营养丰富，除单独饮用外，还可制作点心、蛋糕及某些菜肴。奶类容易消化吸收，是婴幼儿的主要食物。奶类可提供优质蛋白质及钙。奶的各种营养素均溶解或分散在水中，呈均匀的乳胶状液体，故消化率高。一般情况下，牛奶中各种营养成分比较稳定，但也因乳牛品种、泌乳期、畜龄、饲料、季节、挤奶情况等因素的影响而有所变化。

蛋白质：牛奶的蛋白质含量约为 3.5%，以酪蛋白为主，其次为乳清白蛋白和乳清球蛋白，三者均含有人体所需的全部氨基酸，且相对含量与鸡蛋蛋白质近似。其消化吸收率为 87%～89%，高于一般肉类，属于优质蛋白质。奶蛋白中含有丰富的赖氨酸和蛋氨酸。

脂肪：牛奶脂肪含量为 3.4%～8.8%，熔点较低，奶中脂肪颗粒很小（直径 2～5μm），呈高度分散状态，故消化率较高。奶脂中油酸占 30%，亚油酸和亚麻酸占 3%，奶中胆固醇含量为 7～17mg/100g，奶油中胆固醇含量为 168mg/100g。

碳水化合物：奶中所含的碳水化合物为乳糖，牛奶中含量为 4.6%～4.7%。乳糖有助于肠道某些乳酸菌的繁殖，以抑制腐败菌生长。乳糖可被酶分解为葡萄糖和半乳糖。一般在动物出生后，消化道内乳糖酶很多，其后逐渐减少。有的人长期不喝牛奶，随着年龄增长，消化道内缺乏这种酶，不能使乳糖分解，喝牛奶后有腹泻等症状，称为乳糖不耐症。另外，乳糖在水中溶解度不高，在 0℃ 时为 10.6%，49℃ 时为 29.8%，故某些奶制品如冰激凌常有沙砾样的感觉。

无机盐：牛奶中的无机盐含量为 0.7%～0.75%，富含钙、磷、钾。钙的含量可高达 115mg/100g，1L 牛奶便可供应 1g 钙，并且吸收率高。牛奶中铁含量很少，平均为 0.1～0.2mg/100g。

维生素：牛奶中含有各种维生素，其含量随乳牛的饲养条件及季节有一定变化，如维生素 A 与胡萝卜素含量，在牛棚中饲养时，分别为 0.113mg/L 和 0.089mg/L。有青饲料季节，奶中胡萝卜素和抗坏血酸的含量较高，夏季日照多，维生素 D 的含量也较高。一般来说，牛奶是核黄素的良好来源，含量约为 0.13mg/100g（其中 40%～80% 为游离型，经日光照射易被破坏）。牛奶中含有一定量的硫胺素，而维生素 C 的含量则很少。

（3）食用油脂的营养价值

食用油脂是指植物油和动物脂。它们主要提供膳食营养的脂肪。根据来源的不同，动物脂可分为鸡油、猪油、牛油、奶油等。植物油有草本与木本两类，草本植物的子仁含大量油脂。如大豆油、菜籽油、花生油、芝麻油、棉籽油；在某些木本植物的果实或核仁或树皮中含油量非常丰富,如油棕、油橄榄、油茶、油瓜等。常用的食用油脂有猪油、菜籽油、花生油、大豆油等。

食用油脂是人体热能、必需脂肪酸和脂溶性维生素的重要来源。食用油脂发热量较高。

食用油脂在烹饪中有调味和传热作用,是烹饪菜点不可缺少的原料,并可增进食物的感官性状。食用油脂的化学成分复杂,主要是各种脂肪酸的甘油三酯的混合物,还含有游离脂肪酸、磷脂、固醇类、脂溶性维生素 A、D、E、K 及胡萝卜素等。植物油含人体必需脂肪酸丰富,动物脂则较少。从食用油脂的消化吸收率来看,植物油中主要是些熔点低的高级不饱和脂肪酸,如油酸等,它们在常温下呈液态,其吸收率可达 95% 以上;而动物脂在常温下多为固态,含有较多的高级饱和脂肪酸、硬脂酸等,其熔点较高,消化吸收率较低。从脂溶性维生素含量来看,一般动物脂含量低,仅蛋黄油、鱼肝油、奶油含有较丰富的维生素 A、D 等。植物油则含较多的维生素 E、K 等。

3. 正常饮食结构

各种各样的食物中有许多重要的营养素,每人每日饮食中具有适量适当的营养成分是至关重要的。健康所必需的营养成分的种类和数量因人而异,每个人的性别、年龄、生理状况等不同,所需要的营养成分也不一样。

1998 年我国首次颁布了符合国情的“中国居民平衡膳食宝塔”,提供了合理选择食物的指南。平衡膳食宝塔共分 5 层,包含我们每天应吃的主要食物种类。宝塔各层位置和面积不同,这在一定程度上反映出各类食物在膳食中的地位和应占的比重。谷类食物位居底层,每人每天应该吃 300～500g;蔬菜和水果占据第二层,每天应该吃 400～500g 和 100～200g;鱼、禽、肉、蛋等动物性食物位于第三层,每天应该吃 125～200g(鱼、虾类 50g,畜、禽肉 50～100g,蛋类 25～50g);奶类和豆类食物占第四层,每天应吃奶类及奶制品 100g 和豆类及豆制品 50g;第五层塔尖是油脂类,每天不超过 25g。

各种食物所含的营养成分不完全相同,平衡膳食必须由多种食物组成。专家特别指出,青少年合理膳食应该多吃谷类,供给充足的能量,保证鱼、肉、蛋、奶、豆类和蔬菜的摄入,而且要参加体力活动,避免盲目节食。老年人的各种器官的生理功能都有不同程度的减退,容易发生超重或肥胖,故老年人必须从膳食中获得足够的各种营养素,尤其是微量营养素,与此同时,还要合理调整进食量和体力活动的平衡关系。

4. 菜单的销售分析

菜单的销售分析包括菜肴的畅销分析和菜肴的盈利分析。

(1) 菜肴的畅销分析

菜单中的每一种菜点,其基本销售获利情况可归入以下 4 类构成中:①畅销,毛利较高;②畅销,毛利较低;③不畅销,毛利较高;④不畅销,毛利较低。

第①类菜肴是餐厅最希望出售的,因为这类菜既受顾客欢迎,又能给餐厅带来较高的利润。所以,在设计新菜单时,这类菜品应绝对保留。第④类菜肴既不畅销,又不能带来较高的利润,在新菜单中应舍去。值得注意的是,不应该将餐厅提供的所有菜品、饮料放在一起进行分析和比较,而是应按类或按菜单程式分别进行。中餐可分为 4 类:冷盘、热菜、汤类、面点。西餐可分为 6 类:开胃品、汤类、沙拉、主菜、甜食、饮料。只有在同一类中进行比较分析,才能看出上下高低,分析才有意义。

菜肴的畅销程度是用顾客的欢迎程度来衡量的。其计算公式为

$$顾客欢迎指数 = \frac{以销售份数计算的销售份额}{平均销售份额}$$

$$平均销售份额 = \frac{100\%}{所分析的菜肴品种数}$$

顾客欢迎指数大于1的菜肴,属于畅销菜肴(国外一些餐厅将畅销程度即顾客欢迎指数的分界点定为0.7);反之属于滞销菜肴,如表13-2所示。

表 13-2　菜肴销售统计模拟表(1)

菜肴名称	销售份数	单价/元	销售额/元	以销售份数计算的销售份额/%	顾客欢迎指数
A	500	70	35000	50	2.0
B	300	80	24000	30	1.2
C	150	90	13400	15	0.6
D	50	100	5000	5	0.2
总计/平均值	1000	85	77400	100	1.0

$$平均销售份额 = \frac{100\%}{4}$$

从表13-2中的计算可以看出,A和B两种菜肴顾客欢迎指数大于1,属于畅销菜肴。C和D两种菜肴顾客欢迎指数小于1,属于滞销菜肴。

(2) 菜肴的盈利分析

菜肴的盈利能力用销售额指数衡量。指数值大于1,表明菜肴的盈利能力强;指数值小于1,表明菜肴的盈利能力低。销售额指数计算方法同顾客欢迎指数。其计算公式为

$$销售额指数 = \frac{以销售额计算的销售份额}{平均销售份额}$$

销售额指数大于1的菜肴,属于盈利性强的菜肴;销售额指数小于1的菜肴,属于盈利差的菜肴,如表13-3所示。

表 13-3　菜肴销售统计模拟表(2)

菜肴名称	销售份数	以销售份数计算的销售份额/%	顾客欢迎指数	单价/元	销售额/元	以销售额计算的销售份额/%	销售额指数
A	500	50	2.0	70	35000	45.2	1.80
B	300	30	1.2	80	24000	31.0	1.24
C	150	15	0.6	90	13400	17.3	0.69
D	50	5	0.2	100	5000	6.5	0.27
总计/平均值	1000	100	1.0	85	77400	100.0	1.00

从表13-3中的计算可以看出,A和B两种菜肴的销售额指数大于1,菜肴的盈利能力强;C和D两种菜肴销售额指数小于1,菜肴的盈利能力差。

$$平均销售份额 = \frac{100\%}{4}$$

案例分析

案例 13-1

明 码 标 价

时间：某晚　地点：某中档酒店的餐厅包房。

这10位顾客围着圆桌兴高采烈地酣饮，桌面已杯盘狼藉。

少顷，服务员推门而入："各位还需要什么？"

众人或摇头或说不要。

"那么，哪位先生埋单？"服务员彬彬有礼地问。

当中有一人掏口袋，未及掏出，这时……

"总计2500元。"服务员依然彬彬有礼地说，似乎更加谦卑。

掏口袋者露出一副尴尬相，众皆愕然，其中一人脱口而出——"这么贵？"拿过菜单。

［特写］菜谱上，"鲑鱼与毛蟹"一栏上标以"时价"，顾客对此疑惑不解。

服务员："今天的鲑鱼是××钱一斤，毛蟹是××钱是一斤。"

众人愤愤然。

一位客人："真是点菜打闷包，付账吓一跳啊（定格）。"

［旁白］隐形的标价，也就是时价，在餐饮业包括部分酒店中很流行。但结账时常令顾客大感意外，有被宰的感觉，享受的乐趣顷刻化为不满和气愤。对此，物价部门、酒店老板和消费者有着不同的看法。

［镜头］某酒店老板振振有词："海鲜进价一天一变，总不能准备十几种菜谱吧？"

［镜头］一位大学教授说："我去过欧美不少城市，从未遇过什么时价不时价，在上海五星级宾馆的餐厅里，也没'时价'一说。"一顾客插话："我们有些酒店热衷于'时价'，显然是由于这种隐形价格能掩盖他们的暴利行为，使被宰者哑巴吃黄连，有苦说不出。"

上海富丽华大酒店的经理自信地说："我们不用'时价'，尽管这一标价很普遍，实际操作也很方便，但会使顾客产生不信任感，价格一天一变的时令海鲜毕竟很少，多数商品在一段时间内上下浮动并不大，我们的做法是公布一个比较合理的定价，相对稳定。"

［镜头一转］上海市物价局发言人在接受记者采访时说："国家有关部门针对所有的商业单位规定要明码标价，凡标以'时价'的时令海鲜等菜肴，当天必须在店醒目位置标明实际的价目，让消费者一目了然。"

思考题：你对酒店普遍采用"时价"的做法如何看？

项目 **14**

采购、储存与发放食品原料

知识目标

1. 明确餐饮采购管理的职责
2. 理解餐饮采购制度的内涵
3. 采购供应商的评估方法
4. 了解食材原料的质量标准
5. 掌握计算采购数量的方法
6. 了解储藏室的设计要求
7. 掌握各种食品原料在储存环境下的基本要求
8. 掌握食品原料的发放控制方法

能力目标

1. 能够用科学的方法评估供应商
2. 能够实际完成一次完整的原料采购与验收
3. 能够完成各类食品原料的入库与出库操作
4. 能够制定各类食品原料的储存与发放制度

实训任务

制定一份各类食品原料的采购、储存与发放制度

教学方法　理论讲授＋课堂讨论＋企业实践
准备工作　各类食品原料的采购、储存与发放制度的实例、历届优秀学生成果。

14.1　采购运作程序的制定

采购程序是采购工作的核心要素之一。实施采购首先应制定一个有效的工作程序，使从事采购的有关人员和管理人员都清楚应该怎样做、怎样沟通，以形成一个正常的工作流程，也使管理者利于履行职能，知道怎样去控制和管理。在实践中，食品原料采购活动

的基本工作流程如图 14-1 所示。

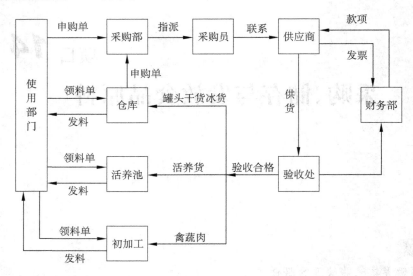

图 14-1　食品原料采购活动的基本工作流程

1. 提出申购

首先由使用部门向采购部门（员）提交采购申请明细单。由于采购形式的不同，采购申请单的提交者也就不同。通常中小饭店的鲜活食品原料由厨房提交申购单，可储性食品原料由食品仓库提交申购单，酒水由餐厅提交申购单。

2. 联系采购

采购部把接到的申购单汇总后，一般原料直接与供货商联系，询问价格、洽谈订购意向，干货原料和冰冻水产品要索取样品，与厨师长一起检验质量、商定价格，再根据洽谈约定填写订购单等。订购单或订货合同签订后，应同时交给验收人员一份，以备验收入库使用。零散原料、鲜活原料、蔬菜原料等直接采购。

3. 验收入库

对于采购员采购和供货商送货的原料，验收人员要根据申购单验收，验收合格后，交给仓库保管员登记入库。采购员电话联系订购后自行提货的原料，在提货现场就要对原料进行初验，待原料运回再由验收人员复验后，仓库登记入库。鲜活原料验收后，由使用部门办理申领手续直接发货。

4. 审核付款

验收人员完成了食品原料的验收、入库等工作后，应将自己填制的验收单和签字后的发票连同订购单交予财务部，同时告知采购部门原料已验收入库。经财务部审核无误后，供货商或采购员即可提取现金或报销。

14.2　食品原料验收的程序

不同的饭店或者餐饮企业对食品原料的验收程序都有具体的规定，特别是一些导入

ISO 9000 质量管理体系的企业,对食品原料的验收过程编制了作业指导书等文件,形成了严格的验收操作规程,使食品原料的验收日益规范化。一般有以下几个验收环节。

1. 根据订购单或订购记录核对原料

首先要依据订购单或订购记录来检查货物,对未办理过订购手续的物品不予受理,以防止盲目进货或有意多进货的现象。

2. 根据供货发票检查原料的价格、质量和数量

通常供货发票是随同货物一起交付的,发票是付款的重要凭证,一定要逐一检查。检查发票时,应先验明发票上的物品价格,再验收物品的质量和数量。如果先将原料验质过秤后再验价格,当发现价格不符而决定不予购买,就会造成人力和物力的浪费。因此,要先核对价格再验质量,最后验数量。在检验质量、数量时,要做到以下几点。

(1) 凡可数的物品,必须逐件清点,记录正确的数量。

(2) 以重量计数的物品,必须逐件过秤,记录正确的重量。

(3) 对照采购规格书,检查原料的质量是否符合要求。

(4) 抽样检查箱装、匣装、桶装原料,检查是否足量、质量是否一致。

(5) 发现原料重量不足或质量不符需要退货时,应填写原料退货单(见表 14-1),并由送货人签字,将其中一联退货单随同发票副页及原料退回供货单位。

表 14-1　退货单

No.

供货单位(供货人)全称:				收货单位全称:	
退货发票号码:				退货日期:　　年　　月　　日	
项　目	单位	数量	单价	小计	退货原因

验收员签字:_____　　　　　　　　　　　　送货人:_____

3. 办理验收手续

当送货的发票、原料都经验收后,验收人员要在供货发票上签字,表示已收到这批货物,并填验收单,如表 14-2 所示。也有些单位根据经营要求设计验收单,在验收完毕的物品上加盖验收单,在供货发票上也加盖验收章。如果到货无发票,验收员应填写无供货发票收货单,如表 14-3 所示。

表 14-2　验收单

供货单位(人):_____　　　　　年　　月　　日　　　　　　No.

供货发票号码	品名	数量	单价	金额	供给部门
金额(大写)￥					

验收人:_____　　　　送货人:_____　　　　采购人:_____

验收单一式三联,第一联交财务部;第二联交仓库;第三联留存。

表 14-3　无供货发票收货单

供货单位（人）：_____　　　　　年　月　日　　　　　　　　　　No.

名　称	规格	数量	单价	小计

验收人：_____　　　　　　送货人：_____　　　　　　采购人：_____

4．办理入库，分流物品

食品原料验收合格后，应及时与仓库保管员根据食品原料的品种办理入库手续，交由保管员分类入库保管或冷藏保管，及时填写双联标签注明进货日期、名称、重量、单价及保质期等。对于部分鲜活原料、蔬菜原料可直接发放给使用部门，但申领手续要齐全。

5．填写验收日报表和其他报表

验收人员在对食品原料进行验收的过程中，除了需要在发货票上签字外，还应根据企业的规定对验收过的原料填写相应的表格、单据等。如填写验收记录表、验收日报表、验收异议报告、验收汇总表、双联货品标签卡等。其中原料验收日报表是验收人员将每天进货情况根据验收记录必须填写的项目，作为采购部、仓库或厨房等部门控制原料使用的依据。不能验收入库的食品原料和验收中发现的问题，验收人员要及时向采购部或厨房以书面形式报告，并提出处理意见。

14.3　食品原料储存不当的原因

食品原料储存不当有以下几种原因。

（1）不适当的温度。

（2）储藏的时间不适当，不作轮流调用。如把食物原料大量地堆存，当需要时由外面逐渐取用，因此使某些物品因堆存数月以致变质不能食用。

（3）储藏时堆塞过紧，空气不流通，致使物品损坏。

（4）储藏食物原料时未作适当的分类。有些食品本身气味外泄，若与其他食物堆放在一起，易使其他食物变质。

（5）缺乏清洁措施，致使食物损坏。

（6）储存时间的延误。食物原料购进后，应即时将易腐烂的食物分别予以冷藏或冷冻。如鱼肉蔬菜、罐头食品等，应先处理鱼肉；其次是蔬菜；最后是罐头食品，以免延误时间，致使食物损坏。

14.4　食品原料储存作业原则

食品原料储存作业应遵循以下原则。

（1）专人负责，负责场所整顿、清洁及货品出入日期、数量的登记。

（2）货品应分类存放并记录，常用物品应置于明显、方便取用之处，易造成污染的物品如油脂、酱油应放于低处。

（3）铺设栈板与放货架，食品、原料不可直接置于地上，放物架应采用金属制造。

（4）良好通风，以防库内温度、湿度过高，因此最好能装设温度计与湿度计。

（5）良好采光，光线要好，并有完善措施以防病媒侵入。

（6）定期清理，确保清洁。

（7）应设货品储存位置平面点与卡片，并记录出入库货品的品名、数量及日期。

（8）货品存放应排列整齐，不可过挤。

14.5　食品原料发放作业流程

食品原料发放作业流程如下。

（1）申请单的填写。由使用单位人员提出所需提领的食物原料申请单，依规定格式详细填写并签名。

（2）单位主管签章。申请单由申请人填妥后，须先送所属单位主管签章核准。

（3）仓储主管签章。申请单位主管签章后，再将此申请单送交仓储单位主管审核无误后转交仓库管理员如数核发。

（4）食品原料发放。仓库管理员根据核准的食品原料申请单开立出库凭证如数发货。

14.6　发放作业应注意事项

储藏室为求有效管理食品原料进出账目的准确，以确实掌握财物用品与物料管理，在执行发放作业时，必须注意下列几点。

（1）由使用单位，如厨房、餐厅、酒吧等，提出出库领料单。

（2）各负责主管签名或盖章的出库申请则发放，无盖章的申请不能发放，领用手续要求齐全，使账目清楚。

（3）发放程序应迅速简化，以适应餐饮业快速生产、快速销售的特性。

（4）发放厨房的食品原料只发每日的需要量，尤其是较昂贵的食品原料更需如此。

（5）干货库存量，以 5～10d 为标准。

（6）每日应分别依各单位提领的食品原料分类统计。

（7）月终应依据当月的食品原料申请实施仓库盘存清点，也可不定期实施盘存清点，以杜绝浪费等流弊。

知识链接

1. 餐饮采购管理的职责

在餐单确定后，所有满足客人需求的食品原料均需通过采购工作来完成，而采购工作的实行根据饭店的自身情况及饭店所在地原料市场供应情况的不同而不同。

（1）餐饮部负责所有餐饮原料的采购

此种方式在我国中资饭店中最为常见。由于食品等采购由餐饮部自己管理，所以便于专业化管理，原料的供给和生产信息反馈迅速，在采购的及时性、灵活性和食品原料质量的可靠性方面能得到保证。但是，该体制下采购的数量控制、资金及成本控制就难以掌握，同时往往缺乏严格的监督机制，容易造成管理上的漏洞。因此，餐饮部管理者就应制定相应的规章制度，严把质量、数量、价格关，使采购环节的成本费用降至最低水平。

（2）饭店采购部负责所有餐饮原料的采购

一些独资、合资及规模较大的饭店或餐饮企业往往采用这种模式。采购部负责饭店所有物品的采购，厨房和餐饮部根据业务经营需要提出食品原料采购申请，由采购部负责采购工作。由于原料的采购者与使用者归属于两个不同的部门，对采购的管理就比较严密，便于总经理和财务管理人员对采购成本、采购资金进行直接控制。但在这种采购体制下，采购的周期较长，及时性较差，餐饮部不能灵活地根据市场原料价格变化调整购买的品种、数量。因此，餐饮部有关管理人员必须对食品原料的质量进行规范化，对采购运作时间应予以明确规定，以保证供需的协调一致。

（3）饭店餐饮部和采购部共同管理食品采购工作

餐饮部和采购部对采购工作进行分工，一般而言，餐饮部负责鲜活原料的采购，而采购部负责可储存原料的采购；或者食品采购员由餐饮部选派，受采购部管理。这种采购组织机制比较灵活，采购员较熟悉业务，而大宗货物的采购成本受到采购部、财务部的及时监督与控制，其缺点是往往造成多头管理，职能上划分不清，给协调工作带来不少麻烦。

2. 餐饮采购制度的内涵

食品原料的采购是一项比较复杂的业务活动。为了使采购工作能顺利而有效地进行，酒店要制定一套严密的采购制度，以及时获得物美价廉的原料，保证生产的需求。如采购原料的审批制度、交货制度、验收制度、财务制度以及采购工作的总结制度等。要设专人负责采购，同时建立一套监督制约机制，设置原料质量、数量验收员，可由厨房专业厨师兼任，价格由财务管理人员监督，建立岗位责任制，形成采购原料的质量、数量、价格三要素既相互独立，分工负责，又相互制约，相互监督。通过这些制度的执行，达到有利于厨房生产的顺利进行、降低成本、增加效益、提高整个厨房管理水平的目的。

严格制度，明确职责，是做好餐饮采购工作的保证。采购工作既要有严格的规章制度，又要有明确的职责范围，做到有章可循，有章必依，违章必究。应做到：一要有较强的市场意识，经常总结、研究采购方法和策略。深入市场了解所需各类食品的特性、质量、品种、价格行情。货比三家，选择质好价廉的食品，调控采购价格，降价经营成本。二要深入餐厅，与厨师长密切联系，了解和掌握原料需求情况与实际用量、种类，保证适时、适量、适质、适价地完成采供任务。三要严格执行食品卫生法规和安全制度，不采购劣质、变质、过期、污染食品等。四要严格遵守财务制度，严格管理好钱和物，及时完善采供报账手续。五宜采取双轨采供制度。为了预防钱、物不分出现问题，采购工作应采取相互制约和相互监督的双轨采供制度。即专设付款员，随同采购员一起深入市场，负责采购付款。采购员专门选购、讲价，购物与付款分开。双轨制的实行，加大了采购工作的制约和监督力度，有效地堵塞了采供工作中的漏洞。

3. 采购供应商的评估方法

许多餐饮业对原料需求跨地域选择越来越频繁，许多餐饮企业集团化或连锁化发展对优质原料大批量稳定供给的需求等，这些都需要供应商的密切配合，因此，选择理想的供应商对于做好食品原料采购工作，全面完成采购任务，具有重要意义。那么，如何对采购供应商进行评估呢?

(1) 良好的资信

良好的资信即食品原料供应商的经营资格和信誉度。供应商具备法人资格和较高的信誉,可以提高采购工作的可靠性和稳定性,减少采购的风险。

(2) 较强的供货能力和合理的原料价格

应该优先选择中间环节少、供货能力强、能够持续供货和及时供货的供应商,尤其是可保证供应紧缺品种,供应高规格原料的供应商。在其他条件相同的情况下,供货价格又是决定采购的关键因素,因为它直接影响着厨房生产成本和餐饮经济效益。

(3) 优质的销售服务

优质的销售服务包括食品原料的包装、运输工具、交货方式、交货地点、送货条件及市场信息的提供等。在采购食品原料时,应该权衡上述销售服务的情况,择优选择供应商。

(4) 便利的地理位置

在其他条件相同的情况下,应该选择交通运输方便、送货上门或供货地点近的供应商,这样有利于食品原料的交付和接收,节省运输时间和费用,减少食品原料的变质,提高经济效益。

4. 食品原料的质量标准

要保证餐饮产品的质量始终如一,饭店使用的食品原料的质量也应该始终如一。食品原料的质量是指食品原料是否适用,越适于使用,质量就越高。餐饮管理人员在确定本企业的目标和编制有关计划时应规定食品原料的质量标准。采购部经理或成本控制会计员应在经营管理人员的协助下,列出本企业常用的需采购的食品原料的目录,并用采购书的形式,规定对餐饮部要采购的食品原料的质量、规格等要求。一份实用的采购规格书(见表 14-4),可以成为订货的依据、购货的指南、供货的准则、验收的标准。

表 14-4　××饭店采购规格书

制定规格书时间:

1. 原料名称
2. 原料用途 　(明确说明原料的用途,如橄榄供调制鸡尾酒、烤煎汉堡包、小馅饼、三明治等用)
3. 原料的一般概述 　(提供有关所需物品的一般质量资料。如"比目鱼"整条椭圆形长约为宽的 2 倍,鱼肉硬而有弹性,鱼肉呈白色,色泽明亮而清晰。鱼鳃无黏液,色泽粉红色,鱼鳞紧贴鱼身)
4. 详细说明 　(买方应列明其他有助于识别合格产品的因素),各种原料应列明的因素包括: 　● 产地　　● 规格　　● 比重　　● 品种　　● 份额大小 　● 容器　　● 类型　　● 商标名称　● 净料率 　● 式样　　● 稠密度　● 等级　　● 包装物
5. 原料检验程序 　(验收时与生产时需进行检验。例如,发货时对应该冷藏保管的原料可用温度计测出。容量应该是 20 棵青菜的箱子可通过点数检验。已加工成形的肉块可通过称重量抽查)
6. 特别要求 　(列出明确表明质量要求所需的其他信息。例如,标记和包装要求,交货和服务要求等)

所有采购规划书都应包括以下内容：产品通用名称或常用商业名称；法律、法规确定的等级、公认的商业等级或当地通用的等级；商品报价单位或容器；基本容器的名称和大小；容器中的单位数或单位大小；重量范围；最大或最小切除量；加工类型和包装；成熟程度；防止误解所需的其他信息。

5. 计算采购数量的方法

(1) 鲜活类食品原料采购的数量控制

鲜活类食品原料必须遵循先消耗再进货的原则，因此，要确定某种原料的当次采购量，必须先掌握该原料的现有库存量（通常在厨房反映出来），并根据营业预测，决定下一营业周期所需要的原料数量，然后计算出应采购的数量。在实际操作中，可以选用以下方法。

① 日常即时采购法。日常即时采购法适用于采购消耗量变化大、有效保存期较短因而必须经常采购的鲜活原料。每次采购的数量公式为

$$应采购数量＝需使用数量－现有数量$$

需使用数量是指在进货间隔期内（如 3d）对某种原料的需要量。它要根据客情预测，由行政总厨或餐饮部经理决定。在确定该数字时，还要综合考虑特殊餐饮活动、节假日客源变化、天气情况等加以适当调整。现有数量是指某种原料的库存数量，它通过实地盘存加以确定。应采购数量是指需使用数量与现有数量之差。因为鲜活原料采购次数频繁，有的几乎每天进行，而且往往在当地采购，所以一般不必考虑保险储备量。

日常采购原料往往可以用饭店自行设计的"市场订货单"（见表 14-5）表示。表中的原料名称可以事先打印好，以免每次重复填写的麻烦，其余几栏则要在每次订货时根据需使用数量和现有数量的实际情况填写。

表 14-5　××饭店市场订货单

　　　　　　　　　　　　　　　　　　　　　　　　　　　　　年　　　月　　　日

原料名称	需使用数量	现有数量	需购量	市场参考价		
				甲	乙	丙
青菜						
土豆						
番茄						
茄子						
四季豆						
胡萝卜						
⋮						

② 长期订货法。在鲜活类食品原料中，某些品种的原料每日的消耗量变化不大，而且其本身的单位价值不是很高。对这些原料没有必要每天填写采购单，因而饭店往往采用长期订货法。长期订货法一般可采用两种形式：其一是饭店与某一供应商签订合约，由供应商以固定的价格每天或每隔数天向饭店供应规定数量的某种或某几种原料，直到饭店或供应商感到有必要改变已有供应合约时再重新协商；其二是要求供应商每天或每隔数天把饭店的某种或某几种原料补充到一定数量，饭店对有关原料逐一确定最高储备量，由饭店或供应商盘点进货日的现存量，以最高储备量减去现存量得出当日需购数量。采

购定量卡如表 14-6 所示。

表 14-6　采购定量卡

原料名称	最高储备量	现存量	需购数量
鸡蛋/箱	5	2	3
鲜奶/kg	100	20	80
⋮	⋮	⋮	⋮

（2）干货类食品原料采购的数量控制

干货类食品原料属于不容易变质的食品原料,包括粮食、香料、调味品和罐头食品等。许多饭店为减少采购工作的成本,求得供应商的量大折扣优惠,往往以较大批量进货,但这样也可能造成原料积压和资金占用过多。因此,这类原料的采购数量也必须进行控制。在保证原料不间断供应的前提下,尽量降低实际库存量,这样对减少库房占用、防止偷盗、节约仓库劳动力都有好处。确定干货类食品原料的采购数量一般有两种方法,即定期订货法和永续盘存卡订货法。

① 定期订货法。定期订货法是干货类食品原料采购中最常用的一种方法。因为餐饮原料品种多,使用频繁,为减少进货次数,从而使食品管理员有更多的时间去处理鲜活类食品原料的采购业务,饭店通常把同类原料或向同一供应商采购的原料,定期在同一天采购。也就是说,不同类的原料和向不同供应商采购的原料的进货尽量安排在不同的日期,使验收员和仓库保管员的工作量得到平均分布。定期订货法是订货周期固定不变,即进货间隔时间(一周、半月或一月等)不变,但每次订货数量任意的一种方法。

每到某种原料的订货日,仓库保管员应对该原料的库存进行盘点,然后确定本次采购的订货数量,其计算方法如下:

需订货数量＝下期需用量－实际库存量＋期末需存量
下期需用量＝日需要量×定期采购间隔天数

日需要量是指该原料平均每日消耗量,一般根据以往的经验数据得出。实际库存量为订货日仓库实物盘存得到的数字。期末需存量是指每一订货期末饭店必须储存的足以维持到下一次送货日的原料储备量。决定期末需存量,一方面要考虑发出订货单至原料入库所需的天数(由合同或口头约定,在这里称为订货期天数)和原料的日均消耗量;另一方面要考虑天气情况或交通运输等原因可能造成的送货延误,以及下期内可能突然发生的原料消耗量增加等因素。为了在特殊情况下确保原料供应,饭店一般还在期末需存量中加上保险储备量,通常是增加订货期内需用量的50%。所以期末需存量实际上为

实际期末需存量＝日平均消耗量×订货期天数×150%

例如,某饭店一月采购一次菠萝罐头。菠萝罐头的消耗量为平均每天 20 听,正常订货周期为 4d。在当月的订货日,经盘点尚存 90 听。饭店确定菠萝罐头的保险储备量为订货期内需用量的 50%,则菠萝罐头的期末需存量和需订货数量为

实际期末需存量＝20 听/d×4d×150%＝120 听
需订货数量＝20 听/d×30d－90 听＋120 听＝630 听

② 永续盘存卡订货法。永续盘存卡订货法也称订货点采购法或定量订货法，它是通过查阅永续盘存卡上原料的结存量，对达到或接近订货点储量的原料进行采购的方法，一般为大型饭店所采用。使用永续盘存卡订货法的前提是对每种原料都建立一份永续盘存卡（见表 14-7），每种原料还必须确定最高储备量和订货点量。

表 14-7　永续盘存卡

食品原料永续盘存卡

No. 1226

品名：菠萝罐头
规格：
单价：

最高储备量：250 听
订货点量：120 听

日期	订单号	进货量/听	发货量/听	结存量/听
25/9				150（承前）
26/9	No. 123456		18	132
27/9			17	115
28/9			15	100
29/9			20	80
30/9			25	55
1/10		240	28	267

原料的最高储备量指的是某种原料在最近一次进货后可以达到但一般不应超过的储备量。它主要根据原料的日均消耗量以及计划采购间隔天数，再考虑仓库面积、库存金额、供应商最低送货订量规定等因素来确定。

订货点量也就是该原料的最低储存量（定期订货法中的期末需存量）。计算公式为

$$订货点量 = 日平均消耗量 \times 订购天数 \times 150\%$$

当原料从库房中陆续发出，使库存减少到订货点量时，该原料就必须采购补充。这时，订货数量为

$$订货数量 = 最高储备量 - （订货点量 - 日平均消耗量 \times 订货期天数）$$

例：某饭店采购菠萝罐头，该罐头日平均消耗量为 18 听，订货期为 5d，最高储备量为 240 听，保险储备量定为订购期内需用量的 50%，则：

$$订货点量 = 日平均消耗量 \times 订购天数 \times 150\%$$
$$= 18 听/d \times 5d \times 150\%$$
$$= 135 听$$
$$订货数量 = 最高储备量 - （订货点量 - 日平均消耗量 \times 订货期天数）$$
$$= 240 听 - （135 听 - 18 听/d \times 5d）$$
$$= 195 听$$

永续盘存卡订货法的优点是通过建立原料永续盘存卡制度和检查制度，原料不足时得到及时反映并采购。由于每项原料都规定最高储备量，所以数量上不会多购，有效地防止了原料的过量储存或储存不足；此外，永续盘存卡上登记了各种原料进货和发货的详细信息，仓库保管员不必每天进行实际库存盘点，只要翻阅永续盘存卡即可，这样能节省人

工;同时,以该方法采购原料,数量比较稳定,管理上也比较方便。但是,永续盘存卡采购一般是不定期进行的,采购运输的工作量较大,而且卡片的登记工作比较费时。因此,许多饭店将定期订货法和永续盘存卡订货法结合使用。

6. 储藏室的设计要求

餐饮原料的仓库又称原料储藏室,每天要接收存储和分发大量的食品等原料。但是,饭店或餐厅的设计者大都比较重视前厅、酒吧、厨房的设计,而往往忽略了储藏室的研究和设计,如允许其他部门占用储藏室面积,或各个食品储藏室相隔很远,甚至分散在各个不同的楼面,因而影响仓储控制工作。

(1)对食品储藏区域要求

储藏室设计人员和企业经营管理人员在储藏室设计工作中需考虑的因素主要有以下两个方面。

① 储藏室的位置。从理论上看,储藏室应尽可能位于验收处与厨房之间,以便于将食品原料从验收处运入储藏室及从储藏室送至厨房。但是在实际工作中,由于受建筑布局的限制,往往不易做到这一点。如果一家饭店有几个厨房,且位于不同的楼层,则应将储藏室安排在验收处附近,以便方便、及时地将已验收的食品原料送进储藏室,这样可以减少原料被"顺手牵羊"的可能性。一般而言,食品储藏室被设计在底楼或地下室内。

② 储藏室的面积。确定储藏室面积时,应考虑到企业的类别、规模、菜单、销量、原料市场的供应情况等因素。菜单经常变化的企业,储藏室面积就应大些。有些企业远离市场,进货周转较长,这类企业的储藏室就要比每天都能进货的企业的储藏室大一些。有些企业经营管理人员喜欢一次性大批量进货,这些企业就必须有较大面积的储藏场地。储藏室面积既不能过大,也不应过小。面积过大,不但会增加资本支出,而且会增加能源费用和维修保养费用;此外,人们往往喜欢在储藏室放满物品,因此储藏室过大,可能会引起存货过多的问题;如果储藏室里没有放满食品原料,空余的场地就有可能用来堆放其他用品,各类存货增多,进出储藏室的人数也增加,会影响安全保卫工作。储藏室面积过小,也会引起一系列问题:不少食品原料只能露天堆放,储藏室的食品原料堆得满满的,保管人员既不易看到、拿到,也不易保持清洁卫生。

(2)各类储藏库(储藏室)

餐饮原料的易坏程度是不同的。不同易坏程度的物品需要不同的储存条件;对餐饮原料要求使用的时间不同,因而应分别存放在不同的地点;餐饮原料往往会处于不同的加工阶段,例如,新鲜的鱼、洗削好的鱼、半成品的鱼和加工成品的鱼,又需要不同的储存条件和设备。因此,饭店应设置不同功能、不同类别的库房。库房的类别通常有以下几种。

① 按地点分类:中心库房;各餐饮经营点的分库房。

② 按物品的用途分类:食品库;酒类饮料库;非食用物品库。

③ 按储存条件分类:干藏库;冷藏库;冷冻库。

7. 各种食品原料在储存环境下的基本要求

(1)食品储藏库对温度、湿度和光线的要求

几乎所有的食品饮料对温度、湿度和光线的变化都十分敏感。不同的食品饮料在同一种温度、湿度、光线条件下的敏感程度又不一样。因此,不同的食品原料应存放于不同的储藏库,并给予不同的温度、湿度及光线条件,使食品、饮料始终处于最佳待食用状态。

① 温度要求

● 干藏库。最好控制在 10℃左右，当然 15～22℃也是普遍被接受的温度。

● 冷藏库。冷藏的主要作用是防止细菌生长。细菌通常在 10～50℃繁殖最快，因此，所有冷藏食品都必须保存在 10℃以下的冷藏间。由于食品的类别不同，相应地有存放对象不同的冷藏间，其对应的冷藏温度也各异：肉类和乳制品的冷藏温度应在 0～2℃；水果和蔬菜的冷藏温度应在 2～4℃；鱼的最佳冷藏温度应在 0℃左右。存放多种食品的冷藏库只能采用折中方案，将温度平均调节在 2～4℃。

● 冷冻库。冷冻库的温度一般须保持在 −24～−18℃。

② 湿度要求

食品原料仓库的湿度也会影响食品存储时间的长短和质量的高低。不同的食品原料对湿度的要求是不一样的。

● 干藏库。干藏库的相对湿度应控制在 50%～60%；如果是储藏米、面等食品的仓库，其相对湿度应该再低一些。如果干藏库的相对湿度过高，就应安装去湿干燥装置；相对湿度过低，空气太干燥，应使用湿润器或在仓库内泼水。

● 冷藏库。水果和蔬菜冷藏库的湿度应在 85%～95%；肉类、乳制品及混合冷藏库的湿度应保持在 75%～85%。相对湿度过高，食品会变得黏滑，助长细菌生长，加速食品变质；相对湿度过低，会引起食品干枯，可在食品上加盖湿布，或直接在食品上泼水。

● 冷冻库。冷冻库应保持高湿度，否则干冷空气会从食品中吸收水分。冷冻食品应用防潮湿或防蒸发的材料包好，防止食品失去水分及脂肪变质发臭。

③ 光线要求

所有食品仓库均应避免阳光的直射。仓库的玻璃窗应使用毛玻璃。在选用人工照明时，应尽可能挑选冷光灯，以免由于电灯光热，使仓库的室内温度升高。

（2）食品储藏库对清洁卫生的要求

干藏库和冷藏库的地板与墙壁的表面应经受得起重压，易于保持清洁，并能防油污、防潮湿。

食品仓库的高度至少为 2.4m。如果使用空调，仓库里就应有充足的压力通风设备。

仓库内应有下水道，以便清洗冰箱，擦洗墙面和地板。

食品仓库在任何时候都应保持清洁卫生。企业应制定清洁卫生制度，按时打扫。

冷藏食品每天都应整理整齐，溅出的食物应立即擦净。冷藏库内墙可用温肥皂水洗刷，但应立即用清水冲洗。冷藏库应每天拖地板。

干藏库同样应每天清扫，特别是要注意阴暗角落和货架底下的打扫。食品仓库里绝对不可堆放垃圾。

干藏库要做好防虫、防鼠工作。墙上、天棚和地板上的所有洞口都应堵塞住，窗口应安装纱窗。如果暖气管和水管必须穿过储藏室的墙壁，管子周围应填塞。在杀虫灭鼠工作中，经营管理人员应请专家指导，以便正确使用杀虫剂和灭鼠毒药。

8. 餐饮原料储存管理

餐饮原料储存管理的基本过程可分为 3 个阶段：入库验收→储存保管→离库处理。

（1）入库验收

入库验收工作通常由采购部门与库存部门联手进行，采购部门的验收侧重于对货品数量的点验，而库存部门则侧重于对物品本身质量的检查和分类工作。这是由这两个部门各自的业务性质决定的,库存部门的工作重心是物品的储存保管,因此在管理上就十分强调验收时的质量检查和对物品的分类签收工作。

① 质量检查。质量检查是以数量检查为直接前提的。库房在进货时,确认物品数量之后,便开始质量检查工作。质量检查工作的重点在两个方面:入库物品的质量把关和对物品自身储存条件的分析。入库物品的质量把关主要是根据采购规格书所定的标准进行,而对物品自身储存条件的分析,主要是看订购的食品原料是否适宜存放在饭店的仓库中。

② 分类签收。通过检验的入库物品应立即入库保管。物品入库之前,要进一步分类、登记和签收。分类是为了更方便地管理;登记和签收是为了建立清晰的账目体系。

（2）储存保管

餐饮物品验收入库以后,进入储存保管阶段。储存保管是库存管理工作的中心环节。对储存保管的基本要求是合理存放,精心养护,认真检查,使物品在保管期内质量完好,数量准确;使库存耗损开支和管理费用下降到尽可能低的水平;使物品发放工作便于开展,更好地为生产和销售服务。

① 库存物品保管的 5 项原则。库存物品的储量越低越好;库存物品的储量与生产、销售、消费相吻合;库存物品应分类集中存放在明确的地点;库存物品应建立、健全保管、养护、检查制度;加强对仓库保管人员的管理工作。

② 影响库存保管的因素。物品的种类和性质;物品的成品程度;餐饮生产部门的生产能力;物品的库存能力;市场的供应状况;供货期限;库存部门内部工作组织实施;餐饮企业购销政策和计划。

③ 科学合理的存放方法。科学合理的物品存放往往能达到事半功倍的效果。方法有以下几种。

- 分区分类。根据物品的类别,合理规划物品摆放的固定区域。分类划区的粗细程度,应根据企业的具体情况和条件来决定。
- 四号定位。四号是指库号、架号、层号、位号;四号定位是指对四者统一编号,并和账页上的编号统一对应,也就是把各仓库内的物品进一步按种类、性质、体积、重量等不同情况,分别对应地堆放在固定的仓位上,然后用 4 位编号标出来。这样,只要知道物品名称、规格,翻开账簿或打开计算机,就可以迅速、准确地发料。
- 立牌立卡。它是指对定位、编号的各类物品建立料牌(食品存货标签)和卡片,料牌上写明物品的名称、编号、到货日期,有可能再加上涂色标志。卡片上填写记录物品的进出数量和结存数量等。
- 五五摆放。五五摆放就是根据各类物品的性质和形态,以"5"为计量基数堆放物品,长×宽×高,均以"5"作为计算单位。这样,既能使物品整齐美观,又便于清点、发放。

注意:并非所有的餐饮库存原料都可以用这 16 字的存放方法来处理,因为餐饮原料的外形、包装等在许多情况下是无规则的。

④ 餐饮食品原料的分类、分条件储藏保管。

- 干藏库房。在干藏库房储藏的食品原料的主要类别有米、面粉、豆类食品、粉条、果仁等;食油、酱油、醋等液体作料以及盐糖、花椒等固体调料;罐头、瓶装食品;食品、部分水果和部分蔬菜;糖果、饼干、糕点等;干果、蜜饯、脱水蔬菜等。
- 冷藏库房。在冷藏库房储藏的食品原料的主要类别有新鲜的鱼、肉、禽类食品;部分新鲜的蔬菜和水果;蛋类、乳制品;加工后的成品、半成品,如糕点、冷菜、熟食品、剩菜等；需使用的饮料、啤酒等。

● 冷冻库房。在冷冻库房储藏的食品原料主要为两类：需长时间保存的冻肉、鱼、禽、蔬菜食品和已加工的成品与半成品食物。

（3）离库处理

离库处理又叫"发货"，它是库存实物管理的最后一个环节。离库处理管理的基本要求是做好准备工作，严格离库审核手续，按库存物品周转规律准确无误地发送物品，并科学、合理地做好相应的原料成本登记工作。

① 食品原料的发料形式及发料方法

发料工作是从企业采购入库经验收无误的货品中，或从食品原料仓储的存货中发出食品原料供给生产部门使用的过程。餐饮食品原料的发料形式共有两种：无须入库储存原料的发放和库存原料的发放。

● 无须入库储存原料的发放。这种发料形式也称直接采购原料的发放。这些原料主要是立即使用的易坏性原料。食品原料经验收合格之后，从验收处直接发至厨房，其价值按当日进料价格计入当天食品成本账内。食品成本控制员在计算当日食品成本时只需从进货日报表的直接进料栏内抄录数据。当然，并非每次记录都这样简单，例如，有的原料验收后，其中一部分须直接送至厨房，记录成本账目时作为直接进料，而另一部分须送仓库储存，因而要作为仓库进料分别登记；有时大批直接进料，厨房当日用不完，剩余部分第二、第三天才得以消耗完，但这批原料的成本已计入了进料当天的食品成本，因而会不切实际地增加那天的食品成本率；为了简化手续，直接进料经过验收、在进货日报表上做登记之后，便直接送交厨房，此后仓库便不做其他任何记录。由于"直接进料"是在一收到之时就发往厨房。如果存在偷盗、浪费和变坏，就会在过高的成本数字上表现出来。

● 库存原料的发放。库存原料包括干藏食品、冷藏食品和冷冻食品等。这些食品原料经验收后入库房储存备用，在生产部门需要时从仓库领出，在领出当日转入当日食品成本账目。因此，对每一次仓库原料发放都应有正确的记录，才能正确计算每一天的食品成本。每天库房向厨房和酒吧发出的原料都要登记在"食品仓库发料日报表"（见表14-8）上。日报表上汇总每日仓库发料的品名、数量和金额，注明这笔成本分摊到哪个餐饮部门的餐饮成本上，并注明领料单的号码，以便日后查对。月末，将每日"食品仓库发料日报表"上的发料总额汇总，便得到本月仓库发料总额。

表14-8　食品仓库发料日报表

日期：××××年××月××日

货　号	品名	数量	单价/元	金额/元	成本分摊部门	领料单号	备　注
AC121	鸡蛋	12kg	9	108	中餐厅厨房	1234	
AC213	黄油	18块	15	270	咖啡厅厨房	3246	
⋮	⋮	⋮	⋮	⋮	⋮	⋮	⋮

本日发料汇总：发料项目数_____，总金额_____，制表人_____

● 库存原料发放的控制要点如下。

定时发料。规定发料时间非常重要，因为这直接影响着生产过程。厨房根据自己所需要的食品原料填写领料单，仓库按领料单进行备料。为使仓库管理人员有充分的时间整理库房,检查各种原料的库存情况,不致因忙于发料而耽误其他工作,应规定每天的领料时间。有的饭店规定每天早上两个小时(如 8:00—10:00)和下午两个小时(如 14:00—16:00)为仓库发料时间,其他时间除紧急情况外一般不予发料。也可规定领料部门提前一天送交领料单,以使仓库管理员有充分的时间提前准备,避免和减少差错,并能节省领料人的领料时间。提前送交领料单还可促使厨房管理人员对次日的顾客流量做出预测,计划好次日的生产。仓库定时发料也有利于仓库保管,减少库存原料的丢失。

凭单发料。即凭食品原料领料单(见表 14-9)发料。领料单是仓库发出原料的原始凭证。领料单上应正确地记录仓库向各厨房发放的原料数量和金额。

表 14-9　食品原料领料单

领料部门:酒吧　　　　　　　　　　　　　　　　　　　　　日期:　　年　月　日

品　名	货　号	请领数量/箱	实发数量/箱	单价/元	食品金额/元	饮料金额/元
仓库类别:干藏库□　　　冷藏库□　　　冷冻库□						
番茄酱	AA1012	2	2	45	90	
百事可乐	AA3302	1	1	80		80
				合　计	90	80
领料人: 发料人:		领料部门领导:		本单领料 总金额		170

为便于分类统计成本,最好将食品金额和饮料金额分别记录,并注意标明仓库的类别。领料单必须由厨师长或领料部门指定的管理者签字,仓库才能发料。仓库发料时,领料人和发料人都要签字。领料单上如有剩下的空白处,应当着收料人的面画掉,以免被人私自填写。领料单至少一式三联,一联随发出的原料交回领料部门留作记录;一联送财务部食品成本控制员;最后一联仓库留存,以汇总每日的领料总额。

准确计价。原料从仓库发出后,仓库保管员有责任在领料单上列出各项原料的单价,计算出各项原料的金额,并汇总领取食品饮料的总金额。肉类及其他冷冻食品发出后,解下系在货物上的标牌,按标牌上的单价和金额记在领料单上。干货及一些其他食品,规格和价格相对比较稳定,在发放时只需在领料单上填写实发数量,再乘以每件货物的单价,计算出领料总额。有许多原料价格常有波动,货物入库时在储存的包装容器上贴上标牌,注明数量和单价,领料时按标牌上的价格计算领料总额。这里所用的是实际购价计算法,如果仓库不采用物品标牌制度,可以根据货品库存卡标明的单价,采用先进先出法或最近进价法等方法计价。

②　饮料的发放

饮料购入后,其采购金额全部计入库存额,要在饮料领出后再计入成本。仓库发放饮料同样也要凭领料单,领料单须有酒吧经理或餐厅经理签字才有效。

由于饮料在销售时毛利较大,且一些名贵酒价值很高,所以对饮料的发放应严格控制。一些零杯销售的酒水(通常是名贵酒),不仅要凭领料单,还要凭酒吧或餐厅退回的空瓶。这种做法要求酒吧或餐厅对饮料保持固定的标准库存量。每天退回的空瓶数应是昨日的消耗量(零杯酒除外),每日领取的饮料量实际上是补充昨日使用的饮料量,使酒吧(餐厅)的储存量保持在标准水平。

由于酒吧或餐厅在营业服务中常销售整瓶酒水,有的客人喝了一半连瓶将酒水带走,整瓶酒水的空瓶就难以收回。为加强控制,整瓶酒水的销售要填写整瓶销售单。客房用餐服务中的整瓶酒水销售也要填写整瓶销售单。在领料时以整瓶酒水销售单代替空瓶作领料的凭证。

酒吧或餐厅保持标准储存量便于保证饮料的供应和对酒吧、餐厅的饮料加强控制。采取凭空瓶和整瓶销售单领料,酒吧、餐厅可随时按实际结存的饮料瓶数和空瓶数(或整瓶销售单上的数量)对照标准储存量检查饮料的短缺数。各种商标的酒水无论在何时检查都应是以下数量:

满瓶饮料数＋不满瓶数＋空瓶数(或整瓶销售数)＝标准储存量

酒吧及厨房的储存面积较小且较难控制,故标准储存量要根据每天的平均消耗量计算,一般不多于3d的需求量。

宴会、团体用餐等重大活动无法设立标准储存量。为宴会领取的酒水一般大于预计的需用量,在宴会结束后要将未用完的酒水退回。退回的饮料填写在食品饮料调拨单(见表14-10)上。

表14-10　食品饮料调拨单

调入部门:多功能厅 调出部门:大堂吧					时间: 年 月 日 编号:123456	
品　名	规　格	单　位	数　量		金额/元	
			请拨数	实拨数	单价	小计
果粒橙	1.25L	箱	5	5	60	300
百事可乐	2.5L	箱	5	5	80	400
合　计						700

调出部门经手人:　　　　　　主管:　　　　　　仓库保管员:

调入部门经手人:　　　　　　主管:

案例分析

案例14-1

如何避免采购员吃拿回扣

北京一家酒店的采购员和供货商勾结,两年中使酒店损失200多万元;南方某城市,供货商给采购员家送去两条鱼,采购员的家人将鱼头剁下扔掉,结果被邻居捡去煲汤,洗鱼头时发现内藏2000元。后来此事被采购员的家人得知后,找邻居要钱,将此事闹大,后经法院调查,采购员多次吃拿回扣,依法被判4年有期徒刑。这样的例子不胜枚举。一些经营者面对采购员的所作所为只能无奈容忍,认为只要不差太多就行了。

思考题:分析以上事件发生的原因。你认为应该怎样避免这种事情的发生?

为便于读者更深入理解餐饮管理公司对采购管理的要求,便于读者熟悉业务流程,本书结尾附有"某餐饮管理有限责任公司采购管理手册",参见附录。

项目 **15**

监督厨房生产与卫生安全

教学方法　理论讲授＋课堂讨论＋企业实践

准备工作　中厨作业流程实例、西厨作业流程实例、历届优秀学生成果。

15.1　厨房生产流程

　　厨房生产流程是指菜肴和面点在厨房制作过程中的各项工作流程。厨房是菜肴的加工车间,食品原料要经过厨房的加工和烹调才能成为菜肴或面点,然后,由服务员将菜肴送至餐厅。因此,食品原料不论在厨房经过几道加工程序都要到它们的终点——出菜台。科学的厨房生产流程的方向应当直接朝向出菜台,避免菜肴生产流程相互交叉,提高厨房的生产效率。厨房作业流程如图 15-1 所示。

　　厨房部门作业流程是指食品原料在厨房的某一部门中的加工或制作程序。不同的厨房加工部门和菜肴在厨房中不同的加工阶段的加工程序不同。厨房的部门作业程序常包括鱼禽肉的加工程序、蔬菜加工程序、食品原料切配程序、菜肴的烹调程序、面点制作程序和冷菜制作程序。厨房各部门作业流程如表 15-1 所示。

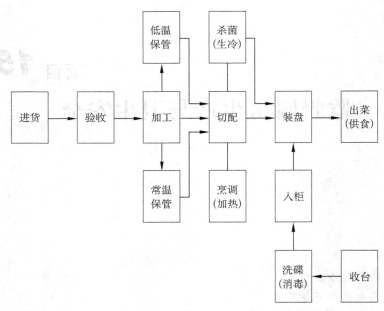

图 15-1　厨房作业流程

表 15-1　厨房各部门作业流程

部　门	作　业　流　程
鱼禽肉的加工	冷库→水池→切割、机械→工作台→包装 ┬→冷库 ├→切配部门 └→烹调部门
蔬菜加工	验货口或储藏室→水池→切割、机械→工作台 ┬→冷库 ├→切配部门 └→烹调部门
食品原料切配	初加工部门或储藏室→工作台→装盘→烹调部门→服务
菜肴的烹调	切配部门或冷藏室→工作台→烹调、设备→工作台→服务
面点制作	储藏室→水池→搅拌机→工作台→烹调、设备 ┬→销售 └→冷藏室
冷菜制作	储藏室→水池→工作台→烹调、设备→服务

15.2　厨房的生产流程控制

　　虽然现今厨房越来越强调生产的标准化，但不可能所有的厨房都是标准化生产的快餐厨房，所以厨房生产还是不能完全等同于制造业工厂的流水线。厨房生产的菜点如果过多，质量肯定会受到影响；但如果准备不足也同样影响正常的供应。一般厨房生产都是由原料加工阶段开始，到生产制作、熟制阶段，继而到成品服务与销售为一个流程的终结。厨房生产流程包括菜肴和点心的生产，两者大体相似，只是冷菜的生产流程与热菜的生产流程略有差别。厨房的生产流程控制主要是加工、切配、烹饪等程序。控制主要是针对生产质量、产品成本、制作规范等方面进行检查监督，保证菜点质量标准与餐厅的优良形象，同时达到预期的成本标准，形成最有效率的生产流程。

厨房业务流程是指食品加工过程中的各道工序划分和各个工种之间的配合。厨房业务流程的合理化，既能保证餐饮产品生产的顺利进行，也是提高工作效率和餐饮产品质量的基础。厨房业务流程设计要根据厨房生产加工的自然属性，在科学合理分工的基础上，与厨房的布局相结合进行。要保证各工序之间、各工种之间的衔接和协调。不同的烹调技术具有不同类型的业务流程，中厨的热菜、点心与西厨均有不同的业务流程。厨房业务流程设计中最重要的是要解决工序和工种的安排以及技术力量的组织。要重点解决 3 个问题：①合理进行各工序的分工；②要注重各工序间应有的衔接和协调；③要搞好厨房烹制和产品销售的协调关系。

1. 制定控制标准

"没有规矩不成方圆"，没有标准就无法衡量，就没有目标，也无法控制生产。厨房管理人员必须规定菜点的质量标准，之后就是做好日常的生产监督工作，确保产品在符合质量要求的前提下，符合成本要求。厨房生产的大部分产品具有手工性，在一定程度上依靠个人的技术水平高低、经验是否丰富，所以不同的厨师制作相同的菜点就存在差异性。制定生产标准，既可以统一规格保证质量，又可以消除菜点生产质量的因人而异，方便管理人员控制生产流程。控制生产流程主要有以下几种方式。

（1）制定标准菜谱

标准菜谱是统一各类菜品的标准，它是菜品加工数量、质量的依据，使菜品质量基本稳定。使用标准菜谱可节省制作时间和精力，避免食品浪费，并有利于成本核算和控制。标准菜谱是帮助管理人员控制成本，保证菜点质量的"法宝"。标准菜谱（见表 15-2）可以采用活页卡片形式，便于修改，上面要详细列出用料配方、基本操作过程、装盘形式和盛器规格、质量标准，并且明确每份菜点的成本、毛利率、售价等，必要时加上实物图片，进一步形成明确直观的标准。

制定标准菜谱的要求：菜谱的形式和叙述应简单易做；原料名称应确切并按使用顺序列明；配料因季节的原因需用替代品的应该说明；叙述应确切，尽量使用本地厨师比较熟悉的术语，不熟悉或不普遍使用的术语应详细说明；若由于烹调的温度和时间对菜点质量有直接影响，应列出操作时加热温度和时间范围，以及制作中菜点达到的程度。还应列出所用炊具的品种和规格，因为炊具是影响菜点质量的一个因素。说明产品质量标准和上菜方式要言简意赅。标准菜谱的制定形式可以变通，但一定要有实际指导意义，它是一种菜肴质量控制手段和厨师的工作手册。

（2）菜点投料单

菜点投料单是根据菜肴的基本特点，以简明易懂的方式列出主配料及各种调味料的名称和数量。投料单应以文字表格的方式放在配菜间明显的位置。

（3）标量菜单

标量菜单就是在菜单的菜品下面分别列出每个菜肴的用料配方，以此作为厨房备料、配份和烹调的依据。由于菜单同时也送给客人，使客人清楚地知道菜肴的成分及规格，作为厨房选料的依据，同时也起到了让客人监督的作用。

表 15-2　标准菜谱样本

菜点名称：_____		总成本：_____		售价：_____	
规格：_____		毛利率：_____			
原料名称	用量/g	单价	成本	制作方法	备　注
					产品图片

2. 生产规格控制

在制定了控制标准后，要达到各项操作标准，就一定要由训练有素、通晓标准的厨师在日常的工作中有目标地去制作。管理者应经常按标准严格要求，保证制作的菜肴符合质量标准。因此，制作控制应成为经常性的监督和管理的内容之一，进行制作过程的控制是一项最重要的工作，是最有效的现场管理。厨房生产规格主要包括加工规格、配份规格和烹调规格标准。

（1）加工规格的控制

加工规格针对原料的加工要求和质量标准，主要包括原料的初加工与精细加工。初加工是指对原料的初步整理和洗涤，而精细加工是指对原料的切制成形。这个过程直接关系到原料的净料率，它是影响成本的关键，应对原料加工的利用率、质量和数量加以严格控制。规定加工过程中的净料率标准是厨师应尽的工作职责。控制的重点不仅包括昂贵原料的加工，同样对于常用的一些常规原料也应该点滴积累。对于精细加工也应注意原料的成形标准，它不仅可以保证产品质量，同时也会促进厨师技术水平的提高。对原料和成品损失也要采取有效的改正措施。另外，可以经常检查下脚料和垃圾桶，是否还有可用部分未被利用，使员工对出成率高度重视。加工质量是直接关系菜肴色、香、味、形的关键，因此要严格控制原料的成形规格，凡不符合要求的不能进入下道工序。加工的分工要细，一则利于分清责任；二则可以提高厨师的专业技术，有效地保证加工质量。尽量使用机械进行切割，以保证成形规格的标准化。加工数量应以销售预测为依据，以满足需求为前提，留有适量的储存周转量。避免加工过量而造成浪费，并根据剩余量不断调整每次的加工量。

（2）配份规格的控制

配份规格针对具体菜点，规定配制用料的数量、品种，确定每份菜点的基本量，是控制成本的核心，也是保证成品质量的重要环节。配份时一定要经常核实，检查配菜中是否执行了规格标准，并使用称量器具计量控制，保证配量准确，从而统一菜点的规格一致性。

配份过程中还要注意按单配份,配菜厨师只有接到餐厅客人的订单,或者规定的有关正式通知单才可配制,保证配制的每份菜肴都有凭据。严格防止重复、遗漏、错配的工作失误影响生产。

（3）烹调规格标准的控制

烹调规格标准针对菜点的制作标准、规格、盛器等给予规定,保证了菜点的最终质量,因此应该从工作人员的操作规范、出菜速度、成菜温度、制作数量、节约等方面加强监督。必须督导厨师严格遵守操作规范,任何只图方便而违反规定和影响菜肴质量的做法一经发现都应立即加以制止。同时还应严格控制每次烹调的出产量,这是保证菜肴质量的基本条件。在开餐时要对出菜的速度、出品菜肴的温度、装盘规格保持经常性的督导,防止一切不合格的菜肴出品。

以上的生产规格要以文字形式张贴在各个有关生产部门与班组处,以便随时参照标准工作。

15.3　厨房生产流程控制方法

为了保证控制菜点质量、标准的有效性,除了制定标准、重视流程控制和现场管理外,还必须采取有效的控制方法。常见的控制方法有以下几种。

1. 程序控制法

从厨房的生产流程入手,在工序的每个流程都设置质量控制点,使每一道工序的生产者都要对前一道工序的产品进行质量检查控制,不合乎标准的要及时提出,帮助前一道工序及时纠正,这样才能使整个生产的过程都受到监控,便于管理人员管理。

2. 责任控制法

按照厨房分工的不同,明确部门与班组的工作职责。首先,每位员工必须对自己的生产质量负责;其次,各部门负责人必须对本部门的生产质量检查控制,并且承担本部门的生产问题责任;最后,厨师长更要把好出菜质量关,并对菜肴的质量和整个厨房工作负责。

3. 重点控制法

在厨房的日常工作中总会有经常容易出问题的环节,这些问题不会定时发生,应针对不同时期的不同问题重点监控容易出问题的生产环节,并随着重点的不断转移,逐步解决质量问题,不断提高生产水平,向新的标准迈进。

15.4　中餐厨房作业及管理

1. 中餐厨房的机构设置

厨房作为餐饮部门内部的一个生产部门,它将食品原料加工成为菜点,其生产过程需要多道工序,厨房的工序与岗位多少与经营的规模、菜点品种等因素有直接的关系。厨房的生产管理通过一定的组织形式来实现,关系到工作效率、产品质量、信息沟通和职权的履行。厨房的组织机构明确了各部门的职能,实现了分工合作,明确了岗位职责,使厨房与其他部门融为一个有机体。当然,在设计厨房的组织机构时要根据不同的情况选择方案,使厨房充分体现生产功能,并将人员进行科学的劳动组合与分工,使每项工作与每道工序都有具体的人直接负责。中餐厨房组织机构如图15-2所示。

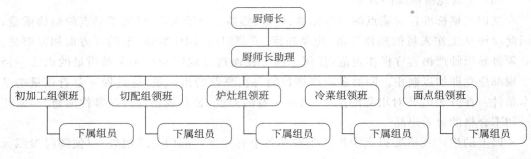

图 15-2　中餐厨房组织机构

2. 中餐厨房各部门的职能

（1）初加工组。主要负责厨房使用的烹饪原料的初加工工作,将烹饪原料由毛料加工成为可以供切配组切配加工的净料。负责蔬菜、水果、禽类等原料的削洗加工、挑选、分级利用。至于原料的加工程度,因任务要求的不同而有较大的差别,有的只负责蔬菜的初加工,有的则负责所有的初加工,有的甚至要求将原料加工成形后提供给配菜部门。大部分的初加工原料直接供应厨房当日业务之需,剩下的由采保组保管储存。

（2）切配组。也称砧板,主要负责烹饪原料的切配细加工和菜肴烹调前的配份工作,掌控着菜肴的规格与数量,所以在一定程度上也决定菜肴的成本。

（3）炉灶组。负责将切配好的菜肴半成品烹调加工成为符合风味要求的菜肴,并及时有序地提供出品。该部门是形成菜肴风味,决定出品色、香、味、质地、温度等质量的关键部门,是烹调加工的最后一道工序。

（4）冷菜组。负责供应餐厅所需要的所有冷菜,包含卤水、烧腊部,负责开胃菜、烧烤、卤水菜肴、生冷菜肴的制作出品工作。

（5）面点组。主要负责各类点心、主食供应,有时也负责供应广式早茶和夜宵。

3. 厨房的生产质量管理

（1）厨房产品加工阶段的质量管理

加工阶段包括原料的初步加工和深加工。初步加工是指对冰冻原料的解冻;对鲜活原料的宰杀、洗涤和初步整理;对果蔬原料的拣摘、去皮、清洗。深加工则是指对原料的切配成形和腌浆等工作。这一阶段是厨房生产制作的基础,其加工的规格质量和出品时效对下道工序的生产有直接影响,同时还影响着原料净料率及其成本控制。

① 加工质量管理。

● 冰冻原料解冻。要使解冻后的原料恢复新鲜软嫩状态,尽量减少汁液流失,保持其风味和营养。

● 加工净料率。净料率是原料可用部分与丢弃部分的比率。净料率越高,原料的利用率就越高,单位成本也就越低。

● 加工规格和卫生指标。要尽量提高厨房加工人员的专项技术水平,从严掌握加工规格和卫生指标,凡不符合质量标准的加工品,禁止流入厨房配菜间。

② 加工数量控制。餐饮原料的加工数量,主要由厨房配份岗位使用原料和销售菜点品种的多少来决定。加工数量应以销售预测为基础,以满足生产为前提,留有适当的储存周转量。宴会厨房、风味餐厅厨房、多功能餐厅厨房等,应根据营业情况,于当日统一时间,分别向加工间预订次日所需原料,填写订单,再由加工间汇总,向采购部申购或去仓库领货,统一加工后按订单发放。

(2) 厨房产品配份阶段的质量管理

① 配份数量及成本控制。原料通过加工、切割、上浆等处理,到达配份岗位时其成本已经很高,配份时如果疏忽大意,或者大手大脚,流失原料,将为准确的计算和控制成本增添漏洞。搞好配份数量控制工作的主要措施是制定和使用标准食谱卡(见表 15-3 和表 15-4),明确配份标准,规范操作过程。

表 15-3　标准食谱卡样本(1)

菜点名称	海肠水饺	标准份额	1200g		烹调方法	煮
菜品特点	皮薄、馅多、有海肠味、形如元宝					
主配料、调料	标准投料/g	净料率/%	净料价格/元	单价/元	工艺过程、工艺条件及工艺参数	
特一粉	1000	100	1	2	① 将特一粉加入水和匀放置待用	
调好肉馅	500	100	3	3.7	② 将海肠洗净剁成泥	
海肠	1000	30	30	18	③ 将韭菜切成末	
韭菜	250	90	0.6	0.3	④ 将韭菜海肠肉馅和匀	
水	250				⑤ 下剂包馅成形(包的水饺捏褶,像元宝形状) ⑥ 开锅放入水饺后,煮沸点 3 次凉水即可 ⑦ 盛盘上桌	
备　注	500g 干面粉可下 40 个剂子,调好肉馅是事先制备的标准品					

表 15-4　标准食谱卡样本(2)

菜名	炸虾圆	用于宴会或零点盛器:10 寸圆盘	总成本:50 元 售价:92 元 成本率:35%	备　注
主料	新鲜河虾仁 500g	加工标准		
		① 虾仁洗净沥水、斩成茸		
配料	熟肥膘 100g 鲜马蹄 100g 蛋清 100g	② 肥膘和马蹄斩成茸		马蹄斩得略粗一点
		③ 虾茸加入调料搅上劲,再加入蛋清、生粉、肥膘、马蹄拌匀		肥膘和马蹄后放
调料	精盐 2.5g、味精 1g、生粉 15g、沙司 25g	④ 炒锅上火,放入清油烧至 50～60℃ 挤入虾圆,成熟后捞出、装盘、配沙司味碟上桌		
质量要求	色泽洁白、光润饱满、大小均匀、形似核桃、口感脆嫩			

制定标准食谱卡的方法步骤如下。

- 确定标准食谱卡的式样。如卡片尺寸大小、纸张质量、版面设计等。
- 确定标准食谱卡的内容和项目。如菜点名称，主料、配料、调料名称及数量，制作方法，制作要求，成本率，总成本，售价，盛器规格，菜点彩色照片等。各餐饮实体可根据需要予以增添或删减，以实用美观为本。
- 精确核算标准食谱的成本。标准食谱卡中的用料数量及成本要精确，有些原料要反复测试（如涨发率、净料率、加热损耗等），有些原料的进价随季节变化而波动，应随时调整成本额或用一定时期的均价进行核算。
- 拍摄菜点的照片。照片是最直观、最易掌握，也较易保管的质量控制工具。
- 制作标准食谱卡交付相关岗位使用。

当标准食谱卡交付使用时，管理者必须组织厨房人员进行培训，使他们明确使用标准食谱卡的必要性和重要性，并要求全体员工无论资历深浅、技艺高低，都要认真执行。也许有人会认为标准食谱卡会限制他们的主动性和创造性，事实证明，实施标准控制对员工操作、宾客消费、餐饮实体经营都有益无害，应该推广使用。

② 配份质量管理。管理要求如下。

在配份质量管理中，第一，要保证同样的菜点，原料配份必须相同，保质保量，严禁随意更换或替代原料。配料不一致，不仅影响厨房产品质量，还会影响餐饮实体的社会信誉和经营效益。第二，配份操作要考虑到下道工序的顺利操作。每份菜点的主料、配料、调料分别放在不同的料盘中，实行三料三盘，规范放置。第三，理顺衔接关系，健全出菜制度。

- 配份工作程序

根据申购单领取粗加工原料，备齐主料和配料，并准备配菜用具。

对菜肴用料进行切割，部分主料根据需要给予处理。

根据需要，领取需涨发的干货原料并妥善保管。

干货原料涨发方法正确，涨发成品疏松软绵、清洁无异味并达到标准涨发率。对已发好的干货进行洗涤切割，交炉灶焯水后备用。

配份品种数量符合规格要求，主配料分别放置。备齐各类配菜筐、盘，清理配菜台和用具，准备配菜。

接收订单，按配份规格配制菜肴的主料、配料和调料，置于配菜台出菜处。接收零点订单3min内配出，宴会订单提前20min配齐。

开餐结束，值班人员搞好收尾工作，将剩余原料分类储藏。

清理工作区域，用具放于固定位置。

- 料头准备工作

规程如下。

料头即配菜所用的葱、姜、蒜等调料。这些调料虽然用量不大，但在配菜与烹调之间，约定俗成地起着无声的信息传递作用。它可以标示菜品的种类、烹调方法和口味特色等，如葱段、葱花、马蹄葱片、姜片、姜花、姜米等，即不用口头交代，灶上就知道该份配菜应使用何种烹制方法，或红烧，或清炒等。料头的准备工作要由配菜厨师在开餐前制备。

标准与要求：大小一致，形状整齐美观，符合规格要求；数量适当、品种齐备、满足开餐配菜需要。

工作程序:领取洗涤各类料头用料,分别定位存放;根据菜肴烹调需要,按料头规格切制;将切好的料头,区别性质用途,分别干放或水养,置于专用器具和固定位置,并用保鲜膜封盖;开餐时揭去保鲜膜,根据需要分别取用。

(3)厨房产品烹调阶段的质量管理

① 烹调阶段质量管理。烹调阶段质量管理应主要从烹调师的操作规范、烹制数量、出菜顺序、出菜速度及工作失误的处理等环节予以督导和控制。

- 烹调师要自觉服从打荷派菜安排。打荷厨师虽然是烹调师的工作助手,执锅炒菜的技艺不如烹调师,但他们在打荷岗上更熟悉菜单的内容和结构,对先出哪个菜、后出哪个菜、出菜的时间和速度等了如指掌。
- 烹调师要按规定操作要求进行烹制,不能随心所欲,任意发挥。尽管每位烹调师对某些菜品的理解不尽相同,或技术上各有"绝招",但个人技能要服从统一规范,要保证整个厨房出菜质量的一致性并且是最高水平。技术研究和交流要定时组织,好经验和新方法要纳入规范后推广应用。
- 控制每锅烹制的菜肴数量。单菜单炒,既能保证火候和调味准确,又可防止合炒分装时不均而造成的失误。曾有宾客为"姜葱炒蟹"少一蟹螯而投诉退菜,说明大锅合炒不利保质保量。

② 烹调阶段工作程序如下。

- 打荷工作。

标准与要求:台面清洁、调味品齐全、陈放有序;汤料清净,制汤火候恰当;餐具种类齐全,盘饰花卉充裕;分派菜品合理,符合烹调师的技术特长;出菜顺序和速度适当;盛器与菜品相配,盘饰美观大方;盘饰速度快捷,形象完整;打荷台面干爽,剩余用品及时收藏。

工作程序:清理工作台,备齐调味汁及拌糊原料;领取制汤原料,制备鲜汤;备齐餐具;领取盘饰花卉;传送分派菜品;协助烹调师盛装菜品并进行整理和盘饰;将装饰好的菜品传递到出菜位置;清理工作台,将餐具和盘饰花卉放回原位;洗晾抹布、锁好工作台的门。

- 盘饰花卉制作。

标准与要求:盘饰花卉至少有 5 个品种,数量足够;各种花卉要于开餐前 30min 备齐。

工作程序:领取食品雕刻原料及香菜、香芹等盘饰用料;清理工作台,准备各类刀具及盛放花卉的盛具;雕刻不同品种的花卉;整理香菜、香芹等盘饰花叶用料;将雕刻作品及其他盘饰用料用保鲜膜封盖,放至低温处保鲜;清理工作台,剩余原料放回原位。

- 菜点盛器准备工作。

标准与要求:盛器的种类、数量符合盛菜要求;摆放位置合适,便于取用。

工作程序:根据营业需要列出各类盛器的名称、规格和数量;分别领取各类盛器并分类放于冷菜间和热菜出菜台;检查核对,如有错漏及时调整;用洁净台布遮盖盛器,防止污染。

- 炉灶烹制工作。

标准与要求:调料罐放置合理,固体调料颗粒分明、液体调料清洁无污染,添加数量适当;备用的清汤清澈透明,白汤浓稠乳白;焯水蔬菜色泽鲜艳、质地脆嫩;焯水料去净血污和异味；调制糨糊稠稀适度，无颗粒或异物；调味用料准确，色泽和口味达标；火候掌握准确，烹制及时；装盘整洁美观。

工作程序：准备用具，开启排风，点燃炉灶；根据原料性质和用途，进行焯水或过油等初步熟处理；调制清汤、奶汤，做好烹调用汤准备；配制各种调味汁；接受打荷安排及时烹制菜品；开餐结束时，妥善保管剩余调味品，擦洗炉灶，清理工作区域。

● 烹调失误退回厨房的菜点处理。

标准与要求：处理及时，补换菜品快捷。

工作程序：餐厅退回菜品时，及时向厨师长汇报，交厨师长复查鉴定，迅速安排处理；确认口味欠佳的菜肴，交打荷即刻安排，烹调师调整口味，重新装盘；无法调整口味或形象破坏太大的菜品由厨师长安排重新配料并交给打荷；打荷接到重新配料的菜品及时分派烹调师烹制；出锅盛装后，经厨师长检查认可，迅速送到出菜台并予以说明和划单；开餐结束时分析退菜原因，采取处理措施并将情况记入退菜处理记录表，如表 15-5 所示。

表 15-5　退菜处理记录表

日期	餐别	菜点名称	直接责任人	宾客批评意见	责任人签名	厨师长签名	备　注

15.5　西餐厨房作业及管理

1. 西餐厨房的机构设置

西餐厨房的机构与中餐有些不同，根据供应范围与规模大小有所区别，比如，有些大型酒店在西餐厨房体系中设一个中心厨房，负责为提供零点和自助餐的咖啡厅厨房、提供正餐与宴会的分厨房提供所需的大批量的沙司和半成品，这样有利于一些批量生产的菜点的质量控制。在这一机构体系中由一名副总厨师长负责体系的整体管理协调工作，中心厨房设一名厨师长负责日常中心厨房工作与下属分厨房管理监督工作，下属分厨房设二厨具体负责各个分厨房工作。大型西餐厨房组织机构如图 15-3 所示。

2. 西餐厨房各部门的职能

（1）初加工组。主要负责菜点食品原料的粗加工，加工后向切配岗位提供净料。

（2）烹调组。负责各种热菜原料和调料准备，烹制餐厅所需的西菜。较大的西餐厨房对炉头还需进一步分工。例如，炉头一负责厨房中一切出品和宴会菜肴的烹制；

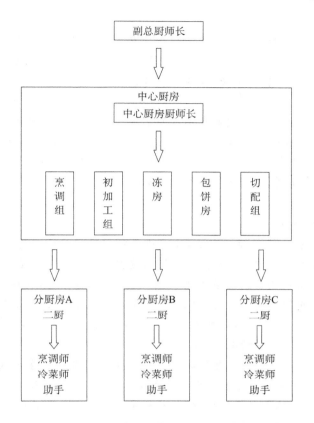

图 15-3   大型西餐厨房组织机构

炉头二负责扒肉的扒制;炉头三负责各种汤等配菜的烹制,协助炉头一做好出菜工作。

(3)冻房。主要承担冷菜小吃的制作和供应。

(4)包饼房。主要负责各类面包、蛋糕、甜品等的制作和供应。

3. 厨房的生产质量管理

参照中餐厨房作业及管理部分的论述。

知识链接

1. 厨房的分类

厨房是菜肴和面点的生产车间与加工厂,制作各种中西菜肴和点心。厨房根据规模、餐别、功能等有不同的种类。按厨房规模划分,有大型厨房、中型厨房、小型厨房及超小型厨房;按厨房生产功能划分,有加工厨房、宴会厨房、零点厨房、冷菜厨房、面点厨房、咖啡厅厨房、烧烤厨房、快餐厨房。

餐饮,根据其经营风味,从大的风格上可分为中餐和西餐。从风味流派上进行细分,中餐又可分为川、苏、鲁、粤以及宫廷、官府、清真、素菜等。西餐又可分为法国菜、美国菜、俄罗斯菜、意大利菜等。

（1）中餐厨房

中餐厨房是生产中菜和中式面点的厨房。根据其具体的生产目标和生产任务，它可以细分为广东式厨房和北方式厨房。如果再细分，还可分为各种菜系的中厨房，如粤菜厨房、川菜厨房、苏菜厨房、鲁菜厨房、宫廷菜厨房、清真菜厨房、素菜厨房等。

（2）西餐厨房

西餐厨房是生产西菜和西式面点的厨房。根据其具体的生产目标和生产任务，它可细分为西餐厅厨房和咖啡厅厨房。西餐厅厨房生产各种传统的欧美大菜，如法国菜厨房、美国菜厨房、俄罗斯菜厨房、英国菜厨房、意大利菜厨房等。咖啡厅厨房生产的菜肴更为灵活，既有各种西式菜肴，也有泰国、中国等各种特色小吃。西饼房是专门制作西式面点的厨房。

2. 厨房生产的特点

（1）厨房生产的产品多、生产量小，并且随销售情况和节假日的变化而变化。厨房常为客人提供几十种或近百种菜肴和点心，但是，这些菜肴和点心都是随着餐厅客人的点菜进行生产的。尽管有些面点可以在顾客购买之前制作好，但是，制作的数量也很有限，只限于当天或某一餐次的需求。这样，可以保持菜肴和点心的温度、新鲜度和特色。因此，除了为一些大型的宴会生产外，厨房的产品生产量比较小。此外，菜肴和点心的生产量还随着天气和节假日的变化而增减。

（2）菜肴的烹调时间需要在数分钟内完成。许多菜肴只有在客人点菜后，厨房才能为客人制作，以保证菜肴的质量和温度。实际上，许多菜肴从加工到烹调等一系列工作常在数分钟内完成。因此，厨房的生产设备、菜肴在烹调前的准备工作和厨房的组织人员的安排都要符合厨房这一生产特点。

（3）食品原料容易变质。食品原料品种有禽类、肉类、海鲜、蛋类、奶制品、蔬菜和水果等，尤其是奶制品是西餐原料的一大特色。这些食品原料极容易变质。因此，厨房必须有冷藏和冷冻设备及严格的卫生管理制度。

（4）厨房生产管理的专业性很强。厨房的食品生产从原料采购、验收、储存、保管、领用、加工、切配、烹调和包装等全部生产过程中环节很多，任何一个环节出现差错都会影响菜肴的质量。因此，菜肴生产需要受专业培训的并由有专业工作经验的厨师管理。

3. 厨房的基本生产工作

厨房的基本生产工作包括食品原料的验收与储存；海鲜、禽、肉和蔬菜的初加工与切配；菜肴的配制与烹调；面点的加工与熟制；厨房的辅助与清洁工作。

4. 厨房的卫生与安全管理

厨房的卫生是否符合标准，会直接影响到饭店的声誉和经济效益。厨房生产的产品，如果不符合卫生、安全标准，势必会影响到食用者的身体健康，严重的还将导致食物中毒和诱发其他疾病。厨房的卫生管理是保证菜点质量、防止污染、预防疾病的重要手段。厨房的安全管理是为了保障员工的人身安全和企业的财产安全而实施的重要措施。

（1）厨房的卫生管理

厨房的卫生管理就是要确保食品在选择、生产和销售的全过程中始终处在安全的状态。为了保证厨房生产出来的食品具有安全性，一切接触食品的有关人员和管理者，在食品生产中必须自始至终地遵循卫生准则，并承担各自的职责。

① 厨房环境的卫生控制。

厨房是生产制作菜点的场所，各种设备与工具都会接触到食品。环境卫生除了受当初厨房设计的影响外，还要受使用工具设备以及对厨房的管理影响。例如，厨房设计施工时就应该考虑使用方便、卫生、清洁的材料，设备与工具要便于清洗、保持卫生。保持厨房环境卫生的根本办法是持之以恒地做好日常厨房卫生工作，实行卫生责任制，将清洁卫生工作落实到部门、班组、个人，安排好卫生清洁计划，明确卫生标准。另外，要加强对员工的卫生观念教育，使之养成良好的工作习惯，这一切都需要管理者以身作则，并且管理到位。

② 食品原料的卫生控制。

"病从口入"，厨房中生产产品的原料最终是要入口的，所以原料的卫生是菜点是否安全卫生的基础。原料的卫生控制从采购时就应该注意，对于不符合卫生标准的原料，不管价格如何低廉也不能采购。还有就是采购后的保存问题，因为厨房的生产属于批量生产，所以进料时是批量进货，大批量的原料如何在保质期内保证其安全卫生，是管理人员应该重视的。不同原料要有不同的储藏条件，一定要严格遵守，并且要督促各部门相关工作人员按规定执行。

③ 厨房生产过程的卫生控制。

生产过程中的卫生问题更加具体细致，首先要制定一系列的标准，使管理更加具体化，便于日常操作。例如，盛装菜点的器皿不可以用布直接擦，以防二次污染已经消毒的器皿；配制菜肴的盛器要专用，切忌直接使用餐具，以防相互污染；冷菜间的切配工具、盛装器皿、储存冰箱要生熟分开。以上只是其中一些例子，具体规定要事先详细规划。

④ 厨房工作人员的卫生控制。

厨房工作人员直接接触食品，因此个人的健康以及卫生状况十分重要。首先，上岗前一定要通过饮食从业人员健康体检，持证上岗，避免工作人员带病上岗。个人的卫生状况也应该重视，要保持整洁干净的仪表，工作服、帽子穿戴整齐，如果工作需要还要戴手套和口罩。烹饪工作大部分使用手工操作，所以工作时要保持双手的干净，注意工作服的整洁。另外，严禁在厨房工作区吸烟、嚼口香糖等。在日常工作中制定处罚条例是必要的保证，同时也要对工作人员进行职业道德教育，提高自身的素质。

（2）厨房的安全管理

① 安全管理的目标。

所谓安全，是指避免任何有害于企业、宾客及员工的事故。事故一般都是由于人们的粗心大意而造成的，事故往往具有不可估计性和不可预料性，执行安全措施，具有安全意识，可减少或避免事故的发生。因此，无论是管理者，还是每一位员工，都必须努力遵守安全操作规程，并具有承担维护安全的义务。厨房安全管理的目的，就是要消除不安全因素，消除事故的隐患，保障员工的人身安全和企业及厨房财产不受损失。

② 安全管理的任务。

厨房安全管理的任务就是实施安全监督和检查机制。通过细致的监督和检查，使员工养成安全操作的习惯,确保厨房设备和设施的正确运行,以避免事故的发生。厨房不安全主要来自主客观两方面:主观上是员工思想上的麻痹,违反安全操作规程及管理混乱;客观上是厨房本身工作环境差,设备、器具繁杂集中,从而导致厨房事故的发生。针对上述情况,在加强安全管理时应主要从以下几个方面着手。

- 加强对员工的安全知识培训,克服主观麻痹思想,强化安全意识。未经培训员工不得上岗操作。
- 建立、健全各项安全制度,使各项安全措施制度化、程序化。特别是要建立防火安全制度,做到有章可循,责任到人。
- 保持工作区域的环境卫生,保证设备处于最佳运行状态。对各种厨房设备采用定位管理等科学管理办法,保证工作程序的规范化、科学化。
- 加强安全监督与检查工作,及时发现安全隐患,并及时解决。

5. 厨房卫生管理制度

（1）设施设备管理制度

厨房设备和工具的保管与使用均应分工到岗,由具体人员负责。设备工具使用后要随时清洁,做到无灰尘、无水渍、无油渍、不腐锈。使用者应及时清洁并将其复位,责任负责人有权检查。各种设备、工具如有损坏,发现人员要及时向厨师长汇报,联系修理,不得在有故障情况下继续操作和使用。新上岗的员工,必须对厨房机械设备的性能及操作方法和程序接受培训,掌握要领后方可操作使用,责任负责人有指导和培训的义务。调职或离开原岗位者,对所保管使用的工具应如数办理移交手续,如有遗失或损坏,需按价如数赔偿。

（2）日常卫生管理制度

厨房卫生工作实行分工负责制,责任到人,及时清理,保持应有的清洁度,定期检查,公布结果。厨房各区域按岗位分工,落实包干到人,各人负责自己所用设备工具及环境的清洁工作,使之达到规定的卫生标准。各岗位员工上班,首先必须对所负责卫生范围进行检查清洁和整理;生产过程中随时保持卫生整洁,设备工具谁使用谁清洁;下班前必须将负责区域卫生及设施清理干净,经上级检查合格后方可离岗。厨师长随时检查各岗位包干区域的卫生状况,对未达标者限期改正,对屡教不改者,进行相应处罚。

（3）计划卫生检查管理制度

厨房冰库每周彻底清洁冲洗、整理一次;干货库每周盘点清洁整理一次。厨房屋顶天花板每月月初清扫一次。每周指定一天为厨房卫生日,各岗位彻底打扫指定责任人负责;无责任人区域,由厨师长统筹安排清洁工作。计划卫生清洁范围,由所在区域工作人员及卫生责任人负责;无责任人区域,由厨师长统筹安排清洁工作。每期计划卫生结束之后,需经厨师长检查,其结果将与平时卫生成绩一起划入对员工的奖惩依据。厨房员工必须保持个人卫生,衣着整洁;上班首先必须自我检查,领班对所属员工进行复查,凡不符合卫生要求者,应及时予以纠正。对工作岗位、食品、用具、负责区及其他日常卫生场所,每天由上级对下级进行逐级检查,发现问题及时纠正。厨房死角及计划卫生项目,按计划日程由厨师长组织检查,卫生未达标的,限期改正。每次检查都应有记录,结果予以公布,成绩与员工奖惩挂钩。厨房员工应积极配合,认真接受定期健康检查,被检查认为不适合从事厨房工作的员工,应自觉服从组织决定。厨房日常卫生实行分区负责和及时清洁制度;对一些不易污染和不便清洁的区域大型设备,实行定期清洁、定期检查的计划卫生制度。厨房炉灶用的铁锅及手勺、锅铲等用具,每日上、下班都要清洗;厨房炉头喷火嘴每半月拆洗一次;吸排油烟罩除每天晚餐后清洗里面外,每周还要彻底将里外擦洗一次,并将过滤网刷洗一次。

(4) 厨房各分部卫生管理制度细则

① 冷菜间卫生管理要求。

冷菜间的生产、储藏必须做到专人、专室、专工具、专消毒和单独冷藏。操作人员严格执行洗手、消毒规定,洗涤后用 75% 浓度的酒精棉球消毒,操作中接触生原料后,切制冷荤熟食、凉菜前必须再次消毒,使用卫生间后必须再次洗手消毒。冷荤制作、储藏都要严格做到生熟食品分开,生熟工具(刀、墩、盆、秤、冰箱等)严禁混用,避免交叉污染。冷荤专用刀、砧、抹布每日用后要洗净,次日用前消毒,砧板定期消毒。盛装冷荤、熟肉、凉菜的盆、盛器每次使用前刷净、消毒。生吃食品(蔬菜、水果)必须洗净后,方可放入熟食冰箱。冷菜间紫外线消毒灯要定时开关,进行消毒杀菌。冷荤熟肉在低温处存放次日要回锅加热。保持冰箱内整洁,并定期进行洗刷、消毒。非冷菜间工作人员不得进入冷菜间厨房。

② 厨房点心部卫生管理要求。

工作前需先洗擦工作台和工具,工作后将各种用具洗净、消毒,注意通风保存。

严格检查所用原料,严格过滤、挑选,禁止使用不合标准原料。

蒸箱、烤箱、蒸锅、和面机等用前要洁净,用后及时洗擦干净,用布盖好。

盛装米饭、点心等食品的笼屉、箩筐、食品盖布,使用后要用热碱水洗净,盖布、纱布要标明专用,定期拆洗设备。

面杖、馅机、刀具、模具、容器等用后洗净、定位存放,保持清洁。

面点、糕点、米饭等熟食品应凉透后存入专柜保存,食用必须加热蒸煮透彻,如有异味不再食用。

制作蛋类制品,需选用清洁新鲜的鸡蛋,散黄变质的蛋类不得使用。

使用食品添加剂,必须符合国家卫生标准,不得超标使用。

③ 洗碗部卫生管理要求。

碗具消毒必须由专人负责,食具必须足够周转。

食具清洗必须做到:一洗、二刷、三冲、四消毒、五保洁。一洗:将食具上的食物残渣冲洗入食物残渣管道。二刷:在 40～50℃ 温纯碱水中用抹布用力刷洗食具。三冲:把食具里外冲洗干净。四消毒:洗净的食具须按煮沸或蒸汽消毒要求消毒或放在容器中经过远红外线 120℃ 消毒 20min 以上才能取出,不能用高温消毒的玻璃杯等应用药物消毒;药物消毒要严格按照消毒药物的有效浓度和浸泡时间规定进行消毒。消毒后食具只能用消毒巾抹擦干。五保洁:消毒过的食具放入保洁柜,由专人保管。

消毒后的食具应该干爽、无污垢、无油渍、无食物残渣、无异味;并应做到抽检合格。

消毒的食具不能和未消毒的食具混放,防止交叉污染,不能将未消毒的食具拿给客人使用。

保洁柜必须用消毒水每天清洁,做到无杂物、无苍蝇、无蟑螂活动。

食物残渣管道必须每天下班后冲洗干净。

每天上班前必须检查各自工作岗位的卫生情况，下班后搞好各自岗位工作，若发现有卫生问题，应及时向食品卫生管理员或领导反映，并做出补救措施。

④ 干货库卫生管理要求。

干货库只存放厨房用烹饪原料、调料及其盛器以及一定量厨房周转用具，不得存放其他杂物。区别库存原料、调料等不同物品种类、性质、固定位置，分类存放。大件物品单独存放、小件及零散物品置入盘、筐内集中存放；所有物品必须放在货架上，至少离地面25cm，离墙壁5cm。塑料桶或罐装原料要带盖密封，玻璃器皿包装的原料要避免阳光直接照射。加强对库存物品的计划管理，坚持"先存放、先取用"的原则，交替存货和取用。每天对干货库进行清洁整理，定期检查原料保质期，并定期对干货库进行清理、消毒，预防和杜绝鼠虫侵害，保持其卫生整洁。控制有权进入干货库的人员数量，每周由专人盘点两次库存情况，报告厨师长。各仓管员必须及时清理库房杂物及废物，保持仓库清洁卫生，达到卫生标准。不准在仓库吸烟；仓库要做好防鼠、防虫、防潮的"三防"工作。仓库食品严格按层、区、架摆放，不可直接接触地面。

⑤ 厨房冷藏库卫生管理要求。

冷藏库只存放厨房用烹饪原料、调料及其盛器，不得存放其他杂物；员工私人物品一律不得存入其中。区别库存原料、调料等不同物品种类、性质，固定位置、分类存放，并严格遵守下列保藏时间：新鲜鱼虾、肉、禽、蔬菜存放不得超过3d。新鲜鸡蛋存放不得超过2周。奶制品、加工半成品不得超过2d。大件物品单独存放，小件及零散物品置入盘、筐内集中存放。所有物品必须放在货架上，并至少离地面25cm，离墙壁5cm。冷藏半成品及剩余食物均须装入保鲜袋或保鲜膜包好，写上日期放入食品盘，再分类放置在货架上；冷藏库底部和靠近冷却管的地方以及冷藏库的门口温度较低，宜存放奶类、肉类、禽类和水产类物品。加强对库存物品的计划管理，坚持"先存放、先取用"的原则，交替存货和使用。冷藏库应每日清洁整理，原料质量应定期检查，并应定期对冷藏库进行清理、消毒，预防和杜绝鼠虫侵害，保持其卫生整洁。控制有权进入冷藏库的人员数量，计划、集中领货，减少库门开启次数；由专人每周二、周五盘点库存情况，报告厨师长。经常检查，保持冷藏库达到规定的温度；如发现温度偏差，应及时报告厨师长与工程部联系。冷冻库只存放厨房备用食品，包括原料及其盛器不得存放其他杂物；员工私人物品一律不得存入其内。坚持冻藏食品及原料必须处在冰冻状态下才进入冻库的原则，避免将已经解冻的食品及原料送入冰库。所有冻藏食品及原料必须注明入库日期；区别库存食品及原料不同种类、性质、固定位置，分类存放，并严格遵守冻藏期限的规定。

案例分析

案例 15-1

厨房火灾事故

2017年9月4日21时30分许，广州市天河区天娱广场五楼某餐厅发生火灾。天河消防大队到场后，迅速展开灭火救援，约25min后将明火扑灭。

经初步勘查，该餐厅油烟管道上方的天花被烧，面积约10m²。起火原因初步判定为厨房烤鱼炉上方的油烟管道积聚的油垢遇高温燃烧所致。经调查走访及询问相关人员,公安机关认定该餐厅没有及时消除排烟管火灾隐患,没有履行消防安全职责。林×、黄×身为该餐厅消防责任人,未及时消除排烟管火灾隐患,未履行消防安全职责,在违反相关安全管理规定情况下进行生产、作业,引发火灾且造成严重后果,触犯了《中华人民共和国刑法》第一百三十四条第一款,涉嫌重大责任事故罪。根据《中华人民共和国刑事诉讼法》第八十条之规定,天河警方予以两名嫌疑人刑事拘留处罚。

（资料来源:搜狐新闻 9 月 4 日天娱广场某餐厅火灾事故,两名消防责任人被警方刑事拘留!
http://www.sohu.com/a/190195014_476402)

思考题:如何防止厨房安全事故的发生?

项目 **16**

策划餐饮营销活动

知识目标

　　1. 掌握菜单的销售分析
　　2. 掌握美食节的策划方案

能力目标

　　1. 能够进行菜肴的畅销分析和盈利分析
　　2. 能够完成一份主题餐饮营销策划方案的撰写

实训任务

　　完成一份主题餐饮营销策划方案的撰写

教学方法　理论讲授＋课堂讨论＋企业实践
准备工作　主题餐饮营销策划方案实例、历届优秀学生成果。

16.1　餐饮营销策划的程序

1. 选择营销对象

　　餐饮营销管理总是针对具体的营销对象的。离开了营销对象,营销工作就会无的放矢。总体来说,餐饮营销对象首先是家庭、散客购买者;其次是单位、团体购买者。在具体选择这些营销对象时,又必须解决好以下 4 个问题。

　　(1)营销对象的市场范围

　　餐饮营销的市场范围总是以近距离客人为主。一般是以本企业为中心,半个小时车程内的四周市场范围的客源为主要营销对象。

　　(2)营销对象的客源层次

　　在已经选定的市场范围内,往往有众多的单位和人口。餐饮营销不可能针对这个范围内的所有单位或人员,只有选择那些消费水平、支付能力、生活习惯、兴趣爱好等与本企业相适应的客源层次,才能有针对性地做好餐饮营销管理。

（3）营销对象为主要客户单位

因家庭和散客消费具有随机性，而单位客户重复消费频率高、易于成为忠诚客户。因此，在营销对象的市场范围已经确定的基础上，还要将其中的重要单位选为主要营销对象，建立客户档案，培养忠诚客户，做好营销管理。

（4）餐饮市场的竞争状况

在餐饮市场已经处于比较完全和充分的市场竞争的条件下，任何一家饭店宾馆、酒楼饭庄的餐饮经营，都会有较多的竞争对手。因此，在选择营销对象时，还应充分注意营销市场客源的竞争状况，敢于和善于开展竞争。同时，要特别预防因过度竞争而造成的两败俱伤的现象发生。

2. 确定营销目标

餐饮企业营销目标是指餐饮企业通过各种营销活动所要达到的效果和目的，其宗旨就是使餐饮企业的销售额有所增加或大幅度增加。餐饮企业的营销目标可以针对餐饮企业自身和餐饮消费者二者来说明。除了要达到企业内部的目的、建立企业的销售体制外，还要使消费者认识产品并唤起其对餐饮产品的需求。不同的目标所选择的营销手段也会有所不同。餐饮企业的营销活动，如广告、人员营销、营业推广、直邮营销及公共关系活动都必须有具体的目标。餐饮营销目标主要有以下几种。

（1）加速餐饮产品进入市场的进程。当消费者对餐饮企业刚刚投放市场的新产品还没有足够的了解，因此不可能做出积极的反应时，通过一些必要的营销措施可以在短时期内迅速地为新产品开辟道路。比如，让消费者在餐厅免费试吃新的菜式样品，可以使消费者对餐饮企业的新产品有所了解，从而刺激消费者产生购买欲望。

（2）说服"老顾客"继续购买该餐饮产品，以建立购买习惯，提高重复消费。就餐饮业本身的特点来说，消费者往往容易建立购买的习惯。老顾客往往对餐饮产品产生了一定的偏好，餐饮企业就应当针对这种偏好开展相应的营销活动，激励"老顾客"继续选用该餐饮产品，并建立一定的和相对稳定的购买习惯。比如，餐饮企业为消费达到一定金额的餐饮消费者换取赠品，以鼓励重购。

（3）鼓励目标顾客多消费本企业的餐饮产品，增加综合产品的销售量。对于已经确定的餐饮产品，营销应当指明其新用途，常常会增加消费者对该产品的兴趣，从而提高消费量。例如，在餐厅中将某种菜品与餐厅自酿甜酒联合营销，说明该菜品与甜酒共同食用的好处，这样使餐饮企业中的菜品和酒水的销售量同时增加。

（4）有效巩固和扩大餐饮产品在市场的占有率。就竞争日益激烈的餐饮企业而言，当竞争者发起大规模的营销活动时，如果不及时采取相应的营销活动，往往会大面积损失已占有的市场份额。因此，营销活动应该有效地抵御和反击竞争者，巩固和扩大餐饮产品在市场上的占有率。例如，餐饮企业采用降价优惠的方式来增强其产品在同类产品中的竞争力，以稳定和扩大自己的消费者队伍。

（5）全面树立餐饮企业的公众形象，展示企业资源。现代餐饮企业的经营管理，不仅仅要追求现实的经济利益，作为一个具有长远计划的餐饮企业，应当对企业形象有相应的考虑。有效合理的营销手段能为餐饮企业树立良好的社会形象。比如，通过向社会提供公共菜谱等活动，可以使餐饮企业在消费者心中留下一个好的印象。餐饮营销是餐饮企业综合资源的有效配置和整合的结果，成功的营销有力地展示了餐饮企业所拥有的优质资源。

（6）增加餐饮企业餐饮产品销售的总价值。适度、合理的餐饮营销，能有效提高餐饮人均消费（平均每位客人每餐支付的费用）、增加顾客的回头率（客人重复光临本企业的概率），并使企业的餐座销售额（总销售额与座位数之比）、座位周转率（某段时间的用餐客人数，座位数×餐数×天数）、员工销售额（单位服务人员服务的客人数和销售量）及各时段销售额（某段时间内企业所服务的客人数和产生的销售额）明显提高。

3. 选用营销方式

餐饮营销作为餐饮企业积极适应市场竞争的重要手段，巩固餐饮市场份额的重要举措，整合企业资源的有效途径，激发企业活力、夯实企业文化的积极办法，在餐饮企业经营活动中的作用日益突出。不同形式、方法、途径和手段的餐饮营销形成了众多的餐饮营销类型。餐饮营销的种类可以按照其营销方法、营销时间、营销对象和营销活动内容等标准进行分类。

（1）按照营销方法分类

① 折扣营销。是指利用餐饮企业的折价、优待券、积点券等对价格进行折扣的营销活动。其形式一般有消费总额折扣、菜金折扣、菜价折扣、服务费折扣、赠送饮品或水果折扣等。VIP卡是折扣营销的典型策略。淡季折扣、周年折扣和现金折扣是现行餐饮企业的常用折扣策略。

② 价格营销。是指利用餐饮价格的尾数策略和特价策略进行餐饮营销。它抓住消费者的"心理价格"，迎合了顾客消费习俗的心理效应。

③ 赠品营销。是指通过美食节抽奖的奖品，赠送小菜、饮品、水果、扎啤或餐后的甜点等，餐后赠送印有本餐饮企业标志的赠品等方法进行营销。赠品的形式和内容一般视销售情况而定，节假日赠品营销，普遍被餐饮企业所使用。

④ 参与美食发布会。参加各种美食展示、展览及顾客购买餐饮产品附送新产品的活动。

⑤ 氛围服务。是指餐厅的各种乐器表演、服装表演，餐厅的装潢和布置，以及游戏等活动。

⑥ 餐饮服务营销。附加服务、知识性服务、赠送礼物服务和表演式服务等。

（2）按照营销时间进行分类

① 周营销。每周固定的时间进行相应的营销活动，如每周末进行赠送、折扣活动。

② 月营销。餐饮企业每个月用特定的营销手段进行营销，如每月推出系列的特价菜式、酒水及其他食物产品形式。

③ 季节推销。依照一年的春、夏、秋、冬季节的变化，进行相应的营销活动，如春季以鲜花为主题推出鲜花菜点供顾客选择，推出系列时令蔬菜菜点组合等。

④ 年度营销。是指餐饮企业利用周年庆、特殊纪念日等重要年度时间进行的营销活动。

⑤ 特定节日营销。餐饮企业针对每年的各种中外节日，推出的各种和专门的营销活动，如许多餐厅在情人节推出的情侣套餐特价；在儿童节推出的儿童套餐优惠价等。

⑥ 特定时间营销。餐饮企业针对一天的早、中、晚餐分别推出的营销活动,如在每日午餐推出 7.5 折价格折扣,晚餐推出 8.5 折价格折扣活动。

（3）按照营销对象分类

① 企业内部营销。从事餐饮工作的各类人员,也是不可忽视的消费者,餐饮内部营销就是餐饮企业对其内部的各类工作人员进行的特定的营销活动。

② 目标消费者的营销。餐饮企业针对一般消费者、常客和重要客人等各种餐饮消费者采取的餐饮营销活动。

（4）按照营销活动内容分类

这是指通过举办不同主题的美食节,参加餐饮风味食品展示展销活动,参加不同等级、不同规模的烹饪比赛,以及名点、名菜、名店等评比采取的餐饮营销活动。

4. 开展营销活动

营销活动是指营销过程中的方法和内容。每一种营销方式都有很多的具体营销方法、营销手段,可以开展多种营销活动。如餐饮优惠营销是一种营销方式,而这种营销方式又可以有价格优惠、折扣优惠、赠券优惠、抽奖优惠等多种优惠营销的活动和方法。同样,形象营销是一种营销方式,而这种营销方式又可以采用广告宣传、公关宣传、现场感受等营销活动和方法来达到形象营销的目的。所以,开展营销活动是餐饮营销管理的中心环节和主要工作内容,也是各种营销方法的具体运用。

5. 评价营销效果

评价营销效果是判断营销成绩,找出存在问题,不断提高营销水平的重要措施。评价餐饮营销效果重点采用两种类型的评价指标:营销效果的客源评价指标和营销效果的经济评价指标。

16.2　主题餐饮营销策划

1. 节庆营销

一般餐厅在承办喜庆宴会、团体会议、展示会、发表会、酒会之外,还需承办各类季节性、庆贺性的营销活动,以争取更大的客源与营业收入,平衡旺季和淡季的营业差额。简单地说,饭店餐饮部要根据不同时令、节庆,针对某些特定人群、团队进行多样化的专案营销,策划各类活动,来吸引顾客消费。

（1）情人节营销专案

每年 2 月 14 日是西方情人节,又名"圣瓦伦丁节"。传说圣瓦伦丁带头反抗罗马统治者对基督教徒的迫害,被捕入狱,入狱后典狱长的女儿为他的凛然正气所折服,爱上了他。公元 270 年 2 月 14 日这天罗马政府下达了对他的死刑判决。临刑前,圣瓦伦丁给了典狱长女儿一封信,表明了自己光明磊落的心迹和对她的一片情怀,使得刑场上的人深受感动。自此以后,基督教徒便把这一天定为情人节。近年来,由于受西方的影响以及媒体的炒作,年轻人们已对这个西方的节日情有独钟。餐饮企业正好锁定这个消费群,设计不同的情人节套餐或舞会等营销专案。例如,推出情人节舞会套餐或情人节温馨套餐,在卖场设计上用心形饰物、花朵、音乐盒、精美贺卡来装饰,并播放欧美的经典爱情歌曲,如 Can

You Feel The Tonight，*I Will Always Love You*，*Without You* 等。

农历七月七日是中国的情人节。近年来，过中国情人节也成为一种时尚，餐饮企业也可在农历七月七日举办营销活动。

饭店餐饮部在做情人节专案时要考虑到情侣的特点，多用小桌设二人座，并在当天更换灯泡，把光线调低，准备蜡烛，餐桌上摆放玫瑰花或祝福贺卡，把餐厅布置得温馨甜蜜。菜肴多选用象征爱情美满的菜名，如甜甜蜜蜜、心心相印等。

（2）端午五黄宴专案

农历五月初五，是我国传统的节日——端午节。这个节日，是家家户户包制粽子的时节。端午节来历说法不一，有说是爱国诗人屈原投河的纪念日，有说是古代消毒避疫的日子。所以这一天便流传了许多驱邪、消毒和避疫的特殊习俗，如插蒲子艾叶、喝雄黄酒、祭五瘟使者等。我们要根据端午的风俗特点，设插菖蒲、悬艾叶、佩香囊、食五黄等方案，如"观龙舟、吃五黄""吃五黄送粽子"等。在江浙一带端午节有吃黄鱼、黄瓜、黄鳝、咸蛋黄和黄酒（或雄黄酒），以及吃白肉、煮蛋和粽子的习惯。

（3）谢师宴专案

每年 5—9 月是高中生毕业、高考生录取之时，众多学生为了答谢恩师或同学离别聚会，就要到餐厅聚餐。各饭店餐饮部要抓住这个机会，预先提出谢师宴营销活动。为减少广告费用的开支，饭店可用寄发直邮广告的方式送达各校班委会，直接进行营销。此宴会的策划应以适应年轻人为首选，采取比平常优惠的价格来引导消费，开设自助式、酒会式，同时提供舞池、音响等优惠内容。

（4）中秋团圆宴专案

农历八月十五是我国民间的传统中秋佳节，据传已有 2000 多年的历史了。我国古代帝王有春天祭日、秋天祭月的礼制。中秋节赠送月饼、家人团聚、供奉月亮是重要的内容。所以在策划专案时要把月饼与团圆联系起来，如设计月饼与团圆套餐的礼券、购月饼赠团圆宴的活动。在设计中秋卖场时也要结合月亮做文章，如登台望月、泛舟赏月、饮酒对月等，所以有条件的饭店可以将卖场延伸至露天或平台，以圆桌菜、自助餐形式均可，可提供团圆吉祥菜肴，并伴有月饼、芋芳、桂花酒等。在露台上设置香案，摆上供品，有月饼、瓜果、藕，给就餐的人士提供祭拜月亮的场所。

（5）圣诞节营销专案

12 月 25 日为西方圣诞节，圣诞节是纪念耶稣诞生的日子，但今天已不仅仅是原来意义上的宗教节日了，是西方国家盛大的年节。一般餐饮业在 12 月 24 日平安夜和 25 日、26 日 3d 举行圣诞大餐，以西式自助或西式大餐的形式出现，同时包括圣诞舞会或圣诞节晚会，价位将比平常高出很多，但卖场的策划设计费用比其他活动都高。圣诞的装饰将在11 月底就开始布置，室外由彩灯、满天星、光纤维等发光器材组成或装饰的"圣诞树""圣诞老人""鹿拉雪橇"和文字及其他装饰，大厅有圣诞屋、圣诞花环、圣诞礼品等，以及选用圣诞节的传统曲目作为背景音乐。

（6）除夕年夜饭专案

除夕夜一向是中国人全家大小团圆聚餐的时刻。在传统的过节方式中，人们从年前忙到年后地穿梭于炉灶之间，为张罗团圆饭筋疲力尽。近年来，城市中已有许多家庭选择到饭店享受既精致美味又省时省力的年夜饭。所以许多餐厅便看好这一消费市场,大力推行除夕夜年夜饭专案的营销活动,以各式烹调美味的时令佳肴与象征好彩头的菜肴名称,营造出除夕夜年夜饭欢乐温馨的气氛。此外,有些饭店在过年期间,饭店有资源从事"外带"套餐的方式,将一些平日仅见于餐馆的菜肴提供顾客外带回家享用,颇受大众喜爱,或提供厨师上门服务。这种"外带"餐饮和上门服务的经营方式不仅满足了现代人既省时省力又喜好享受的需求,更顺应了除夕夜在家团圆用餐的习俗,不失为饭店营销的方法之一。

(7) 年终团拜及春酒专案

许多企业单位习惯于通过团拜或春酒来犒赏员工一年来的辛劳,针对这项消费需求,宴会厅便于每年元旦前至春节前一个月及春节后一个月推出年终团拜与春酒的营销专案,以吸引企事业单位群体。为了达到营销目的,此类专案宴席起价约比一般平常优惠,并随桌附赠部分酒水。有些饭店一次宴席桌数超过一定数量后,还额外提供奖品供摸彩之用。一般设计年终团拜及春酒营销专案的广告,这些营销广告的文字内容不必过于详尽,应以能吸引顾客注意为前提,其余宴会优惠细节则可待与顾客接洽时再详细告知,以免因优惠内容太多而引起业界的恶性竞争,或因供应条件太差而无人问津。

2. 美食节营销

美食节即餐饮美食节,又称风味特色食品节,是餐饮企业在一段时间或一个周期内推出的某一主题或某一风味系列餐饮产品或服务的活动。除推出节庆与季节性专案外,还可根据生意状况,在清闲时段推出美食活动。美食节营销是近几年餐饮行业经常使用的一种营销手段,它主要是利用具有一定主题的活动来对其餐饮产品进行营销。餐饮企业成功策划实施美食节营销既是企业文化和管理实力的象征,又是扩大企业社会影响、增加企业效益的有效举措。

(1) 美食节主题的选择

餐饮企业利用美食节进行营销活动主要有两个方面的含义:一是自己举办美食节来营销其餐饮产品;二是参加一些机构举办的美食节对自己的产品进行宣传和销售。美食节的主题可以千变万化,任何奇异风情的、古今中外的主题都能成为举办美食节的最好资料。就餐饮企业自己举办美食节来说,其主题的选择主要应该从以下几个方面入手。

① 以某一原料为主题。食品原料的范围非常广泛,以某一原料为特色主题来举办美食节,主要是集中体现该原料的风味特色。以某一原料为主题的策划如表 16-1 所示。

表 16-1　以某一原料为主题的策划

特　点	主　题	美食节(宴)名称
体现时令	野蔬美食	野味菜美食节、龙井茶宴美食节、五谷杂粮宴
	时令鱼美食	野生黄鱼美食节、时令刀鱼宴、金秋肥蟹美食月
	鲜果美食	椰子宴美食节、果汁宴、芦笋宴
体现风格	海鲜美食	小海鲜美食节、龙虾美食节
	蜗牛美食	天然昆虫宴、法国蜗牛宴
	绿色食品	绿色豆芽美食节(黄豆、绿豆、毛豆、扁豆、赤豆)
体现技艺	全羊风味	烤全羊风味美食节、全羊宴美食节
	鱼米之乡	年年有余美食节、全鱼宴、百鱼宴
	特色风味	饺子宴美食节、烧烤美食月

② 以地方菜、民族菜为主题。我国是地大物博的多民族国家,饮食文化丰富多彩。以地方菜为特色举办美食节是各饭店的常用方法,一方面可以引领消费者消费;另一方面可以留下特色菜肴。以地方菜、民族菜为主题的策划如表 16-2 所示。

表 16-2　以地方菜、民族菜为主题的策划

特　点	主　题	美食节（宴）名称
体现民族风情	地方美食	蒙古族风情美食节、羌族风情美食节、湘粤风情美食节
体现异国风情	异国美食	泰国风味食品节、大亚洲风味节、阿拉伯清真宴

③ 以名人文化为主题。从古到今,历史名人与菜点有着不解之缘,推出名人文化菜肴来吸引消费者,也是饭店常选之举。以名人文化为主题的策划如表 16-3 所示。

表 16-3　以名人文化为主题的策划

特　点	主　题	美食节（宴）名称
体现文化	名人饮食文化	板桥宴美食节、东坡宴美食节、首相食谱美食节
	文学饮食文化	随园菜美食节、红楼宴美食节
体现复古	宫廷风味	乾隆御宴美食节、清宫御宴美食节
	仿古风味	南宋风味美食节、大唐风情美食节

④ 以食品功能为主题。根据原料与菜点的营养和功能为特色,举办美食活动,特别是体现疗效的美食,有老中医坐诊,把脉开方,由厨房烹制单个食用,每人食疗有一定的周期。以食品功能为主题的策划如表 16-4 所示。

表 16-4　以食品功能为主题的策划

特　点	主　题	美食节（宴）名称
体现养生	全素风味	全素养生美食节、百菇煲仔美食周
体现功效	美容健身	养颜系列菜美食节、高考健脑菜品美食月
体现疗效	保健治疗	滋补药膳美食节、食料菜点美食节

⑤ 以本地区、本饭店菜点为主题。利用本地区、本饭店的传统菜、创新菜为主题,推出美食活动,如百年回顾美食节、杭派新菜美食节。以本地区、本饭店菜点为主题的策划如表 16-5 所示。

表 16-5　以本地区、本饭店菜点为主题的策划

特　点	主　题	美食节（宴）名称
体现菜肴特色	传统风味	百年回顾美食节、老杭州风味节
	新潮风味	杭派新菜美食节、老店新开美食展示月
	创新风味	西溪美景美味风韵节、运河风情美食节
体现谢恩氛围	周年庆典	周年庆典谢恩节、十年庆典优惠月

⑥ 以餐具容器为主题。以餐具容器为主题而制作的菜肴命名而成的美食节,如砂锅美食节、自助火锅美食月等足以吸引客人消费。还可以在推出的火锅上做文章,如自助火锅、鸳鸯火锅、海鲜火锅等。以餐具容器为主题的策划如表 16-6 所示。

表 16-6　以餐具容器为主题的策划

特　点	主　题	美食节（宴）名称
体现容器特色	铁板	铁板烧美食月
	砂锅	各式砂锅美食节、野味石锅节
	煲仔	煲仔美食周、煲仔饭美食月
	火锅	海鲜火锅节、自助火锅美食月

（2）举办美食节要考虑的因素

美食节营销可以在短期内给企业带来一定的经济效益，同时还可以给企业带来长期的社会效益。举办美食节进行营销，应着重考虑以下几个因素。

① 餐饮企业的效益。美食节活动应该围绕餐饮企业的效益来进行，不仅要考虑企业的短期经济效益，增加营业额，扩大产品的销售；同时，也应该考虑到餐饮企业的社会效益，为创造餐饮企业的声誉，树立餐饮企业良好的市场形象。由于美食节活动要花费一定的人力、物力和财力，餐饮企业在举办美食节活动营销的时候，应当充分衡量其中的利弊，增加企业的经济效益。

② 全体员工的培训。举办美食节，餐饮企业需要良好的餐饮管理、技术和服务人力资源，这就需要餐饮企业员工的素质达到一定的要求。因此。餐饮企业就必须对相关的工作人员进行培训，培训后的工作人员的综合能力应达到美食节营销活动的要求。

③ 活动所需的场地和时间。举办美食节、会展等活动需要一定的场地和时间。针对企业自身的资源情况和餐饮市场的变化，餐饮企业应当考虑到营业厅堂的大小、厨房的规模等场地问题，同时也应该考虑到活动举办的时间季节等，不能违背餐饮消费的自然习惯，如夏天举办"草原羊肉节"肯定不符合消费者的饮食习惯。

（3）美食节运作步骤

每年年底前就做好第二年的初步餐饮美食方案，新年中按既定计划逐步实施美食活动。一般运作一次美食节需要做好以下 7 个步骤。

① 把握契机、分析策划。美食节活动具有阶段性，它要求每一次美食节活动前都要把握好契机，拟订活动计划。把握好契机，首先要了解市场行情，当前是否有一些重要事件（纪念日、重大要事、国际与全国会议等），其他竞争对手是否有类似的美食活动，市场现在需要什么样的美食活动等。再根据市场需求和自身条件，初步拟定一些主题，然后指派员工深入市场，广泛调查研究，分析比较，进行策划。一般策划内容有时间策划、主题策划、场地策划、形式策划、内容策划、宣传策划、展台策划。同时撰写美食节方案，提交饭店由执行经理或饭店办公会议通过后实施。

② 确定主题，预算投资。美食节营销的主题，是决定和影响整个美食节成败的根本。所确定的主题，必须同时兼顾时令性和技术力量的来源，以确保美食节能如期举办并取得较好效果。有条件的星级饭店，应由运转总经理召集餐饮部经理、总厨师长、餐厅经理、公关部经理、营销部经理等有关人员研究讨论，确定一个主题，然后进行分头工作，提出具体要求，以保证美食节活动有目的、有计划、有组织地顺利开展。美食节活动要对客源做出预测，分析可能接待的人次、人均消费和销售收入，并对如何组织客源提出解决办法和措施，以供领导层决策参考，确保美食节活动能够取得预期效果。有些重大的美食节活动要

从国外聘请名厨大师，进口食品原料，利用设施设备布置就餐环境。为此，美食节活动计划应对投资及效果做出预算，其内容包括费用开支项目及数额、预算总收入，成本消耗和预计经济效益。以防止活动搞得轰轰烈烈，但经济上得不偿失。

　　③ 成立班子，各司其职。主题确定以后，立即成立美食节领导班子，一般由执行经理挂帅，餐饮部经理、总厨师长、公关部（或营销部）经理为辅，成员包括采购部经理、餐厅经理等相关人员。先编排全面详细的活动计划，以防止美食节期间出现差错，尤其是请外地、外单位人员来本店厨房主持的美食节，计划应该包括活动起止日期，每天生产和营业时间、场地、用具、人员、原料的组织和人员费用等。然后根据总计划去分别落实、行动。厨房生产应由总厨师长召集部门厨师长、主管或领班人员，研究货源、菜肴的制作计划等。

　　④ 制定菜单，落实人员。及早制定一份富有新意和吸引力的美食节营销菜单（包括小吃、点心单等）是十分重要的。菜单品种的选定既要突出美食节的特点，又要考虑到宾客的实用价值；既要考虑菜品的风味特色，又要考虑到厨房技术力量，还要考虑到菜品吸引宾客的新意。要从菜单的档次、价格进行合理的搭配组合，进而要测算每份菜的成本、毛利和售价。为了保证菜单品种的如期推出和出品质量，至少应将所有推出菜点的主料、配料、盛器和装盘规格，列表做出明确规定。如果可能，及时给每一菜点制定标准食谱卡，要求厨房员工按规格、按要求、保质量，落实到每一盘菜品上。如果既定的美食节碰到厨房生产比较繁忙的时候，也应调剂、落实各岗位人员，以保证美食节的正常进行，这就要求厨房内部做好详细的时间计划，力求使有限的场地、设备用具发挥更大的作用。

　　⑤ 组织货源，开展宣传。菜单确定以后，一项很重要的工作就是筹备食品节所需各种原材料，不仅要备齐美食节推出菜点的主料、配料，同时还要根据美食节用料清单，想方设法备全各种调味品、盛装器皿和装饰物品。饭店采购部要会同餐饮部前后台做好各项原材料的采购工作。美食节对外界的影响大小和成功与否，在很大程度上取决于广告的宣传。要在美食节举办之前，详细周密地计划和分步实施广告宣传活动。美食节活动的印刷品除了广告宣传用品外，还有菜单、酒单等。这些印刷品的设计和印刷质量，应与饭店餐饮规模、档次相适应，既要美观大方，又要突出美食节的主题，还要注意保持餐厅一贯的宣传风格和强化给客人的印象。

　　⑥ 实施运作，协调分析。美食节活动是以厨房、餐厅为主体，同时需要各级、各部门的协调和配合。各部门应根据活动计划的安排，积极主动地做好各方面的准备，实行标准化管理。采购部门每天保证食品原材料供应；厨房按菜单设计生产，保证产品质量；餐厅按美食节活动计划要求，每天做好环境布置，热情营销产品；工程部门保证席间节目设施、设备安全，在空调、灯光、演出设备等方面满足活动需要。餐饮部经理和餐厅经理要加强巡视检查，随时征求客人意见，不断改进服务质量，处理各种疑难问题，保证美食节活动的成功。美食节期间，每天要统计出餐厅或美食节活动的接待人次、座位利用率、客人的食品和饮料人均消费、总销售额、座位平均销售额、毛利额、毛利率、成本消耗等，并分析前后各天的变化情况，从中发现美食节活动期间的成绩和存在的问题，不断改进工作，以降低消耗，提高经济效益，完成或超额完成美食节活动计划指标。

　　⑦ 总结评估，积累资料，完善档案。美食节是饭店、餐馆的一项综合性、集体性的

活动。在筹备阶段,美食节组委会经常召开碰头会,研究问题,落实措施。美食节期间,不定期召开碰头会,研究营销策略和市场反馈,及时调整布局。美食节结束,要召开总结会,应对美食节进行全过程的总结评估,以积累一定的组织筹划、原料采供、生产制作等方面的经验教训。美食节结束以后,餐厅转入正常经营。餐饮部经理、总厨师长要认真总结经验教训,全面分析美食节活动效果。对美食节活动的计划安排、准备工作、各级各部门的协调情况、产品销售情况、服务质量、客人反应等,进行具体分析,写出总结报告。美食节活动结束以后,菜单、主要原料供应、每天的销售分析报告和总销售报告要分类存档。其中,哪些菜点喜爱程度高,哪些菜点喜爱程度低,要特别保存,以便为下一次美食节活动提供决策参考。无论此类美食节以后再举办与否,都要做好一定的文字资料积累,为菜肴的推陈出新和其他不时之需做好准备。同时,将特别受欢迎的菜点纳入正常经营的菜单之中。

3. 策划方案的评分标准

策划方案的评分标准如表 16-7 所示。

表 16-7 策划方案的评分标准

因素 I	餐饮美食表现程度 Q	评分 PI	权重 HI	加权分值 PHI
目的性	很好 好 一般 差 很差 (以上 5 项选其中 1 项)	1~10 分	4.00	分值×权重
餐饮文化			5.00	
满足基本需要			4.00	
独特性			5.00	
质量			5.00	
真实性			4.50	
传统			4.00	
适应性			4.00	
殷勤好客			4.00	
确切性			4.00	
主题性			3.00	
象征性			5.00	
供给能力			2.50	
便利性			2.50	
总评分			加权总评分	

知识链接

1. 影响餐饮营销的因素分析

(1) 宾客对餐饮的需求

餐饮实体所面临的并非是由需求基本相同的顾客所组成的一个简单的同质市场,而是一个由许多具有不同需求的顾客所组成的异质市场。餐饮市场的消费者需求一般可分为两大类:一类是生理方面的基本需求;另一类是由于受到社会影响产生的各种心理方面的需求。

① 生理需求

- 营养。人体的营养是从饮食中获得的，因此，营养离不开每一天、每一餐的饮食。宾客希望餐饮实体提供的菜点、饮料能够科学地满足他们的营养需求，并希望标明食品的营养成分及其含量。餐饮经管人员有责任使自己提供的菜点、饮料营养成分合理，以供宾客挑选，以保证食物质量优良。

- 风味。人们光临餐厅的主要动机之一是为了品尝菜点的风味，通过味觉、嗅觉、触觉等感觉器官来体验菜点的特色。它是宾客挑选食物的最重要的因素。宾客对风味的期望和要求各不相同。有的喜爱清淡爽口，有的热衷于色浓味重，有的倾向于原汁原味，餐饮实体应尽量针对宾客的不同需求，提供各种风味的菜点。

- 卫生。菜点、餐具及餐饮环境的卫生是宾客关注的重点。宾客进入餐厅会自觉或不自觉地观察和判断各方面的卫生状况，出现不卫生的情况，即便是不太显眼，也会令人产生反感。如发生食物中毒，会给宾客带来极大的伤害和痛苦，也会严重影响餐饮实体的声誉。所以，餐饮实体要重视卫生，确保宾客的身体健康，心情舒畅。

- 安全。安全是宾客基本的生理需求之一。在餐厅可能发生的安全事故有汤汁洒滴在宾客的衣物上，破损的餐具划伤宾客的手、口，路面打滑使宾客摔跤，甚至用餐时吊灯脱落击伤宾客，凡此种种，对宾客的伤害是巨大的，造成的损失是难以挽回的。所以要经常进行安全检查，采取安全防范措施，防止各类安全事故的发生。

② 心理需求

宾客的精神享受欲望越高，他们对于餐厅的环境、气氛及服务的要求也越高，或者说，他们的心理需求更为复杂和苛刻。主要表现在以下几个方面。

- 受欢迎的需求。宾客光顾餐厅，希望得到"宾至如归"的感觉。宾客一进餐厅，举目就见鲜花、微笑，餐厅引座员立即上前欢迎，并根据不同对象，迅速安排座位。餐厅举办重要宴会时，餐饮部经理、公关人员等亲自迎接宾客。宾客临走时，送上"欢迎再次光临""请留下宝贵意见""祝您晚安"等敬语，全过程给宾客留下美好、愉快、难忘的印象。这些都是迎合宾客希望受到欢迎的需求的措施。受欢迎的需求还表现在宾客愿意被认识、被了解。当宾客听到服务员称呼他的姓氏时，会非常高兴。服务员记住了他所喜欢的菜肴、习惯的座位，特别是记住了他的生日，宾客更会感到自己受到了重视和无微不至的关怀。

- 受尊重的需求。尊重宾客是服务人员必须做到的。宾客需要帮助时，服务人员应该表现出真诚与热情，并立即彬彬有礼地提供必要的服务；服务人员任何时候都不能对宾客之间的谈话表现出特别的兴趣，更不能偷听；绝不允许随便插话，特别是不能与宾客发生争执；不可有催促宾客用餐的言行；对女宾更要礼让三分，倍加尊重，切记"女士优先"的原则。

- "物有所值"的需求。"物有所值"就是要物价相符。"价高质优"是高消费层次的需求。例如，豪华或高级餐厅中总要设置食品陈列柜或陈列桌，放置鲍翅、山珍、正宗新鲜的果蔬等食品和各种高级饮料，以显示其优良品质，使宾客相信其购买的是货真价实的食品。

相反,餐厅服务员不善于介绍和推荐餐饮实体的菜式;宾客等候上菜的时间过长;服务操作不熟练,动作迟缓;上桌的菜肴温度过热或过冷;菜肴不熟或上错菜等都会使宾客感到"物非所值",从而招致宾客的抱怨和不满。

- 显示气派的需求。饭店应该有足够显示气派的专用餐厅及宴会厅,环境布置高雅,气氛热烈,餐具、用品讲究,配以高标准的美味佳肴,以显示用餐者或来宾的身份价值。
- 方便的需求。所有的宾客都希望餐饮实体能提供种种方便,这就要求服务人员提供周到的服务,处处为宾客着想。如对餐厅出入口、洗手间、酒吧、吸烟室和安全门等设置明显的指示牌。

(2) 影响宾客饮食爱好的因素

① 内在因素。指与菜点的色、香、味、形、温度、质量等直接联系在一起的因素,如装盘的方式、供应时的温度、服务方式等都会对宾客的消费产生影响。

② 外部因素。影响宾客选择食品的外部因素很多,最主要的有以下几项。

- 环境。环境在销售活动中的作用和商品包装在销售中的作用相仿。光线、装饰、色彩、温度、噪声等环境因素是对服务的"包装",向宾客表明餐厅能提供什么样的服务,并对人们的饮食爱好产生一定的影响。
- 情绪。人们对食品质量的期望值与用餐时的情景有关。如人们在社交、典礼等场合希望食品质量高、服务质量好;而在一般的朋友聚会时的要求则要低得多。
- 广告。广告起导向作用,并能影响人的消费态度。

时间和季节性变化。某些季节性食品特别是蔬菜和水果,对人们选择食品的方式有很大影响。此外,餐饮营业时间、就餐时间的长短等都能影响宾客对食品的选择。

③ 生理和心理的因素。生理机能失调会对人们的饮食爱好产生极大的影响,而这些变化又常和心理因素的影响有关。

在各种人口因素中,年龄和性别是影响饮食的主要因素。例如,年轻人比较喜欢快餐;而年长者则更喜欢素食等。

④ 个人因素。

- 期望标准。人们对食品或餐厅服务的期望会影响饮食爱好和食品选择。到餐厅就餐时,一般来说宾客的期望标准比较高,如果食品质量比预期的差,就会影响人们对食品的爱好程度。
- 熟悉程度。对菜单内容的描述,使用宾客熟悉的术语,宾客更容易接受菜单上的食品,当然描述性的菜单还能增强食物的吸引力。
- 他人的影响。人们的餐饮爱好与家庭、朋友的影响有关。如在自助餐厅里,排在前面的人挑选什么食品,对后面的人会产生一定的影响。一般来说,人们最愿意接受专家和亲友的建议。
- 食欲和心情。宾客如果心情好,对餐饮的欲望就强,对服务人员的过错就能给予谅解;反之,心情不佳,对服务会看不顺眼,对食品会十分挑剔。
- 家庭人口因素。年轻的家庭注重消费能力,而45～60岁的夫妇则关心减少热量和胆固醇。

● 文化水平。文化水平也影响人们的饮食爱好和食品选择。接受过营养学方面教育的宾客，对饮食爱好和食品选择与不具备营养学知识的人有很大的区别，前者不受他人影响，在选择菜肴时注重营养成分搭配。

⑤ 社会经济因素。社会经济因素决定了人们的消费能力，人们选择的菜肴食品与其经济收入有密切的联系。

⑥ 文化和宗教因素。了解文化传统和宗教信仰对人们饮食爱好的影响，是餐饮营销活动中的一项极其重要的工作，要尊重传统习俗和宗教信仰对人们饮食的禁忌与制约。

2. 餐饮营销对象的消费行为分析

餐饮营销对象虽然具有复杂性，但从这些营销对象的消费方式和消费行为来看，可大致分为以下两种类型。

（1）家庭与散客的消费行为分析

家庭与散客消费是我国餐饮市场消费的支柱。正确认识家庭与散客消费特点，是做好餐饮营销管理的前提条件。现阶段，家庭与散客的餐饮消费行为有以下4个基本特点。

① 日常消费的随机性。在我国，人们的饮食消费以家庭为主，单位次之。在日常生活中，家庭与散客不可能每天或每周定时外出用餐，因而其外出用餐的消费行为具有随机性。其表现常常是外出办事、购物、休闲、出差、旅游等，因临时需要、受环境影响或宣传刺激等而发生消费行为，到酒楼餐馆或饭店宾馆用餐的。日常消费的随机性对餐饮营销来说，往往靠餐厅的地理位置、交通条件、门脸装修、店铺广告、企业形象和声誉等因素来营销。

② 节假日购买的集中性。家庭型散客餐饮消费的集中性以"春节""五一""十一"3个长假为主。此外，还有元宵节、端午节、中秋节、圣诞节、情人节和周末等。家庭型散客节假日购买的集中性对餐饮企业的营销管理来说，要求必须认真做好节假日期间的每天每个餐次的提前预订、用餐时间安排，尽可能延长时间，提高餐位翻台率和家庭客人的人均消费。同时增加老年菜单、儿童餐牌，从而获得更好的经济效益。

③ 消费需求的多层次性。由于不同家庭与散客的社会地位、收入水平、支付能力、用餐目的区别较大，因而必然带来消费需求的多层次性。高、中、低档的消费需求、消费方式、消费水平往往有较大区别。为此，餐饮管理必须充分运用菜单和价格营销手段与方法，充分满足客人的多层次、多方面的消费需求，以便增加收入。

④ 消费心理的经济实惠性。餐饮家庭与散客消费与公款消费不同，除个别特殊目的外，绝大多数的家庭与散客外出用餐，都十分注重经济实惠。其基本表现：餐厅环境一定要美观大方、清洁卫生；菜单花色品种要菜点种类齐全，高、中、低档菜点结构合理；菜点价格要有高有低、品质优良、质价相符；菜点装盘要分量充足、无缺斤少两；餐厅服务要一视同仁、童叟无欺。这些要求是家庭与散客餐饮消费的共同特点。

（2）单位与团体客人的消费行为分析

单位与团体客人的餐饮消费以公款为主。每次用餐人数较多，大多在餐饮企业的小型宴会包间、KTV或单间内用餐。他们的餐饮消费行为具有以下4个基本特点。

① 购买目的明确具体。单位客人是指各种企业、社团、机关、事业等单位的客人。团

体客人则主要是指旅行社的团体客人和各种会议用餐的客人。这两类客人购买餐饮服务的目的非常明确具体。单位和团体客人消费的这种特点要求餐饮营销管理的具体方法要有针对性,即要在宣传沟通的基础上,广泛联系客户,建立客户档案,针对客人的消费需求设立各种包间、包房。采用灵活的经营方式、菜单设计等,做好营销工作。

② 一次消费客人较多。单位与团体客人用餐属于集团消费的范畴,不但以公款为主,而且每一次的消费客人较多。少则 3~5 人一批,多则几十人,甚至几百人一批。由于以集团消费为主,一次客人较多,餐饮营销管理要全面考虑单位和团体客人的消费方式、需求档次、消费水平、支付能力等,将宴请、会议、团队、聚餐、娱乐等消费方式结合起来,采用灵活多样的营销方法,以提高餐位利用率,增加经济收入。

③ 消费档次规格较高。单位与团体客人用餐,除经济等旅行团队外,大多消费服务的档次规格较高。针对这种消费特点,餐饮营销管理必须认真研究除一般经济等团队客人外的单位客人的消费目的、消费档次、消费规格、消费心理,要有针对性地做好餐饮营销。

④ 易于成为忠诚客户。单位与团体客人的客户地址是比较稳定的,他们一旦成为餐饮企业的团体或单位客户,只要餐饮企业的地理位置离他们较近,餐厅环境、产品质量、消费价格符合他们的要求,餐饮服务质量优良、能够给他们留下良好印象,他们重复消费的可能性就较大,易于成为餐饮企业的忠诚客户。为此,做好餐饮营销管理就应该以本企业周围的大中型机关、社团、企业、科研院所等单位客户为主,采取各种营销手段和方法,大力培养忠诚客户,大量增加客源,提高餐位利用率。

3. 客户资料的收集和整理

客户资料即餐饮消费者或餐饮消费团体有关消费能力、结构、历史、喜忌及消费行为发生的各类信息汇总,一般以客户档案的形式存在。随着餐饮业的飞速发展,餐饮企业之间的竞争日趋激烈,经营、服务的竞争已经逐步地体现在对客户关系的维护和发展的竞争上。因此,有效的客户资料管理已经成为餐饮企业营销活动的一个关键环节。在激烈的市场竞争中,为了保持客户对餐饮产品的忠诚度,餐饮企业只有不断地提升自身服务质量和完善服务设施,赢得更多的客户,才能有效提高企业的产品销售。

(1) 客户资料管理的作用

加强客户资料的建立和管理,是餐饮企业信息资源的重要积累。建立客户资料是餐饮市场的竞争环境的需要,是保持顾客的忠诚度的需要,同时也是满足客人个性化消费需求的需要。通过查阅客户资料,餐饮企业可以更好地了解客人的具体情况,以便有的放矢地开展对客服务和销售工作。

① 能够对客人的特征和消费历史情况进行量化分析。充分挖掘客人的消费能力,在有限的资源基础上提高销售额和销售利润。

② 对客户消费的行为进行各方面的分析,使客户流失、价值下降等情况能自动报警,为餐饮企业的管理决策提供依据。

③ 能够知道客户的有关情况,并依据该情况提供相应的个性化服务,满足客户的个性化消费需求。

④ 可以随时查询到客人的生日等纪念日的情况,可以根据客人的价值排行榜作相应

的关怀。

（2）客户资料的内容

各餐饮企业由于所处的位置、地域、经营状况等的差异，其客户的构成情况也存在较大的不同。就一般的情况来看，餐饮企业的客户资料内容主要包括以下几个方面。

① 客户基本资料。如客户的姓名、年龄、学历、民族、国籍、社会地位、职业、职务、工作单位、通信地址、电话、出生年月、消费次数及消费金额等。例如，在客人的生日、结婚纪念日，公司客户的公司成立日，客户即将举办的各项活动前等，可以通过各种方式（电话、拜访、电子邮件等）关心和拜访客户。个人客户基本资料档案卡如表16-8所示。

表16-8　个人客户基本资料档案卡

建卡日期：　　　　　　　　　　　　　　　　　　　　　　　　　　　　　　编号

姓名	性别	生日	住址	电话	单位	职务	口味	备注

② 客户的个性偏好。顾客的外貌特征、消费方式、性格脾气、兴趣爱好、言谈举止、需要特别留意之处和曾经提出的特殊要求等情况。

而对于政府机构和公司而言，不但要收集主要消费者的以上个人资料，而且要了解公司所有者、经营管理者、法人代表及公司的创业时间、组织形式等。这些资料是客户管理的起点和基础，它们主要是通过营销员进行的客户访问所获得的。公司客户基本资料档案卡如表16-9所示。

表16-9　公司客户基本资料档案卡

建卡日期：　　　　　　　　　　　　　　　　　　　　　　　　　　　　　　编号

公司名称		联络方式	老总资料		创办时间	信用状况	营业额	生意潜力	特殊要求
中文	英文		个人	家庭					

③ 客户对餐饮企业和餐饮产品的满意程度。客户对餐饮企业和餐饮产品是否满意，决定着客户是否会重复购买，如客户对餐饮企业和产品的表扬、批评、投诉等。

④ 客户交易现状。现有客户的交易情况，包括企业对客户的销售情况，企业的形象、声誉、信用情况等。

（3）客户资料收集的途径

现代餐饮企业都有收集自己客户资料的途径。一般来说，传统的收集手段主要有市场调查、客户访问、寄送客户调查表和委托专业调查机构等。随着科学技术的发展，诸如网络技术、计算机技术等现代的先进科技手段应用到客户资料的收集、建立工作中，大大提高了客户资料建立工作的速度和效率。

一般来说，客户资料的建立是通过外部和内部两种信息渠道建立的。

①外部收集。外部收集主要来源于：通过餐饮行业系统、酒店行业系统和旅游行业系统等来收集；通过企业、事业和机关单位团队获取；政府有关部门提供的餐饮宴会等重要信息；从电视、广播和互联网中收集；从重要客人中收集；从有关的档案部门、图书馆、研究机构收集；通过报纸、杂志等出版物收集；通过重要顾客的亲友收集。餐饮企业一切外部信息来源渠道都是客户资料的有效建立途径。

②内部收集。内部收集主要来源于：由企业内部的公关部门、销售部门和服务部门等提供；由企业内部的各类员工提供；在企业的客户档案中查找。

（4）客户资料的管理

客户资料在企业的经营管理活动中有着重要的意义。客户资料管理的手段也是多种多样的。餐饮企业除了可以利用传统的手工制作客户资料档案卡片外，还可以利用照相、录音等方式，记录客户的有关信息。在电子计算机技术日益发达的今天，很多餐饮企业也引入了专门的计算机客户资料管理软件来进行客户资料管理工作。需要注意的是，企业由于受到人力、物力等资源的限制，只能对一些重要的客户资料进行收集，在客户允许和确认的前提下，对其提供有针对性的服务。

4. 餐饮内部营销

餐饮营销分两大类，即对外营销和对内营销。对外营销是指为招揽宾客所做的一切工作；对内营销是指采取措施使来到餐厅的宾客最大限度地消费。本节着重介绍对内营销。

（1）餐厅门面宣传营销

门面是餐厅营业场所的外观，是餐饮企业形象和脸面的重要组成部分。做好餐厅门面广告宣传工作，可以树立优良的外观形象，吸引目标市场及周围过往客人前来消费，增加客源。正确运用餐厅门面宣传广告营销方法，重点要做好以下 3 个方面的工作。

①搞好门脸设计和装饰美化工作。一个美观、大方、具有形象吸引力的餐厅或酒楼的门脸是餐饮企业最好的宣传广告，它能给客人留下深刻的第一印象，能够吸引客人的注意力、兴趣、信任而前来用餐。搞好餐厅门脸设计和装修美化要注意两个方面：一是门脸设计和装修要专业化，体现餐厅整体外观形象和装修水平；二是餐厅门脸设计和装修要具有独特风格，要与餐厅经营风味、经营特色相适应，具有独特个性。

②做好店面广告和招牌设计与宣传工作。店面广告和招牌是餐饮企业最好的宣传营销手段之一。它与媒体广告宣传比较，具有投资少、效用期长、影响直接广泛等优点。做好店面广告和招牌设计与宣传，重点要注意 4 个方面：一是店面广告要和门脸装修相结合。有利于突出、强化和美化客厅外观形象。如在店面广告的文字运用、招牌设计、颜色选择、楼面选用的霓虹灯广告形式和表现手法上，都应和门脸装修相适应，相互促进，相得益彰。二是招牌广告要美观、大方、醒目。招牌上的餐厅名称要简练、易读、易记，能使客人产生联想。三是店面广告和招牌都要经过精心设计。做到安装位置合理，形象美观大方，文字清晰简洁。四是门面装修、店面广告和招牌的效果展示都要采用亮化方法，即安装射灯、反照灯、霓虹灯等，以便夜晚起到美化、强化店面形象宣传营销的作用。

③ 搞好橱窗展示宣传营销工作。橱窗展示是餐厅门脸宣传广告营销的重要手段之一。它可以将餐厅的特色产品、厨师技艺、经营特色等展示在客人面前，激发他们的购买兴趣和欲望。做好餐厅橱窗展示宣传营销工作，一要根据餐厅门脸环境和建筑结构，选好橱窗位置，使过往客人很容易观看到，以起到宣传营销效果。二要做好橱窗设计。餐厅橱窗一般要求宽大、美观。橱窗内部要根据需要展示餐厅特色产品，特级厨师的图片等。三要选好橱窗展示的照片、图片、实物等展示物品，保证展示宣传和营销效果，以便广泛吸引客人，达到扩大产品销售、增加经济收入的目的。

（2）服务员形象营销

餐厅的每一位员工都是营销员，他们的外表、服务质量和工作态度都是对餐饮产品的无形营销。

① 制服。餐厅员工穿着制服，会给人以清洁整齐的感觉。制服还有广告的作用，经特别设计又有创意的制服对宾客可产生营销的效果。

② 个人卫生。宾客对为其服务的员工的个人卫生要求很高，良好的个人习惯和清新精神的外表，能感染宾客使其乐意接受服务并经常光临。

③ 举止和言谈。它体现员工内在素质和精神面貌，是体现餐厅管理水平的重要方面，也是人员营销的重要前提和手段。

④ 服务质量。餐厅服务质量高，会使宾客心情舒畅，乐于消费；餐厅服务质量低，会使宾客不满，甚至投诉或不再光顾。因此，要注重服务质量的提高和员工素质的培养，以优质服务吸引更多的客源。

（3）顾客进店时的营销

① 根据不同对象、不同宾客适时营销。针对宾客就餐方式帮助宾客点菜。如宾客是吃便宴，则可较全面地介绍各类菜点；如宾客是慕名而来，则应重点介绍风味菜点；如宾客有用餐标准，则可推荐一些味道可口而价格合适的菜点。对那些经常来餐厅用餐的常客，应主动介绍当天的特色菜或者套菜，使宾客有新鲜感。对带着孩子来用餐的宾客，可推荐适合儿童心理和生理特征的菜点，如颜色艳丽、味道可口的菜点会吸引孩子们的兴趣。

② 及时向宾客提出合理建议。在宾客点菜时及时提示漏点的菜。如在西餐厅，宾客点了主菜而没有要配菜，这时服务员应及时建议几种配菜，供顾客选择；如在中餐厅，宾客点了荤菜，可以建议增加几种素菜等。

③ 根据不同宾客推荐菜点饮料。江南的宾客喜欢吃油少清淡生鲜的菜肴，主食喜欢大米饭；北方的宾客喜欢吃油多色深的菜肴，主食以面食为主；欧美宾客一般喜欢吃肉类、禽类等菜肴；信仰伊斯兰教的宾客在饮食上禁忌较多。在介绍菜点时要充分考虑到这些因素，进行有针对性的营销。

④ 结合菜点加强酒水的推销。在西餐厅，当宾客点要海鲜类菜肴时，可不失时机地介绍一两种白葡萄酒供其选择；当宾客点要甜品时，可征求其是否要白兰地或其他利口酒类。在中餐厅，可以针对宾客的不同而相应地推荐不同档次的烈性酒。

（4）用餐过程中的营销

在进餐过程中，服务员应根据宾客用餐情况主动询问，增加营销机会。当宾客的菜已经吃完,但酒水还有许多时,及时询问是否添加几样菜。当宾客在西餐厅用餐时,主菜过后要向宾客递上甜品菜单。

(5) 展示服务营销

展示服务营销是将食品原料、餐饮产品及其生产过程和服务操作展现在客人面前,以增加透明度、趣味性、信任感、激发客人购买欲望的一种餐饮营销方法。随着我国餐饮市场比较完全和充分的市场竞争格局的形成,展示服务营销方法已经越来越广泛地成为现代餐饮企业采用的一种市场竞争手段。

① 原料展示服务营销。这种方法适用于对食品原料要求必须保持十分新鲜、鲜活,以保证产品质量的餐饮企业,多以海鲜产品和海鲜餐厅为主。其展示服务营销的基本方法是在餐厅进门处的展示厅或餐厅内的适当位置设置美观、大方、适用,具有良好展示效果的鱼缸和养活设施设备,供客人观赏、点用,促进产品销售;在餐厅进门处、靠墙、靠边等适当位置,设置原料展示走廊,配备带有冷藏保鲜功能的展示柜、展示台架,分层展示各种鲜活原料,如贝类、水产、蔬菜、瓜果等,供客人现场选择,促进销售。

② 成品、半成品展示服务营销。这种方法是将餐厅销售的部分特色成品、半成品展示在客人面前,供客人现场观看、欣赏、点要以促进销售。它主要适用于特色餐厅、咖啡厅、"超市"型餐厅以及以小吃、快餐为主的食品走廊等餐厅。其展示服务营销的基本方法是根据餐厅性质设置所需要的展示台、展示柜、陈列柜架等,如咖啡厅主要选用布菲台、配带有冷藏功能的明档展示设备,展示咖啡食品,同时配布菲炉、咖啡炉,经过精心设计美化,收到良好的展示营销效果;选择特色食品、半成品,做好展示陈列设计。餐厅需要选择那些具有自己的特色,又是客人喜欢的食品、半成品来陈列。展示柜架的食品陈列要经过精心设计,将食品盛器、特色食品、保鲜膜覆盖、灯光处理、色彩显示等结合起来,做到形美、色鲜,能够吸引客人前来观赏,激发客人兴趣和食欲,乐于购买。

③ 餐车服务展示服务营销。这种方法是在餐桌服务的同时,将小吃、点心、凉菜等食品陈列在专用餐车上面,由服务人员推车营销。它主要适用于特色餐厅。采用这种方法,客人坐在餐位上就可以观看、欣赏到各种小吃、点心,点要十分方便。能够起到现场营销,增加客人人均消费的良好效果,又可丰富餐厅服务的气氛。

④ 现场烹调展示服务营销。这种方法以法式服务、部分海外风味的餐厅为主。如法式服务是服务人员两人一组,配备带有烹调加工设备的小推车,准备好食品原料。客人点菜后,一人在客人桌边加工、切配、烹制食品,讲解现场烹制的方法,一人将烹制好的食品和配套酒水提供给客人享受。

⑤ 明档厨房烹调展示服务营销。这种方法是改变传统的前厅后厨的餐饮经营方式,将餐饮产品的生产加工现场展示在客人面前。它能够增加透明度,直接接受客人的监督和检查,有利于增加客人的信任感,促进产品销售。

⑥ 电视点菜烹调展示服务营销。这种方法是客人点菜后,其主要菜点或特色菜点的烹制过程通过电视实况转播到餐厅,供客人观赏、监督或学习。电视点菜烹调展示服务营销的具体方法是餐厅设有计算机控制的点菜机,服务员给客人点菜后,其菜点名称、桌号、数量、规格等可以立即传入厨房,供厨师按顺序烹制;在厨房和餐厅配备电视转播设备,厨房可按客人要求,将其主要菜点或风味菜点的烹调过程传播到餐厅电视机上,

供客人观看和监督。

⑦ 客人点厨烹调展示服务营销。这种方法和电视点菜烹调展示服务营销方法基本相同。其主要区别在于：餐厅将主要厨师的厨艺和拿手好菜张榜公布在柜台前面，挂牌营销，供客人挑选；客人点菜后，同时点要厨师，被点的厨师则是客人的主要烹调师，其炒菜过程也可通过电视转播到餐厅，供客人观赏、监督。

⑧ 现场体验式展示服务营销。这种方法是在客人点菜后，允许客人进入厨房自己烹调制作部分菜点，过把炒菜瘾。

⑨ 现场加工表演展示服务营销。这种方法主要适用于技艺性、表演性较强的原料加工烹制服务，如刀削面、抻面、部分糕点制作等。其展示服务营销的具体方法是在餐厅靠厨房的适当位置设置展示服务操作台或炉灶，所需设备和现场加工展示内容相匹配，具有表演展示效果；开餐过程中，设专业厨师提供现场表演性加工展示服务，以刺激客人购买欲望，扩大产品销售。

⑩ 菜单展示服务营销。这种方法是根据餐厅经营服务项目和菜品销售需要，设计制作出有别于一般菜单的展示性菜单，供客人挑选，促进餐厅销售。如圣诞节期间设计制作出具有展示效果的圣诞树形式的菜单。采用菜单展示服务营销方法，关键在展示性菜单的设计及其表现手法、展示方式。至于菜点内容，则与一般菜单设计方法相同。

⑪ 以盛装器皿和菜品摆放展示服务营销。这种方法是根据餐厅菜肴的特点，设计出有新意并能凸显菜肴特色的器皿来促进菜肴的销售。例如，有的酒店推出龙虾两吃，即刺身和椒盐；菜的盛具是一艘精致的木船，船上放着龙虾，四周绿叶点缀；头、尾撤掉后，露出满满一碟龙虾肉，鲜嫩透亮，令人食欲大增。其实肉并没有那么多，肉下是一盘冰块，这样的摆布既显量大，又能起到低温保鲜的作用。但应注意的是，菜品的摆放与装饰要简单，切不可繁杂。有很多造型拼盘过于讲究视觉美，却忽视了卫生和食品的真正功能。

（6）特殊营销活动

餐厅出于销售上的需要，根据目标顾客的特点和爱好，在不同的场合下，举办多种类型的特殊营销活动。

① 特殊营销活动的时机。

- 节日营销活动。节日是人们庆祝和娱乐的时光，是餐饮工作人员举办特殊营销活动的大好时机。在节日搞餐饮营销，需要将餐厅装饰起来，烘托节日的气氛。并且，餐饮管理人员要结合各地区民族风俗的节庆传统组织营销活动，使活动多姿多彩，使顾客感到新鲜。

- 清淡时段营销活动。餐厅为增加清淡时段的客源和提高座位周转率，可在这段时间举办各种营销活动。有些餐厅将清淡时段的营销活动称作"快活时光"活动，在这段时间中对饮料进行"买一送一"的销售，进行各种演出等。有一个酒廊在这段时间中让客人以转盘抽取幸运吧座，坐在这个吧座上的客人可免费喝一杯饮料。

- 季节性营销活动。餐厅可以在不同的季节进行多种营销。这种营销可根据顾客在不同季节中的就餐习惯和在不同季节上市的新鲜原料来计划。最常见的季节性营销是时令菜的营销。同时,许多餐厅根据人们在不同季节的气候条件下产生的不同就餐偏好和习惯,在酷热的夏天推出清凉菜、清淡菜,在严寒的冬天推出砂锅系列菜、火锅系列菜以及味浓的辛辣菜等。

② 特殊营销活动的形式。

特殊营销活动的形式要多样化、要吸引人。常见的有以下几种。

- 演出型。为娱乐顾客,餐厅往往聘请专业文艺团体和艺员来演出。演出的内容有多种,如卡拉 OK、爵士乐、轻音乐、钢琴演奏、民族歌舞等。
- 艺术型。餐厅中搞些书法表演、国画展览、古董陈列等也能吸引客人。如天津邦尼炸鸡店搞了儿童画画竞赛,以吸引家庭客人来店就餐。
- 娱乐型。为活跃餐饮气氛吸引客人,餐厅常举办一些娱乐活动,如猜谜、抽奖、游戏等,有的餐厅还配备游乐器械。
- 实惠型。餐厅利用顾客追求实惠的心理进行折价营销、奉送免费礼品等活动。例如,某餐厅在情人节的当周,对光临餐厅的情侣免费赠送巧克力。又有一餐厅提出,凡在本餐厅订一份乳猪的客人,下次就餐可得到免费赠送的一份乳猪。能使客人得到实惠的营销措施通常是很有吸引力的。

(7) 赠品营销

餐厅往往采用赠送礼品的方式达到营销的目的。赠送礼品的内容和赠送方式应该有讲究。企业要寻求获取最大效益的赠品方式。

① 赠品类别。

- 商业赠品。餐饮营销人员为鼓励大主顾经常来光顾,赠送商业礼品给这些大主顾。
- 个人礼品。为鼓励顾客光顾餐厅,在就餐时可免费向客人赠送礼品,在节日和生日之际向客人和老主顾赠礼品或纪念卡。
- 广告性赠品。这种赠品主要起到宣传餐厅,使更多人了解餐厅、提高餐厅知名度的作用。管理人员要选择价格便宜、可大量分送的物品为赠品。礼品上要印上餐厅的营销性介绍。比如,给客人分发一次性使用的打火机、火柴、菜单、购物提包等。广告性赠品对过路的行人和惠顾餐厅的顾客均赠送。
- 奖励性赠品。广告性赠品主要是为了让公众和潜在顾客进一步了解餐厅,而奖励性赠品的主要目的则是刺激顾客在餐厅中多购买菜品和再次光临。这种礼品是有选择地赠送,例如,根据顾客光临餐厅的次数、顾客在餐厅中的消费额多少分别赠礼品。有的根据抽奖结果给幸运者赠送礼品。管理人员要选价值较高的物品作为礼品。

② 餐厅常见营销赠品。

- 定期活动节目单。餐厅将本周、本月的各种餐饮活动、文娱活动节目单印刷后放在餐厅门口或电梯口、总台等以传递信息。
- 火柴、打火机。将印有餐厅名称、地址、徽记、电话等信息的火柴或打火机放在餐桌边,作为宣传品送给用餐宾客。火柴可定制成各种规格、形状、档次的,以供不同餐厅使用。
- 小礼品。生肖卡、特制口布、印有餐厅广告和菜单的折扇、小盒茶叶、巧克力、鲜花、口布套环、精致的筷子等。小礼品要精心设计，要和餐厅的形象、档次统一，能起到积极的营销作用，达到较佳的宣传效果。

● 菜单。赠品菜单不同于餐厅中宾客使用的菜单，可以做得精致、小巧些，可设计成书签式或各种动植物形式等，并无固定模式。只要顾客认为新奇、有趣，能吸引其注意力、乐意收藏，就是好的赠品菜单。

（8）其他营销

① 针对儿童营销。家庭饮宴活动，儿童可成为决策者。因此，不失时机地针对儿童进行营销，往往效果较佳。

● 提供儿童菜单。儿童菜单的设计要活泼多彩，多给儿童一些特别关照。

● 提供为儿童服务的设施。例如，专用座椅、餐具、围兜等。

● 赠送儿童小礼物。

● 儿童生日营销。儿童生日宴的设计要有主题，要针对儿童的心理，在饰物、餐具方面进行美化等。从长远看，这些小朋友是餐厅的潜在宾客。

② 试吃。在特别营销某一菜肴前，采用让顾客试吃的方法营销。用车将菜肴推到宾客的桌边，让宾客先品尝，如喜欢可现点，不合口味再点其他菜肴。这既是一种特别的营销，也体现了良好的服务。

③ 酒瓶挂牌营销。对光顾酒吧的宾客，在他用过的名酒酒瓶上挂上其"尊姓大名"的牌子，然后将酒瓶陈列在酒柜里。高贵名酒与宾客身份相映生趣。当宾客再次光顾时，必定与新朋结伴而来，"故地重游"。各类名酒摆设越多越有名气。这是充分利用宾客的炫耀心理进行营销的方式之一。

④ 知识性服务。在餐厅里备有报纸、杂志、书籍等，以方便宾客阅读；或者播放新闻、外语会话等节目，或者将餐厅布置成有图书馆意味的吧厅等，这些方式往往可以吸引文艺界、新闻界、学术界的宾客。

⑤ 附加服务。宾客在接受常规服务的同时可享受到的额外服务。如在下午茶服务时，给宾客赠送一份蛋糕；给用餐的每位女士送一枝鲜花等。

⑥ "打包"营销。宾客餐后剩下的菜肴较多时，应主动征询宾客意见为其打包。一是不浪费，帮助宾客节约；二是刺激宾客再买一点，凑足下一顿所需，形成餐厅"外卖"食品；三是精心设计的打包袋或盒被宾客带走，是餐厅有效的广告。

⑦ 餐饮特色营销。许多餐厅因为菜点、用餐形式有特色，服务方式超前，餐厅建筑装饰新奇而成为营销的方式。

● 菜点特色鲜明。凡是经营成功的餐厅都有自己的当家菜点或独特菜点。随着时代的变化，消费者的口味也在变化，特别是年轻消费者，求新求变的心理非常强烈。因此，要求餐饮产品不断创新，变换出新口味或新品种来吸引宾客。

● 餐厅新奇。针对宾客的猎奇心理，在餐厅装饰、用餐形式上标新立异，以吸引宾客。日本松本市有一家倒立餐厅，外墙倾斜成50°，屋内的装饰摆设都是倒置的。桌上的电视，其图像和字幕是反字反像；墙上的时钟朝逆时针方向旋转；茶杯和茶壶一律口朝下底朝上。大门口放着一面哈哈镜，一进门就看见自己脚上头下的模样，仿佛进入了一个奇妙的倒立世界。

- 餐厅建筑新颖。新颖的建筑本身就是吸引宾客的资源之一。很多宾客就是因为想目睹某餐厅新颖的建筑而光顾某店的。如花园餐厅,通常设在饭店的花园池畔,也有的设在屋顶的平台上,因为这些地方空气清新、视野开阔、景色宜人。旋转餐厅,设在高层饭店顶层,沿窗即可俯瞰饭店周围景色。
- 特色服务。在既定的餐饮服务规范和标准的基础上,开展特色服务。展示一个地域的饮食风俗、文化、宗教信仰等。

5. 餐饮外部营销

外部营销是指餐饮企业针对不同目标客户群,为扩大其市场份额、增加餐饮产品的销售所采取的一系列销售活动,旨在传递餐饮产品信息,激发顾客的购买欲望,从而达成交易。其主要营销形式有以下几种。

(1) 餐饮销售人员营销

餐饮销售人员营销是指餐饮营销人员通过面对面与客户洽谈,向客户提供信息,引导客户光顾本餐饮实体。

餐饮销售人员营销的主要工作内容如下。

- 收集信息。餐饮销售人员要建立各种资料信息簿,建立客户档案,注意当地市场的各种变化,了解当地活动开展情况,寻找营销的机会。特别是大公司和外商机构的庆祝活动、开幕式、周年纪念、产品获奖、年度会议等信息,都是极好的营销机会。
- 计划准备。在上门营销或与潜在客户接触前,销售人员应做好销售访问前的准备工作,确定本次访问的对象、要达到的目的,列出访问大纲;备齐营销用的各种有关餐饮资料,如菜单、宣传册、有关活动的图片等。
- 上门营销。访问一定要守时,注意自己的仪容和礼貌,要做自我介绍,并直截了当地说明来意,尽量使自己的谈话吸引对方。
- 介绍餐饮产品和服务。重点介绍本餐饮实体的产品和服务的特点,引起宾客的兴趣。介绍时要突出本餐饮实体所能给予宾客的好处和额外利益,要设法让对方多谈,从而了解宾客的真实需求,借助各种资料、图片证明自己的菜点和服务最能适应宾客的需求。
- 处理异议和投诉。碰到客户提出异议时,餐饮销售人员要保持自信,设法让宾客明确说出怀疑的理由,首先应表示歉意,然后要求对方给予改进的机会。再通过提问的方式,让宾客自我否定这些理由,重新建立对餐厅的信任。
- 商定交易。要善于掌握时机,商定交易。要使用一些营销策略,如代客下决心,给予额外利益和优惠等,争取预订成功。
- 跟踪营销。如果销售人员希望宾客满意,并与对方保持业务往来,需在销售访问后进一步保持联系,采取跟踪措施,逐步确认预订。假如不能成交,则要分析原因,总结经验,继续向对方营销。

(2) 电话营销

电话营销包括餐饮销售人员打电话给宾客进行营销和销售人员接到宾客来电进行营销两种。电话营销能获得信息,便于了解情况,预约面谈时间。有时通过电话联系,销售人员还能直接获得宾客预订。

电话预订不能代替人员营销访问，但与派员上门营销相比，电话营销费用低、费时少，因此，有关人员要积极利用电话进行营销。

（3）广告营销

餐饮广告是指由餐饮企业将餐饮产品的有关信息通过媒介传播出去，以扩大影响和知名度，树立餐饮产品和企业的形象，达到营销目的的一种形式。

① 传统媒体营销。餐饮企业常常选用以下传统媒体。

平面视觉类媒体，包括报纸、杂志广告、宣传单、旅游指南广告、年历、日历广告，招贴广告（海报），路牌广告，车船广告等。

听觉媒体和视觉媒体，主要包括电视、广播等。广播电视是广告的"强势"媒体，与其他形式的广告媒体相比有很大的优势。它们的覆盖面广，通过不同的广播频道和电视节目可以吸引不同年龄、不同阶层、不同喜好的听众和观众。通过声音、动态的图像、音乐等手段完美地将餐饮企业的形象、餐饮产品以及餐厅的气氛、情调、设施等，生动、直观地展示给顾客。

② 新媒体营销。新媒体营销是指利用新媒体平台进行营销活动的模式。利用互联网、移动电视、手机短信等一系列在高新科技承载下展现出来的媒体形态，被现代人们称为新媒体。新媒体营销的渠道，或称新媒体营销的平台，主要包括但不限于门户、搜索引擎、微博、微信、SNS（社交网络服务）、博客、播客、BBS（电子布告栏，论坛）、RSS（信息聚合）、WIKI（维基网，用户社群网站）、手机、移动设备、APP（手机软件）等。新媒体营销并不是单一地通过这些渠道中的一种进行营销，而是需要多种渠道整合营销，甚至在营销资金充裕的情况下，可以与传统媒介营销相结合，形成全方位立体式营销。

借助新媒体营销平台，酒店可将自己餐厅的宣传资料，如品牌介绍、新推菜品、优惠措施等第一时间图文并茂地展示给潜在消费者并吸引、促进消费。还可在公众宣传平台定期发布更新一些与美食有关并富有趣味性的文章，如美食攻略、品鉴心得等以吸引眼球，从而增加平台用户的忠诚度并提高关注度。实施公众平台用户互动管理，专人负责新媒体平台的维护，包括解决运营中遇到的问题，与用户一对一的沟通，处理用户的投诉及建议等。开设平台线上预约订位、点菜等功能，以应对线下餐厅高峰期客流量较大的情况，方便顾客就餐，节约等位时间，更周到的服务顾客，提升消费者对餐厅的好感度和忠诚度，也给餐厅提前准备菜品和安排座位留有充足的时间，也避免因就餐集中而餐厅接待能力有限而造成的顾客流失。也可建立顾客分位 QQ 群和微信群，保持与粉丝互动活跃度，并实现引流。

这是 Web 2.0 带来巨大革新的时代，互联网已进入新媒体传播，体验性（experience）、沟通性（communicute）、差异性（variation）、创造性（creativity）、关联性（relation）都在发生变化。

（4）其他营销方法

① 免费品尝。推出新品种有效的方法之一，便是免费赠送食品给宾客品尝。让消费

者在不花钱的情况下品尝产品,他们定会十分乐意寻找产品的优点。由于不花钱食用产生的感情联系,使宾客乐意宣传你的产品。

② 有奖销售。用奖励的办法来促进餐饮消费,使宾客寄希望于幸运获奖,即便不得奖也算是一种娱乐的方式。

③ 折扣赠送。现在国内的一些餐厅向宾客赠送优惠卡,宾客凭卡可享受优惠价进餐,这实质上也是一种让利赠送的办法。有时,一些宾客来就餐也许并不在乎一点点折扣,而在乎脸面、在乎身价。餐饮工作人员应该树立这样的观念:只要宾客向管理人员提出打折的要求,就应毫不犹豫地适当满足宾客的要求。主动找个优惠的理由,给宾客一个台阶下。宾客的小利能在你这里得到满足,面子得到维护,他一定会再来,而能获得长远利益的却是餐饮实体。

④ 宣传小册子。设计制作宣传小册子的主要目的是向宾客提供有关餐饮设施和服务方面的信息,使他们相信本餐饮实体的设施和服务优于其他餐饮实体。宣传小册子一般宽 10cm、长 22cm,可以折叠,以便邮寄和携带。宣传小册子一般是彩色印刷,这样能更吸引人。

宣传小册子一般应包括以下内容:餐饮实体名称和相关标识符号;餐饮实体简介;说明如何抵达、标明交通路线图;电话号码;地址;更多信息由哪个部门提供或与谁联系;内部的设施、食品和服务的特色等;附近的旅游景点等。

⑤ 赠券优惠。赠券是餐饮营业推广的重要工具,它为宾客提供了代替他人购买餐饮产品和服务的机会。

⑥ 联合营销。联合营销有两重含义:一是餐饮企业和其他餐饮企业或者其他行业的企业或厂商联合起来,开展营销活动,如联合广告、联合展销等;二是餐饮企业和其他餐饮企业或者其他行业的企业或厂商通过联合,增强经济实力、加强竞争能力和提高市场地位,使营销活动顺利进行并稳定发展。餐饮行业最常用的联合营销的相关行业有酒店、航空、旅游、食品、饮料及金融等行业。

联合营销的形式主要有以下两种。

● 餐饮产品或服务互补型。餐饮企业的产品和其他餐饮企业或其他行业企业的产品使用或者服务具有互补性,二者进行联合营销。例如,某餐厅与某品牌酒厂进行联合营销,利用菜品和酒水的产品互补性,将餐厅的菜品与该品牌的酒水进行折扣捆绑销售,从而促进两种产品的销售。

● 餐饮消费过程互补型。餐饮企业的产品和其他餐饮企业或其他行业企业的产品在消费过程中具有互补性,二者进行联合营销。例如,某餐厅与当地旅游景点进行联合营销,凭旅游景点的门票在餐厅就餐能够享受一定的折扣,从而共同促进旅游景点的销售和餐饮企业的销售。

进行联合营销,对于餐饮企业来说有着相当的价值,减少了营销成本,扩大了消费群体,提高了品牌的影响。

案例分析

案例 16-1

海底捞整合活动营销策划方案

一、活动策略

以"势"换"市"的活动策略:海底捞调味料春节活动围绕一大主题,通过推广计划布局,节点拦截,整合创意、娱乐、讨论、传播等营销方式,引爆飓风传播,创造最大化的声量,进而强势拉动销量。具体体现如下。

一大主题:谁是捞金王。两大目标:声量和销量。三大节点:元旦、春节和情人节。四大抓手:抓创意、抓娱乐、抓讨论和抓传播。五种形式:新闻、恶搞帖子、创意图文、微信 H5(HTML5)及病毒视频。六大玩法:玩概念、玩参与、玩体验、玩惊喜、玩情感与玩整合。十二造势:十二个大造势推广计划。

二、活动主题

海底捞调味料隆重推出春节活动"2016,谁是捞金王",让平凡的你也可以成为"捞金王"!

三、活动策划

1. 预热期(2015 年 12 月 4—14 日)

预热期重点玩整合,围绕"谁是捞金王"这一主题,利用微信、微博、新闻、活动、游戏、创意图片、病毒视频、H5(HTML5)、论坛、新闻等形式,将洞察力、销售力、执行力、创意力进行整合。

在微博上发起"今年捞够了吗"的话题讨论,发起"今年你捞了多少"的微博与微信有奖话题转发活动,引发大众关注与参与,利用微博、网络新闻、论坛等与组成媒体传播矩阵,对"今年捞够了吗"及有奖话题转发活动进行大量炒作,达到让用户积极参与的目的。

2. 活动上线(2015 年 12 月 15 日—2016 年 2 月 28 日)

(1) 活动平台:微信。

(2) 活动形式:输入袋内 16 位串码,立即抽奖。

(3) 活动机制:关注"海底捞调味料"官方微信,输入 16 位串码后,立即抽奖活动奖品为千足金金猴吊坠一枚,价值 3000 元,共计 100 枚;微信红包一个(106 元,1.66 元或 8.88 元随机发出);微店抵扣券或者异业合作商户券。

(4) 活动事项:①金猴中奖率 0.0002%,红包奖中奖率 10%,微店抵扣券或者异业合作商户券中奖率 90%;②填写完领奖信息后海底捞后续会将奖品寄送给幸运用户,抽中的红包将在 24h 之内直接打入用户微信钱包;抽中微店抵扣券或者异业合作商户券的将在 24h 之内直接打入用户卡包。

(5) 抽奖创意。

① 抽奖创意一

● 关注"海底捞调味料"官方微信。

● 点击菜单栏"抽奖",自动进入抽奖页面。

- 点击页面中的"我来捞"按钮(第一、第二个按钮是"抽奖信息",第三个按钮是"立即购买")后,直接进入提示页,输 16 位串码。
- 输完串码后进入抽奖主页,主页画面显示一只金勺在自动地捞取火锅上跳来跳去的金猴,停止捞后同时出现提示页,提示将此页面分享到朋友圈后才能知道捞到的奖品是什么。
- 分享后自动出现折礼盒页面,点击"我要拆礼盒"按钮,即可出现奖品告知页面,点击"立即领取",进入填写信息页面,填完信息后,提示页显示领取信息。如果抽中金猴,奖品信息为"将在 7 个工作日内将金猴奖品寄送给你";如果抽中红包或优惠券,奖品信息为"将在 24h 内,打到你的微信钱包或卡包中",结束抽奖环节。

② 抽奖创意二

- 关注"海底捞调味料"官方微信。
- 点击菜单栏"抽奖",自动进入抽奖页面。
- 点击页面中的"我来捞"按钮(第一、第二个按钮是"抽奖信息",第三个按钮是"立即购买")后,直接进入提示页,输 16 位串码。
- 输完串码后进入抽奖主页,主页画面是某卡通人物拿着金勺自动在火锅里捞。
- 自动停止捞取,如果捞出的是金猴,那么页面上立马会飞出一座五行山把金猴压在五行山下(寓意金猴逃不出消费者的手掌心,收入囊中之意);如果抽出的是红包或优惠券,则会送出祝福,寓意新年给消费者带来吉祥如意。
- 提示完奖品后,会自动出现提示页分享朋友圈立即领取。
- 分享后自动出现"立即领取"页面,填写信息页面。填完信息,提示页显示领取信息。如果抽中金猴,奖品信息是"将在 7 个工作日内将金猴奖品寄送给你";如果是红包或优惠券,奖品信息是"将在 24h 内,打到你的微信钱包或卡包中",结束抽奖。

3. 引爆期(2015 年 12 月 15—31 日)

主要通过"谁是捞金王""捞金王评选"和"创作捞金体"等活动,引发大众的关注与参与。

(1)"谁是捞金王"活动(2015 年 12 月 15—20 日)

① 在微博上发起"谁是捞金王"的话题,"谁是捞金王"微博有奖转发活动,引发大众关注与参与。

② 利用网络新闻、论坛、微博微信创意图文等,组成媒体传播矩阵,对"谁是捞金王"话题及有奖转发活动进行炒作以达到让用户积极参与的目的。

③ 话题示例:"赵薇是捞金王""马云是捞金王""我老板是捞金王""我成就了老板的捞金梦"等。

(2)"捞金王评选"活动(2015 年 12 月 21—31 日)

① 用微信作为活动平台,在微信上发起捞金王网上投票活动,引发大众关注与参与,捞金王候选人有马云、赵薇、科比、罗纳尔多、郭敬明等。

② 活动机制。

● 关注"海底捞调味料"官方微信号。

● 回复"捞金王",进入"捞金王评选"页面进行投票。

● 投票后,可获得"海底捞调味料"优惠券一张。

(3)"创作捞金体"活动(2015年12月24—31日)

在微博上发起全民创作捞金体活动。通过软文和创意图文(捞金体海报)进行炒作宣传。

① "捞金体"示例一

2015我没有____,

2016我要当捞金王!

2015我没有攒到钱,

2016我要当捞金王!

② "捞金体"示例二

捞捞捞捞

上____捞,

捞个____去过年。

捞捞捞捞,

上海底捞,

捞个金猴去过年。

③ "捞金体"示例三

我曾经____,

但是,我不甘心____!

我决心要____,

如今我已是____,

我就是捞金王,我是____!

我曾经三次高考落榜,

但是,我不甘心一无所有!

我决心要出人头地,

如今我已是颠覆商界的土豪,

我就是捞金王,我是马云!

4. 高潮期(2016年1月1日—2月6日)

(1)"捞新年(2016年年初)第一桶金"(2016年1月1—8日)

通过软文炒作、微信游戏、微博、微信创意图文等活动形式,开展"2016年捞的第一桶金""捞金攻略""马云的捞金秘籍""颠覆三观的捞金捷径"等话题讨论。

（2）"年终奖捞金大 PK"（2016 年 1 月 9 日—2 月 7 日）

通过软文炒作、创意图文、有奖转发活动等形式，开展"年终奖行业 PK""最土豪年终奖 PK""年终奖最土豪老板 PK""最奇葩年终奖 PK"等话题讨论。

（3）"金猴大战红包"（2016 年 2 月 8 日）

通过软文（新闻、论坛）炒作、创意 H5（HTML5）等形式，开展"金猴与红包之战硝烟弥漫""金猴与红包之战，谁输谁赢""捞金猴成为春节全民狂欢新形式"等话题讨论。

（4）"吃完'捞'着走"（2016 年 2 月 9—22 日）

联手海底捞火锅门店，给大众火辣的新年"红"运活动。

活动内容：海底捞来给大家送上火辣的新年"红"运。春节期间，凡在海底捞火锅店消费的消费者即可免费获得一包火锅调料；现场扫码抽金猴与红包。

5. 持续期（2016 年 2 月 10—28 日）

（1）"男友逆袭记"（2016 年 2 月 10—22 日）

借势情人节，打造"男友逆袭记"系列视频；广泛传播。

结合"海底捞调味料包捞金猴"的元素，采用幽默、有趣的拍摄风格，拍摄"男友逆袭记"情人节主题视频。创意内容方向示例：不受待见的男友为了在情人节给女朋友惊喜，购买了 100 包海底捞调味料来捞金猴，功夫不负有心人，最终在第 99 包时捞出了金猴，在情人节那天男友把金猴送给女友，给了女友一个大大的惊喜，男友得到了女友一个甜蜜的吻！

（2）"捞金王中王"（2016 年 2 月 22—28 日）

通过软文炒作、H5（HTML5）等活动形式，开展"最后一个金猴将花落谁家""捞金王中王大揭秘"等话题讨论。

最后一个金猴获得者抽中金猴后，将接到 H5（HTML5）形式的"王思聪"（女性获奖者）或者"范冰冰"（男性获得者）的祝贺电话。

6. 活动收官（2016 年 3 月 1—10 日）

开年捞"红"运活动下线。分析总结活动效果及影响，结案报告。

（资料来源：本案例依据上海欧赛斯文化创意有限公司的"海底捞整合活动营销策划方案"改编而成。）

思考题：

1. 海底捞整合活动营销策划方案运用了哪些新媒体营销手段？

2. 海底捞整合活动营销策划方案有哪些创意？

3. 该案例对你有何启示？

案例 16-2

丽人顾问团

此次营销活动在苏州一家靓亮的"小资"餐厅。餐厅由全国知名的设计师设计，他特别擅长"小资"情调餐厅的设计，装修典雅高贵，开业后同时经营咖啡和创意菜，但是生意没有预计的好。于是,投资人聘请了专业营销团队进行策划。

策划的主题是——丽人顾问委员会,邀请苏州100位女性作为这家餐厅的顾问,享受全年免费的咖啡消费,并为每位顾问建立独立的档案。被邀请的女性都是活跃人士,甚至是很出色的成功人士,身边不乏消费旺盛的人群,受到邀请后投桃报李,在她们的带动下餐厅日见火爆。同时,也形成一种潮流,这里集聚了苏州最漂亮的女人们,因此,非常受男士的青睐。

分析:都说酒店要充满"官气""贵气""财气"方能财源茂盛,餐饮营销活动大都以男性顾客为营销对象。然而,时尚需要引领,新模式需要新的客户开发机制。本案例选择的营销对象尽管是女性,但该客户群体不仅消费量大,具有相对的稳定性,有较强的影响力和消费带动作用。

案例 16-3

游水活虾每斤一元

某饭店的餐厅一直很红火,但每日晚上 8 点以后的就餐客人较少。餐饮部为此专门开展了一次讨论。餐饮部经理要求大家畅所欲言,为提高餐饮部的经济效益献计献策。餐厅服务员小虞建议:"我们能否推出几个特价菜来吸引客人的消费?"餐饮部经理听了以后对小虞说:"说具体点。"小虞继续说:"我们饭店的广东客人较多,他们的用餐时间一般较晚,我们不妨在晚上 8 点后推出几道广东口味的特价菜,如活虾之类。"随后,餐饮部经理接受了小虞的建议。

经与厨房研究,数天后,该饭店在大堂外的醒目位置悬挂了横幅,上面写着:"晚上 8 点以后本餐厅推出特价菜:游水活虾每斤 1 元;烤乳鸽每只 1 元,欢迎惠顾。"

一周后,餐饮部经理从财务报表中发现:客人的餐饮人均消费与以前基本持平,但总的餐饮营业收入比以前上升了 30%,利润额比以前上涨了 10%。餐饮部经理为小虞的建议拍手叫好,并给他发了一笔数额不小的奖金。

分析:餐饮营销的目的是为了获取最大的经济效益。饭店的经济效益需要所有员工的共同努力才有可能提高,本例中的餐饮部经理集思广益,认真听取员工对餐饮经营的意见,而餐厅服务员小虞充分发扬主人翁精神,积极为饭店的发展献计献策,他的建议既有效地吸引了饭店的目标市场客源,又使饭店的餐位得以充分利用,从而提高了饭店的经济效益。餐饮部经理奖励了小虞,这不仅是对小虞的一种激励,也鼓励更多的员工在今后的工作中为提高饭店经济效益而做出各种努力。

思考题:本案例运用了哪些餐饮营销手段?

案例 16-4

餐厅服务员的推销

某宾馆餐厅迎宾员引导几位客人从门口过来。这几位客人簇拥着一位老太太。

服务员为她斟上红茶,她却挑剔地说:"你怎么知道我要红茶,告诉你,我喜欢喝绿茶。"

服务员客气而又礼貌地说:"这是餐厅特意为你们准备的,餐前喝红茶消食开胃,尤其适合老年人,如果您喜欢绿茶,我马上单独为您送来。"

老太太脸色缓解下来,矜持地点点头,顺手接过菜单,开始点菜。

"喂,水晶虾仁怎么这么贵?"老太太斜眼看着服务员,"有什么特点吗?"

服务员面带微笑,平静地、胸有成竹地解释道:"我们进的虾仁都有严格的规定,一斤 120 粒,水晶虾仁有 4 个特点,亮度高、透明度高、脆度大、弹性足,我们这道菜利润并不高,主要是用来为饭店创牌子的拳头产品。"

老太太点了点头,又说道:"有什么蔬菜啊? 对了,现在蔬菜太老了,我不要。"

服务员马上顺水推舟地说:"对,现在的蔬菜是咬不动,不过我们餐厅今天有炸得很软的油焖茄子,菜单上没有,是今天的时令新菜,您运气真好,正好今日有这道菜,尝一尝吧?"服务员和颜悦色地说。

"你很会讲话啊。"老太太动心了。

"请问喝什么饮料?"服务员问道。

老太太犹豫不决地露出沉思状:"是喝椰汁、粒粒橙、芒果汁还是可口可乐?……"老太太回答:"来几罐粒粒橙吧。"

分析:服务员在客人点菜时,将菜的形象、特点用生动的语言加以形容,使客人对此产生好感,从而引起食欲,达到促进销售的目的。

餐饮服务员,应兼有推销员的职责,既要让客人满意称心,又要给餐厅创造尽可能多的利润,只有这样,才是称职的服务员。

"你要什么饮料,"客人可以要或不要,或沉默考虑。如果是选择问句,必定选其一。对那种犹豫不决,或不曾有防备的客人效果极佳。在营销工作中,语言的引导十分重要,用什么样的话,才能引起顾客的消费欲望,是餐饮工作者需要认真学习的内容。

参 考 文 献

[1] 苏北春. 餐饮服务与管理[M]. 北京:人民邮电出版社,2006.

[2] 谢民,何喜刚. 餐厅服务与管理[M]. 北京:清华大学出版社,2006.

[3] 李勇平. 餐饮服务与管理[M]. 大连:东北财经大学出版社,2002.

[4] 夏雨生. 餐饮服务与管理[M]. 北京:机械工业出版社,2005.

[5] 饶雪梅. 酒店餐饮管理实务[M]. 广州:广东经济出版社,2007.

[6] 徐红军. 餐饮管理学[M]. 北京:经济科学出版社,2005.

[7] 蔡万坤. 餐饮管理[M]. 北京:旅游教育出版社,2004.

[8] 戴桂宝. 现代餐饮管理[M]. 北京:北京大学出版社,2006.

[9] 张世琪,陆诤岚. 餐饮企业连锁经营与管理[M]. 沈阳:辽宁科学技术出版社,2001.

[10] 黄文刚. 餐饮管理[M]. 成都:四川大学出版社,2005.

[11] 赵涛. 餐饮店经营管理[M]. 北京:北京工业大学出版社,2006.

[12] 陈觉,黄波. 餐饮管理核心技能训练[M]. 沈阳:辽宁科学技术出版社,2005.

[13] 邹翔. 餐饮业 HACCP 实用教程[M]. 北京:中国轻工业出版社,2005.

[14] 徐文苑,贺湘辉. 酒店餐饮管理实务[M]. 广州:广东经济出版社,2005.

[15] 虞讯,严金明. 现代餐饮管理技术[M]. 北京:清华大学出版社,2005.

[16] Uack D. Ninemeier. 餐饮经营管理[M]. 张莉莉,纪俊超,译. 北京:中国旅游出版社,2002.

[17] 陈尧帝. 餐饮服务培训教材[M]. 沈阳:辽宁科学技术出版社,2003.

[18] 郭敏文. 餐饮部运行与管理[M]. 北京:旅游教育出版社,2003.

[19] 余炳炎. 饭店餐饮管理[M]. 北京:旅游教育出版社,2004.

[20] 黄浏英. 餐饮品牌营销[M]. 沈阳:辽宁科学技术出版社,2003.

[21] Jack E. Miller. 餐饮成本控制[M]. 黄文波,孙超,译. 天津:南开大学出版社,2004.

[22] 保继刚. 旅游规划案例[M]. 广州:广东旅游出版社,2002.

[23] 杨勇. 市场营销:理论、案例与实训[M]. 北京:中国人民大学出版社,2006.

[24] 蒋丁新. 饭店管理概论[M]. 大连:东北财经大学出版社,2007.

[25] 和军. 旅游经济学[M]. 北京:科学出版社,2005.

[26] 戴光全. 节庆、节事及事件旅游理论·案例·策划[M]. 北京:科学出版社,2005.

[27] 刘大可. 会展营销教程[M]. 北京:高等教育出版社,2006.

[28] 赵庆梅. 餐饮服务与管理[M]. 上海:复旦大学出版社,2011.

[29] 蔡洪胜. 餐饮服务与管理[M]. 北京:旅游教育出版社,2016.

[30] 饶雪梅,鞠红霞. 餐饮服务与管理[M]. 北京:高等教育出版社,2018.

附录　某餐饮管理有限责任公司采购管理手册

第一章　总　　则

第一条　目的

为规范××餐饮管理(北京)有限责任公司(以下简称公司)采购工作,加强采购管理,保障经营活动的正常持续供应,加速资金周转,降低采购成本,特制定本手册。

第二条　适用范围

本手册适用于公司经营所需各种原材料、机械设备及公司日常办公用品、劳保用品的采购(以下除非特别说明,上述所列物资统称为采购物品),以及需通过协作厂商完成的各种成品、半成品、材料的加工。除非特别说明,采购物品与外协加工产品统称为采购物品。

手册适用人员:采购部、店管部、单店、中心厨房、财务部、综合办、监察办等涉及公司采购业务的所有员工。

第三条　手册管理方法

由采购部负责组织每年一次的手册修订工作,并由采购部签订发行。采购部拥有对手册的解释权。

由综合办负责手册的发放、更换和回收管理工作,并记录手册领用情况。

第四条　保密要求

注意做好手册保密工作。应按适用范围发放,采购部、中心厨房、财务部、综合办、监察办、店经理可领用完整手册,其他人员只领用与其工作相关的部分。应与领用者签订保密协议。

第五条　手册的更新

年度内手册内容的调整以补充文件形式发布,补充文件要求进行编号管理,补充文件的发放范围及发放回收制度与手册管理相同。

手册每年更新一次,年度更新时应将年度内补充文件分类归并到手册各章节。

第二章　采　购　组　织

第六条　公司采购管理实行集中统一采购,除单店的零星采购外,任何部门和人员不得单独进行采购。

第七条　各部门主要职责(需根据重新确定的组织结构进行调整)

(一)需求单位:负责根据经营需求填写需求计划或采购申请和相应的价格建议,并参与供应商的甄选,负责质量不合格采购物品及外协产品的评审并提出处理方案,负责将采购物品及外协产品在使用过程中发生的其他问题及有关信息及时反馈给采购部。

(二)店管部:负责根据各店的需求计划、库存情况等填写物品采购申请;负责采购物品及外协产品的验收、存储与发放，负责采购物品及外协产品的质量检测，负责供应商生产工艺和产品的质量评估以及对供应商质量保证体系的考核，参与采购物品及外协产品使用过程的质量监督和质量问题的处理，参与对供应商的甄选，参与对采购价格的审核。

（三）采购部：负责制订采购计划及采购活动的具体实施，对所采购物品及外协产品的市场行情、供应商情况进行跟踪调查，建立采购物品及外协产品价格信息库，建立采购物品及外协产品的质量记录档案，协助店管部制定最佳安全库存，负责对采购成本的控制，负责对供应商的管理，负责采购物品及外协产品的交货与协调，负责采购物品及外协产品质量问题的解决、退货与索赔，负责采购款项的结算支付。

（四）监察办：负责对采购全过程的监督审查，包括对采购计划、签订采购合同、质量验收和结账付款等采购过程中每一环节的监控。

（五）财务部：负责对采购计划及采购预算的审核，采购物品及外协产品付款凭证的审核。

第三章　采购计划

第八条　采购计划制订的依据

采购计划应根据经营计划、由店管部汇总的各店日常经营需求计划、各部门的采购申请、年度预算、库存情况、公司资金供应情况等确定，对经营急需物品，应优先考虑。

第九条　采购计划种类

根据采购物品的不同应分别制订年度采购计划、月度采购计划及日采购计划。

（一）年度采购计划根据公司年度经营计划，在对市场信息和需求信息进行充分的分析与收集的基础上，并依据往年历史数据进行对比、预测和制订，该计划也是制定年度财务预算的主要依据之一。

（二）月度采购计划是在对年度采购计划进行分解的基础上，依据上月实际采购情况、库存情况、下月度需求预测、市场行情，制订当月的采购计划，该计划也是制订月度资金计划的主要依据之一。

（三）日采购计划是在对月度采购计划进行分解的基础上，依据店管部对各单店每日经营所需物品汇总审核后制订。

第十条　各店日常经营需求计划

各店根据每天的经营情况、物品日常消耗情况、库存情况向店管部报送每天的需求计划，主要包括每天的销售主产品及各种配料、一次性消耗物品等。

第十一条　采购申请的提出及审批权限

采购申请应注明物品的名称、数量、需求日期、参考价格、用途、技术要求、供应厂商（参考）、交货期、送货方式等。各种物品的采购申请应由以下各部门提出。

（一）工程项目所需公司采购的材料、设备等，由项目负责人根据合同及设计任务书所做的预算，结合工程进度编制材料、设备采购清单（又称"材料表"）作为采购申请，经部门负责人或授权人审核后，报公司工程开发副总审批。

（二）日常经营所需的原材料、辅助材料、产成品（包括外协产品）、包装材料、低值易耗品等，由店管部根据经营需求及加工要求提出采购申请，经部门负责人或授权人审核后,报营运副总审批。

（三）工具及配件、器皿、劳保用品、量检具等由使用部门在月初提出采购申请;经部门负责人或授权人审核后,由公司主管领导审批。

（四）经营、办公等需要的大件设备和工具(属于固定资产投资类)由使用部门在年初编制固定资产采购申请,由公司总经理审批。

（五）普通办公用品、劳保用品等由综合办根据使用部门需求统一提出年度或月度采购申请,经部门负责人或授权人审核后,由总经理审批。

（六）库房管理员可根据日常领料情况和库存情况提出常备用料的采购申请,由店管部经理审批。

（七）研究开发所需要的原料、辅助材料、工具、器皿、设备等,由技术中心根据需求时间提出月度或日采购申请,经部门负责人或授权人审核后,报营运副总审批。

（八）以上各类物品如在年度预算外或超过年度预算,应经公司总经理审批。

（九）部门负责人或授权人审核本部门的采购申请时应检查请购单的内容是否准确、完整,若不完整或有错误则应予以纠正。

（十）经审批后的采购申请表由采购部审核汇总。审核内容包括采购申请各栏填写是否清楚,是否符合项目合同内容、是否在预算范围内、是否有相关负责人的审批签字、是否在审批范围内等。

第十二条　采购计划的管理

（一）采购计划由采购部根据经审批后的采购申请制订,日采购计划由采购部经理批准执行,月度采购计划报请营运副总批准执行,年度采购计划需报请公司总经理审批。

（二）采购计划应同时报送财务部审核,以利于公司资金的安排。

（三）采购部经理应审查各部门的申请采购物品是否能由现有库存满足或有无可替代的物品。只有现有库存不能满足的申请采购物品才能列入采购计划中。

（四）对于在采购计划内无法于需用日期内办妥的采购申请单,必须及时通知请购部门。

（五）物品需求单位对于申请采购物品需要变更或撤销时,必须立即通知采购部,及时根据实际情况更改采购计划。

（六）未列入采购计划内的物品不能进行采购。如确属急需物品,应填写紧急采购申请表,由部门负责人审批,由公司营运副总核准后才能列入采购范围。

第四章　采购执行

第十三条　采购作业的执行

采购作业由采购部根据经批准的采购计划组织实施。采购应按照"择优、择廉、择近"的原则并严格按照采购计划按质、按量、按时进行采购。

第十四条　采购方式的选择

采购人员应按照采购物品及外协产品的不同,分别采取定点供应商长期议价采购、比价采购和招标采购3种方式进行采购。

属于定点供应商供货范围内的物品,不管价值多少,都可以直接从定点供应商处采购。不在定点供应商供货范围内的物品，需采用招标采购或比价采购。

（一）为有效降低采购成本，达到规模采购，并保证采购物品质量的稳定性与标准，以下消耗较大且常用的物品应尽量采用定点供应商长期议价供货的方式。其中，生鲜类包括猪肉、牛肉、羊肉、鸡、鸭、鱼、海鲜、蛋及常用蔬菜等，干货类包括各种肉类、海鲜类干货和木耳、蘑菇等干货，粮油、各种调料等，经营加工用器材类、包装用材料、其他易耗品，熟食、凉菜类委托对外加工产品以及饮料类。

（二）一次采购金额超过特定金额的大宗材料与设备必须招标采购。其中包括进口材料和设备≥5万元，国产检测仪表≥3万元，计算机、显示器以及附件≥5万元，电子类产品≥1万元，常用工具、办公用品、劳保用品、耗材等≥1万元，工程装修项目中需公司采购的材料、关键设备等以及一年内可在同一供应商处累计采购金额超过5万元的某类物品。

（三）除定点供应商供货范围内以及符合招标采购条件的物品外的采购，以3家（包括3家）以上供应商的报价加以比较，最后选择性价比最优者予以订购。

第十五条　采购询价的发出

采购人员按照采购计划所列材料清单，参考采购物品及外协产品的市场行情、公司相关人员的信息提供、采购历史记录、厂商提供的价格资料等各种渠道的价格信息，对采购物品及外协产品的供应商进行充分的询价、议价。

（一）采购人员在询价、议价过程中必须向供应商提供足够的信息以使供应商能顺利报价，这些信息包括采购物品或外协产品的品名、质量要求、数量、服务要求、交货期、交货方式、地点、付款办法等因素。

（二）询价方式应采用书面询价，要求供应商提供签字或盖章的报价单，如只能采用电话询价方式，应获得采购部经理批准。

（三）采购人员应要求供应商在接到询价资料后至少7d内以书信、电子邮件或传真形式反馈其报价意向（若供应商拒绝报价，则应将询价资料退还给公司），若询价资料寄出后供应商没有任何答复，采购人员应打电话或电子邮件与供应商联系，问清情况（例如，确认是否收到询价资料）。

（四）在询价过程中供应商如要求对采购物品及外协产品内容、技术要求、规范等作进一步澄清，采购员应该协调相关人员尽快做出答复，以使供应商有条件做出适当报价。

（五）同类、同规格产品的询价应有3家以上供应商的价格资料，同时应建立采购询价比价台账。台账内容要包括物品名称、型号、规格、主要技术参数、分承包方的单位名称、企业性质、质量保证体系、价格和运杂费，并有综合分析说明和比价依据。

第十六条　询价资料的整理

（一）采购员接到供应商的报价后，要评审报价的完整性和准确性，并了解报价的详细构成，需要时应通过会议或电话沟通以弄清供应商的报价。同时应整理收到的询价资料存档备查。

（二）若供应商报价的物品与请购物品略有不同或属代用品者，采购人员应在请购单上详细注明相关信息，并报经采购部经理、使用部门或请购部门同意并备案。

（三）采购员应确定一个初始目标价，以利于在随后进行的多轮谈判（3～4轮）及每轮谈判后目标价格的重新确定。多轮谈判的过程中如果需要,可要求供应商以成本细分的方式再次报价。

第十七条　采购价格平台的建立

采购部信息管理员应依照以往的采购资料和平时收集的数据,分门别类地整理出一套完整的价格平台(采购价格平台),并根据情况随时更新、充实,以备相关人员选用。价格平台应包含材料(设备)名称、规格型号、主要技术指标、价格区间、厂家(或供应商)及索引。

第十八条　采购价格核准

(一)招标采购物品的价格由评标小组决定。在质量、服务标准、付款方式、送货方式等相同的情况下,价格最低者中标。如分歧较大,由公司主管领导或公司总经理决定。

(二)供应商长期报价采购物品及外协产品,在事先议定的价格范围内,由采购部经理核准;超出议定价格范围的,根据超出价格的多少,分别报公司主管领导或公司总经理审批。

(三)比价采购物品,一次采购金额小于 5000 元的,由采购部经理审批;一次采购金额大于 5000 元的,由采购部经理审核后,呈公司主管领导或总经理批准。

第十九条　订购

(一)供应商及采购价格确定后,由采购部统一向供应商订购,发出订购单或签订采购合同。

(二)订购过程中执行的采购价格与已经核准的采购价格有差异时,采购人员应按采购价格核准的审批程序进行重新审批,紧急情况下可直接报请营业副总审批。

(三)特殊材料与物品,采购部无法进行采购时,经公司主管领导审批后,可委托业务部门进行采购,但应严格执行本办法的相关规定,属于单店的零星采购物品范围,且月度采购金额累计在 300 元以内的,可委托单店自行采购,店管部负责监督单店的采购是否严格执行本办法的相关规定。

(四)需预付定金、长期需用的原材料、经营用物品等、采购金额到达一定标准或有附带条件的采购活动应与供应商签订采购合同,由采购员代表公司签订采购合同的,必须有公司总经理的授权,采购员负责根据规范的合同范本起草合同文本,报采购部经理审批并签署意见,必要时,监察部应参与合同文本的起草,监察部负责对合同的法律条款进行审查,并签署意见,在完成以上审查修改后,采购合同应报营运副总审核并签署意见后呈公司总经理批准加盖公司合同专用章,签字盖章生效的采购合同应分送财务部、验收单位、监察办等存档备查。

第二十条　交货及验收

(一)订购后采购员应及时将订购单交由信息员保管,信息员据此编制采购日报表,订购单应同时送交收货单位。

(二)采购人员应按订购单或采购合同对供应商的交货进行稽催与协调,确保能如期交货,无法于约定交货期内交货时,应及时通知请购部门并列入重点催办项目。

(三)交货时一般物品由库管员(或收货人)根据订购单负责数量的验收,质检员负责品质验收,特殊物品由质检员负责组织使用单位、技术中心等业务部门或专家进行品质验收,库管员(或收货人)仅负责数量验收,品质如有不符,应立即予以退回,数量不符,应在验收报告中注明，要求限期补足或退款，库管员验货后方可办理入库手续。

（四）对于采购商品已到货，同时采购部已收到供货方开具的采购发票，由库管员（或收货人）根据相关检验单据及实际收到货物情况，按照实收数量填写入库单并签字确认。入库单一式四联，第一、第二联留存库房（收货人）（第二联于月底财务稽核时送交财务处）；第三联由采购部核算员留存；第四联报销时送交财务部会计处进行财务处理。

（五）对于月末采购商品已到货并已经由相关部门验收，采购部未收到供货方开具的采购发票的，库管员（或收货人）应办理暂估入库（入库单上注明暂估字样），待收到货物发票及运杂费单据时，采购部拿以上单据到财务处确认金额，财务人员据此对应暂估入库单补办正式入库手续并办理调价（调价金额 ＝ 发票金额＋运杂费－暂估金额），进行账务处理。

（六）对于货款已支付，发票已收到，月末货物未到的在途材料或尚未验收的材料，由采购部进行管理，采购人员先根据发票金额填写入库单（注明应收数量及在途字样），并将发票拿到财务处确认金额，财务人员据此进行账务处理。待收到货物后，采购人员再办理正式入库手续，交由库管员管理。该部分在途原材料应在采购部采购月报中体现，并与财务部"在途物资"明细账进行核对，以保证账实相符。

（七）供应商或配送方直接配送到单店或现场的物品，由供应商或配送方根据采购部发出的配送指令直接向指定的地点送货，直接配送的物品应事先由质检员取样验收品质并签字认可，收货人负责根据订购单对物品品质和数量进行验收并填写收货清单，经签字确认的收货清单一式四联，第一、第二联留存单店或现场（收货人）（第二联于月底财务稽核时送交财务处）；第三联采购部核算员留存；第四联报销时送交财务部会计进行财务处理。

第二十一条　进度控制与事务联系

（一）采购执行过程中，采购部应按询价、订购、交货3个阶段负责对采购作业制订进度计划并进行进度控制。如未能按进度完成采购作业时，应对异常原因及预定完成日期作书面说明，经主管领导审批后转送请购或使用部门，以便采取应对措施。

（二）采购物品及外协产品在使用中出现问题，采购员应负责联系供货商，处理有关质量问题的解决、退换货、索赔等事宜。

（三）外协产品生产加工过程中，相关业务部门应负责提供外协产品的品质要求并负责对加工单位的技术支持与质量监督。

第五章　采 购 结 算

第二十二条　采购付款

（一）采购款项须按采购合同规定或订购单所约定的时间由采购部从财务部借款统一支付。

（二）库房、单店等收货单位在接收货物入库后，应及时将入库单或收货清单报送采购部（单店由店管部审核后送采购部）和财务部，采购部和财务部应根据每天的入库单或收货清单分别建立应付账款台账。供应商或配送方应定期（根据合同确定的结算期，在每月或每周）凭收货清单与采购部核对应付账款账目，双方核对无误后向采购部申请付款。

（三）采购部根据收货单位递交的收货清单、结算单与订货合同、应付账款核对无误后，统一制订结算计划，结算计划由采购部核算员根据订购合同的时间要求、供应商的重要性、采购物资的时间、公司现有资金情况等制订，分清轻重缓急，结算计划经采购部经理审核后，由营运副总审批。

（四）采购部根据结算计划按财务管理手册中资金使用申请程序向财务部申请借款，财务部负责人对照资金计划审批后借出款项。借款只能用于支付货款，不得挪作他用。采购部不得自行保存资金，应于支付款项时向财务部支取借款，即借即付。

（五）支付货款时财务部一般应采用银行划账的支付办法，采购核算员必须在付款后5日内向收款单位索要发票等有关票据或证明文件。如确实需要直接交付支票的，由采购核算员带正式合法发票（或收据、结算单等原始凭证）到财务部办理借款手续。

（六）在向供应商或配送方支付货款时，采购部核算员应对照合同、收货清单等仔细复核，并同预付货款及应收账款等全部债权一起清理结算，防止重复付款。

第二十三条　报销

采购核算员支付采购货款后应依据财务规定的报销程序每旬办理一次报销手续，报销单据应附上购货发票、采购计划单、订购单、验收入库单，并由采购部经理审批。

第二十四条　应付账款的管理

采购部核算员负责采购应付账款的管理，设立应付账款台账，定期编制客户往来对账单发送对方单位，每月核对一次并妥善保存对账记录。对长期客户或重点客户，以及金额在一定起点以上的往来客户，应视情况按客户名称设置专宗，保管好相关的业务合同、提货凭证、收付款凭据，并设置备查登记簿，逐笔记录预付款、已付款、余款等情况。

第二十五条　公司与单店的往来结算

（一）供应商或配送方直接向单店送货后，单店应及时将收货清单报送财务部，财务部根据收货清单登记此项应付账款的同时，应同时在该单店的账户上登记该项应收账款（公司对单店的应收款）。

（二）公司向各单店配送货物后，配送单位应及时将配送清单报送财务部，财务部根据该货物的成本（包括采购货物本身的价格、税金、运费和加工制作成本等）在各单店的账户上登记相应的应收账款。

（三）各单店应于每月25日与公司财务部按月核对物品调拨的往来账款，编制调节表，双方签章确认后，结清债权债务账务。

第六章　采购成本控制

第二十六条　采购成本控制关键点

物品本身的采购价格、物品运输配送费用、物品存储费用以及存储过程中发生的损耗、采购物品占用资金的利息费用是采购成本的主要构成部分。针对采购成本的主要构成要素，采购成本控制的关键点包括确定最优的采购价格、确定合理的采购订货量和确定最佳的采购物品配送方式。

第二十七条　最优采购价格的确定

（一）采用多种采购形式：包括招标采购、供应商长期定点采购、比价采购等，通过对各种采购形式的对比，找出成本最低的采购形式组合以达到降低采购成本的目的。

（二）决定合适的采购价格：通过科学的价格决定步骤，降低采购价格与采购成本。决定一个合适的价格一般应多渠道询价，多方面收集了解市场行情，包括市场最高价、最低价、一般价格等，并比价，通过分析各供应商提供材料的规格、品质要求、性能等建立比价标准，再自行估价，成立估价小组，可由采购管理人员、技术人员、财务人员组成，估算出较为准确的底价资料。最后议价，根据底价的资料，市场的行情，采购量的大小，付款期的长短等因素与供应商议定出合理的价格。

第二十八条　合理采购订货量的确定

采购订货量的确定直接影响存货的缺货成本、采购物品的存储费用、采购资金占用的利息费用及存货的损失成本等，因此确定一个合理的采购订货量是控制采购成本的关键环节。合理采购订货量的制定包括存货信息收集、存货信息分析、确定安全库存和确定合理订货量四个步骤。

（一）存货信息的收集，店管部库管员、单店每日应填写物品库存日报表，反映本部门现有存货物资的名称、单价、现有存货的储存位置、储存区域及分布状况等信息，并及时将此信息报送给采购部，采购部应要求供应商或第三方物流的库房保管人员通过传真、电子邮件等方式及时提供已订货物资的未达存货日报表。

（二）进行存货信息分析时，店管部库管员负责将各种存货信息进行综合汇总，并结合盘点的实际情况对存货量进行修订，建立公司的采购配送管理信息系统，保证采购部、供应商或第三方物流、各业务部门、单店等能及时获得准确的存货信息。

（三）安全库存量的确定由店管部调度员负责制定。采购部根据各部门采购申请制订采购计划时，应在充分研究同期的采购历史记录、下期的经营计划的基础上，协助店管部调度员确定最佳安全库存量。安全库存量应充分考虑保持正常经营活动所需的存货量，防止因缺货而造成经营活动的中断以及引起的经济损失，根据物品采购时间的不同及货源的紧缺程度等，安全存货量可根据历史经验估计、数学模型测算等方法确定。一般情况下，安全存货量的计算公式为最大安全存货量＝某期间最大使用量－历史同期最小使用量。

（四）确定合理订货量。采购部人员在制订采购计划时，应在充分分析现有的存货量（包括供应商或第三方物流的未达存货）、货源情况、订货所需时间、订货要求的最大或最小批量、货物运输到达时间等因素，结合各种货物的安全存货量确定最佳订货量及订货时点。

第二十九条　最佳物品运输配送方式的确定

物品运输配送方式直接影响物品的运输成本费、包装成本费等，采购人员在订购过程中应要求供应商提供上述各项成本的详细清单，或与财务部相关人员合作，对上述成本做出分析，选择最佳的物品运输配送方式，提出降低成本的建议。

第七章　供应商管理

第三十条　供应商信息收集与调查

供应商信息收集与调查由采购部负责，店管部、物品请购部门、使用部门等负责提供供应商信息及推荐合格供应商。

（一）凡欲与公司建立供应关系而且符合条件者应填写"供应商调查表"，作为选择供应厂商的参考，"供应商调查表"交采购部审核并存档备查。如果供应商的生产经营条件发生变化，应要求供应商及时对该表进行更新和修改。

（二）采购部应组织相关人员随时调查供应商的动态及产品质量，"供应商调查表"每年复查一次，以了解供应商的动态，同时依变动情况，更正原有资料内容。

（三）在每次供货结束后，店管部、使用部门等应提供供应商的供货实绩，采购部负责将供应商的业绩记于"供应商管理档案"，作为评审供应商业绩的资料。

第三十一条　选择供应商原则及方法

招标采购物品、长期定点供应商（非外协产品）的选择参照"采购招标管理"中规定执行。外协产品、比价采购物品的供应商选择由采购部汇总初选合格、评审考察通过的供应商名单，并提供相关的分析资料，按以下原则进行选择。

（一）同等条件下价格、质量优先。

（二）同等条件下信誉、实力优先。

（三）同等条件下服务优先。

（四）同等条件下，厂家优先的原则（供应商级别选择优先顺序：厂家—总代理—区域代理—指定分销商—经销商）。

（五）同等条件下"先本地后外地"的原则。

第三十二条　供应商的评审

供应商的评审与选择由采购部负责组织，店管部、中心厨房、技术中心、单店或物品请购部门、使用部门等有关人员参加。

（一）供应商的评审一般应在对"供应商调查表"及供应商报送的相关资料的分析基础上进行，必要时由采购部负责组织店管部、中心厨房、技术中心、单店或物品请购部门、使用部门对供应方进行实地调查，就工艺技术、质量控制、供货能力等写出调查报告。

（二）对不同重要度的产品应进行不同层次的评审或考察。评审或考察的方式和程度，可视产品特点和实际需要确定。

（三）若申请免审潜在供应商评审，采购员需递交"潜在供应商情况调查表"和书面的免审依据，报主管副总审批。

（四）注重供应商评审的层次与周期，对于临时采购的供应商，采购部应对供应商的经营资格进行审核，报采购部经理审批，对于长期采购的供应商，采购部应对其经营资格、信誉、服务、采购标的、质量等审核，审核通过后，认定其合格供应商资格，报主管副总审批，并每年复审一次，对于正在合作的长期采购供应商，采购部应至少每季度进行一次考评工作，并根据考评结果分配下期的采购比例，由采购部经理审核，并报营运副总审批，供应商名录应不断更新并注意发展增加供应商。

第三十三条　合格供应商须具备以下条件

（一）有合法的经营资格需要材料：营业执照复印件（并已办理当年度年检）、税务登记证复印件（并已办理当年度年检）、企业法人代码证书（个体经营除外）、商标注册证明

（个体经营除外）、代理、经销商的代理、经销许可（授权书）、银行开户行资料。食品生产企业许可证、食品卫生许可证、卫生防疫检测报告和进口商品卫生许可证，另外药字号保健品供应商应提供：药品生产企业许可证、药品生产企业合格证和产品生产许可号。

（二）符合公司的质量、安全、环保规定。

（三）具有产品交付能力。

（四）价格满足公司要求。

（五）质量满足公司要求。

（六）公司主要经营物品的供应商应有满足紧急需求的能力。

（七）设备、外协加工供应商应有售后服务的保障。

第三十四条　供应商业绩考评

（一）采购部应组织相关部门定期考核和评估供应商，确保所采购产品质量、供应、支持和服务、经济指标等满足公司相关规定要求。

（二）供应商每批供货，采购部应根据质量检验所提供的各项数据建立供应商质量档案，并定期报告营运副总。

（三）采购部应及时将考评结果通知供应商，对于考评不合格者，应督促其提出相应的改进措施并将改进措施及改善结果记录在案。

（四）采购物品在使用过程中发生质量问题或采购合同执行过程中供应商违约时，相关部门应通知供应商及时解决并将此信息反馈给采购部，采购部在对供应商提出警告的同时也可根据问题的严重程度寻求法律途径解决。

（五）采购人员定期整理供应商考评结果，并按考评结果将供应商划分为优秀供应商、伙伴供应商、普通供应商、不合格供应商等不同类型进行管理，对于普通供应商给予警告并限期改正，对于不合格者，则必须更换供应商。

第三十五条　建立供应商档案

采购部负责建立供应商档案，店管部、中心厨房予以配合，对每个选定的供应商必须有详尽的供应商档案。

供应商档案包括供应商调查表、供应商审批表、供应商质量档案、供应商所提供的合格证明、价格表及相关资料。

第三十六条　供应商档案由采购部信息管理员负责管理，未经采购部经理允许，不得随便查阅。

第八章　采购招标管理

第三十七条　招标管理的内容

凡符合第十四条所规定物品的采购以及长期定点供应商的选择，均需实行招标管理。

第三十八条　招标管理工作由采购部负责组织，店管部、物品请购或使用部门、财务部、监察办等部门参与。

第三十九条　招标程序

（一）招标前，按采购计划审批权限向公司主管领导提交招标报告。报告具体内容应当包括招标内容、招标方式、分标方案、招标计划安排、投标人资质（资格）条件、评标方法、评标小组组建方案以及开标、评标工作的具体安排等。

（二）编制招标文件。

（三）发布招标信息（招标公告或投标邀请书）并发售资格预审文件。

（四）按规定日期接受潜在投标人提交的资格预审文件。

（五）组织对潜在投标人资格预审文件进行审核。

（六）向资格预审合格的潜在投标人发售招标文件。

（七）接受投标人对招标文件有关问题要求澄清的函件，对问题进行澄清，并书面通知所有潜在投标人。

（八）组织成立评标小组，采购部为组长单位，小组成员务必在中标结果确定前保密。

（九）在规定时间和地点，接受符合招标文件要求的投标文件。

（十）组织开标评标会。

（十一）在评标小组推荐的中标候选人中，确定中标人。

（十二）发中标通知书，并将中标结果通知所有投标人。

（十三）进行合同谈判，并与中标人订立书面合同。

第四十条　招标采购分为公开招标采购、邀请招标采购，采用邀请招标方式的应在采购报告中予以注明。

第四十一条　采用公开招标方式的项目，应当在相关媒介上发布招标公告，公告应载明公司的名称、地址、招标项目的性质、数量、实施地点和时间及获取招标文件的办法等事宜。发布招标公告至发售资格预审文件或招标文件的时间间隔一般不少于 10 日。招标公告不得限制潜在投标人的数量。

采用邀请招标方式的，应向 3 个以上有投标资格的法人或其他组织发出投标邀请书。

第四十二条　采购部应当组织相关部门对投标人进行资格审查并提出资格审查报告，经参审人员签字后存档备查。

资格审查不合格者不得参加投标。

第四十三条　招标文件的制作与发出

（一）招标文件主要内容包括招标公告或投标邀请书、投标人须知、合同条件（通用条款和专用条款）、技术规定及规范（标准）、货物量、采购及报价清单、安装调试和人员培训内容和其他需要说明的事项。其中投标人须知主要包括以下内容：招标项目概况，招标项目名称、规格、型号、数量和批次、运输方式、交货地点、交货时间、验收方式，有关招标文件的澄清、修改的相关规定，投标人须提供的有关资格和资信证明文件的格式、内容要求；投标报价的要求、报价编制方式及须随报价单同时提供的资料，标底的确定方法；评标的标准、方法和中标原则，投标文件的编制要求、密封方式及报送份数；递交投标文件的方式、地点和截止时间，与投标人进行联系的人员姓名、地址、电话号码、电子邮件等，投标保证金的金额及交付方式；开标的时间安排和地点及投标有效期限。

（二）按本制度规定必须进行招标的项目，自招标文件开始发出之日起至投标人提交投标文件截止之日止，最短不应当少于 10 日。

（三）招标文件应当按其制作成本确定售价。

第四十四条　投标人应当按照招标文件的要求编写投标文件，并在招标文件规定的投标截止时间之前密封送达采购部。在投标截止时间之前，投标人可以撤回已递交的投标文件或进行更正和补充，但应当符合招标文件的要求。

第四十五条　投标人在递交投标文件的同时，应当递交投标保证金（视情况而定）。公司与中标人签订合同后 5 个工作日内，应当退还投标保证金。

第四十六条　开标

（一）开标由采购部主持，邀请所有投标人参加。

（二）开标应当按招标文件中确定的时间和地点进行。开标人员至少由主持人、监标人、开标人、唱标人、记录人组成，上述人员对开标负责。

（三）有下列情况之一的投标文件，可以拒绝或按无效标处理：投标文件密封不符合招标文件要求的；逾期送达的；投标人的法定代表人或授权代表人未参加开标会议的；未按招标文件规定加盖单位公章和法定代表人（或其授权人）的签字（或印鉴）的；招标文件规定不得标明投标人名称，但投标文件上标明投标人名称或有任何可能透露投标人名称的标记的；未按招标文件要求编写或字迹模糊导致无法确认关键技术方案、关键工期、关键质量保证措施、投标价格的；未按规定缴纳投标保证金的；超出招标文件规定，违反国家有关规定的和投标人提供虚假资料的。

第四十七条　评标

（一）评标工作由评标小组负责。成员人数为大于 5 的单数，技术性很强的招标应邀请有关专家参加。

（二）评标小组成员不得与投标人有利害关系。

（三）评标小组成员名单在招标结果确定前应当保密。

（四）在一个项目中，对所有投标人评标标准和方法必须相同。

（五）评标标准分为技术标准和商务标准，一般包含投标价格和评标价格，质量标准及质量管理措施，组织供应计划，售后服务，投标人的业绩和资信；财务状况。

（六）评标小组经过评审，认为所有投标文件都不符合招标文件要求时，可以否决所有投标，采购部应当重新组织招标，对已参加本次投标的单位，重新参加投标不应当再收取招标文件费。

（七）评标小组应当进行秘密评审，不得泄露评审过程、中标候选人的推荐情况以及与评标有关的其他情况。

（八）评标小组按招标文件确定的评标标准和方法，对投标文件进行评审，确定中标候选人推荐顺序。

（九）在评标过程中，评标小组可以要求投标人对投标文件中含义不明确的内容采取书面方式，做出必要的澄清或说明，但不得超出投标文件要求的范围或改变投标文件的实质性内容。

（十）评标小组完成评标后，应当向采购部提交评标报告，在评标小组 2/3 以上成员同意的情况下，通过评标报告。评标小组成员必须在评标报告上签字，若有不同意见，应明确记载并由其本人签字，方可作为评标报告附件。

第四十八条　中标

（一）评标小组经过评审，从合格的投标人中排序推荐中标候选人。

（二）中标人的投标应当符合下列条件之一,能够最大限度地满足招标文件中规定的各项综合评价标准,或能够满足招标文件的实质性要求,并且经评审的投标价格最低。

（三）公司可授权评标小组直接确定中标人,也可由公司经理办公会或公司主管领导根据评标小组提出的书面评标报告和推荐的中标候选人顺序确定中标人。

（四）中标人确定后,招标组织人应当在招标文件规定的有效期内以书面或口头形式通知中标人,并将中标结果通知所有未中标的投标人。

（五）中标通知发出之日起 10 日内,采购部和中标人应当按照招标文件与中标人的投标文件订立书面合同。采购部和中标人不得另行订立背离招标文件实质性内容的其他协议。

（六）当确定的中标人拒绝签订合同时,经公司经理办公会讨论决定,可与确定的候补中标人签订合同。

第九章　附　　则

第四十九条　本手册的制定及修改由公司采购部负责,经公司总经理审核后批准执行。

第五十条　本手册最终解释由公司采购部负责。

第五十一条　本手册自公布之日起实施。

公司采购的主要流程及采购中常用的表格单据,详见附件一中图 1～图 10 和附件二中表 1～表 10。

附件一　公司主要管理流程图

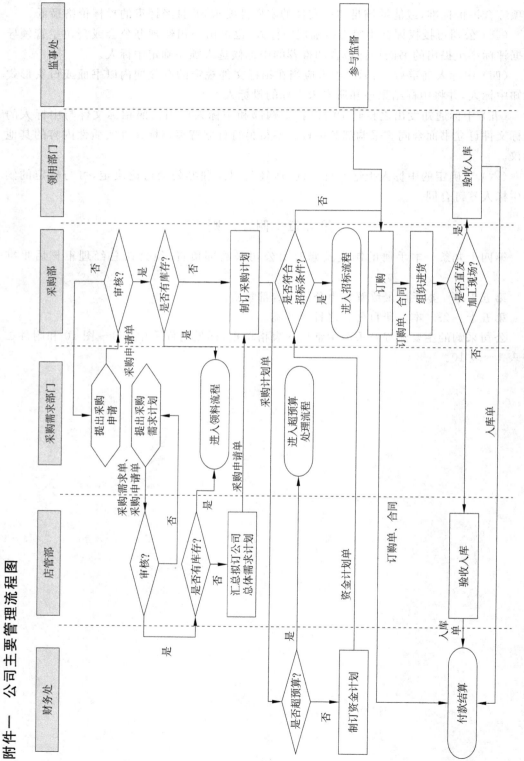

图1　采购管理流程图

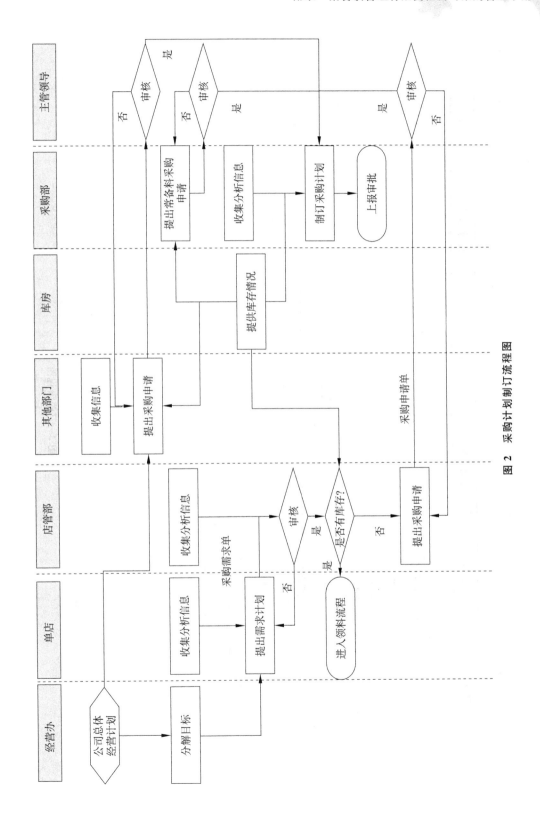

图 2 采购计划制订流程图

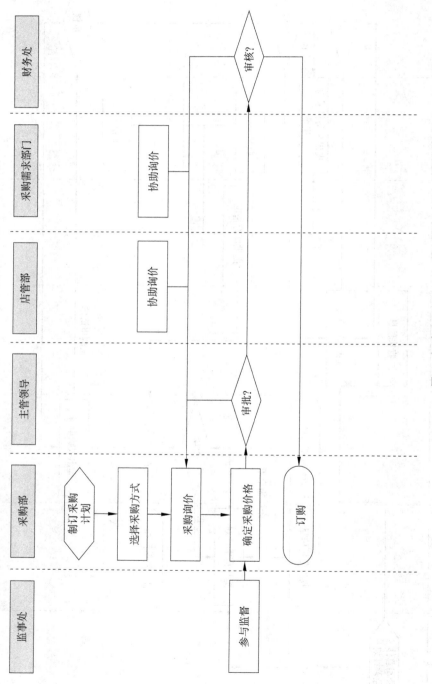

图 3　订购流程图

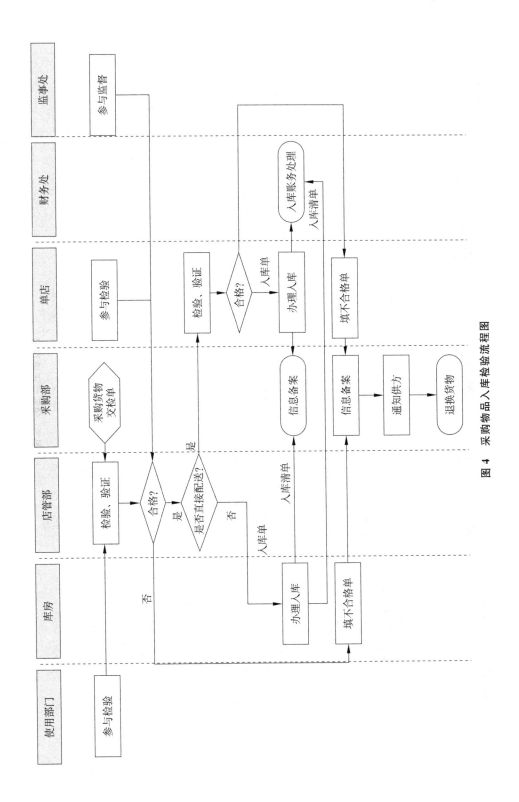

图 4　采购物品入库检验流程图

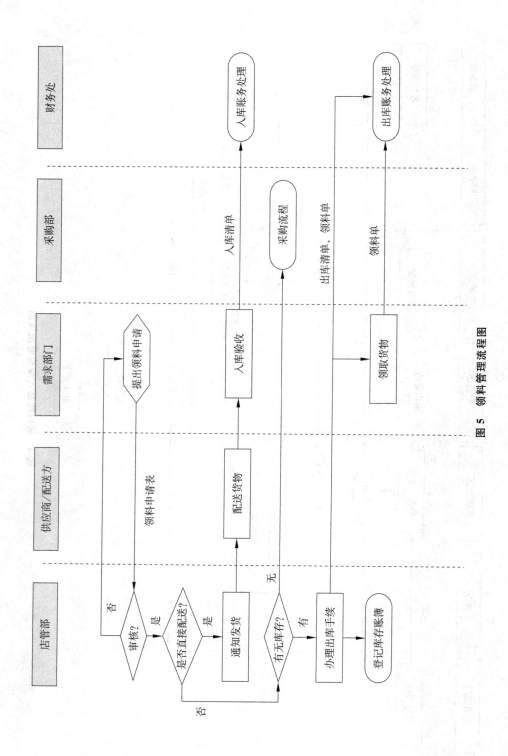

图 5　领料管理流程图

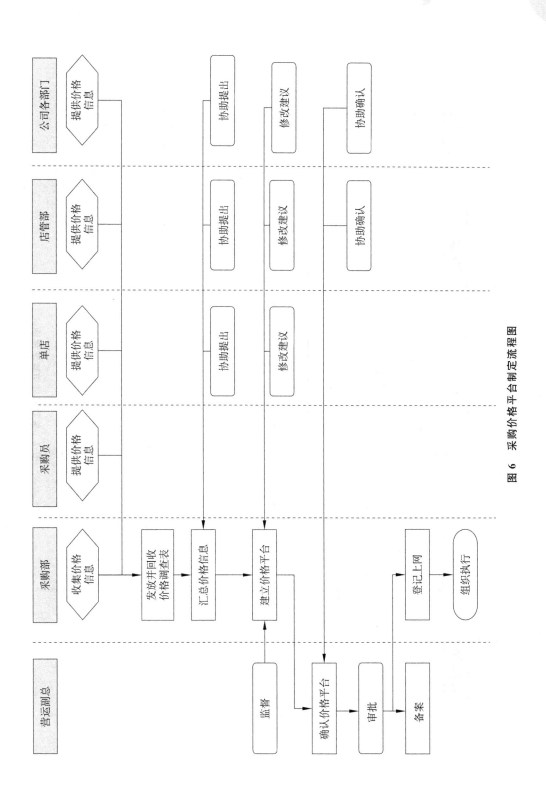

图 6　采购价格平台制定流程图

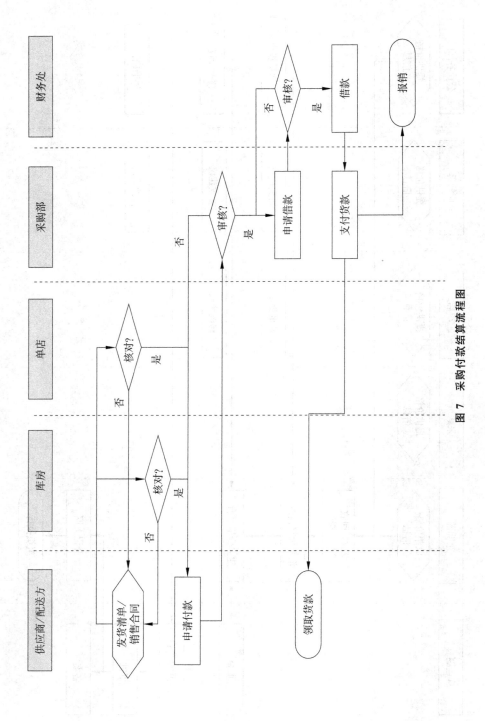

图 7　采购付款结算流程图

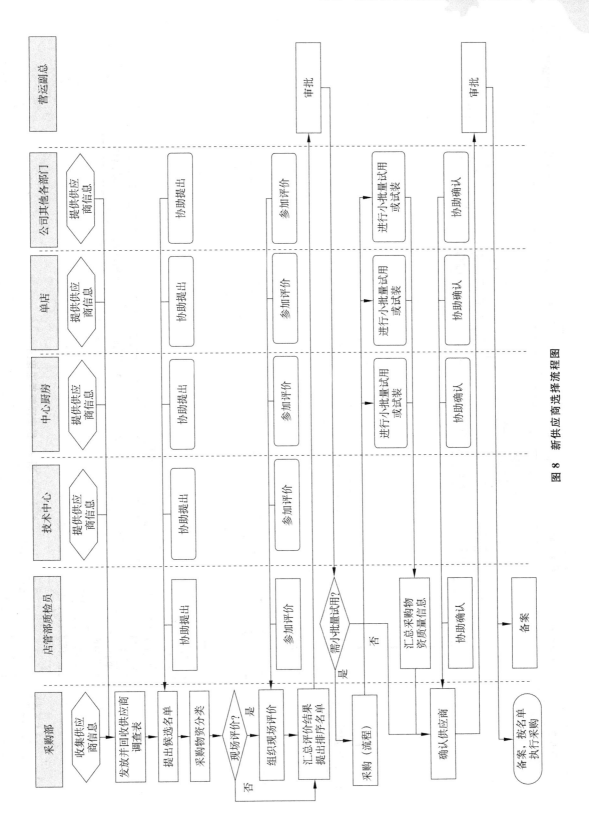

图 8 新供应商选择流程图

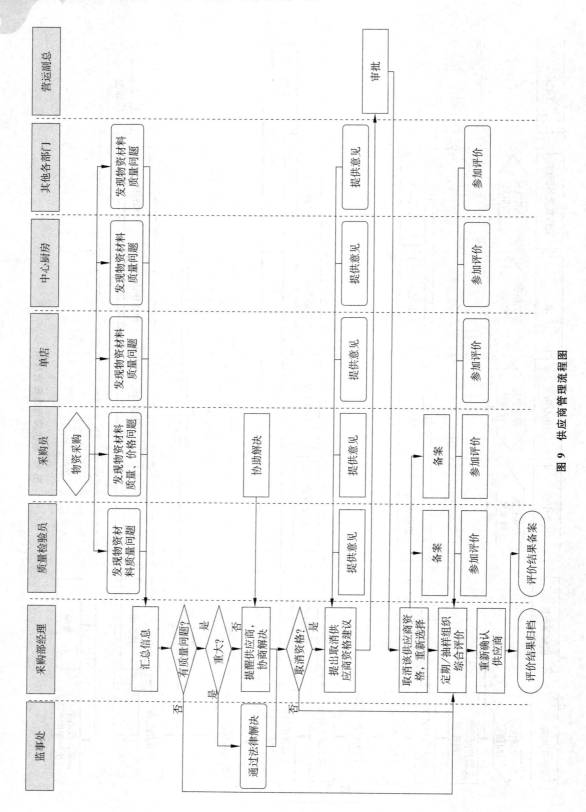

图 9　供应商管理流程图

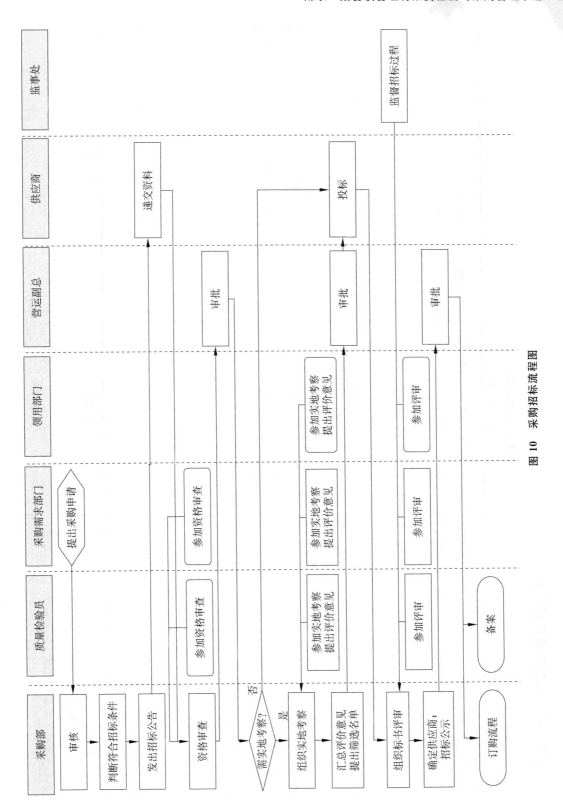

图 10 采购招标流程图

附件二　公司采购管理常用表单

表 1　采购申请表

需求单位：　　　　　　　　　　　　　　　　　　　　　　　　　　　　编号：

年　月　日

序号	物资名称	规格	单位	现有库存量	最低库存量	请购数量	交货期	交货地点	用途	备注

需求部门经理：　　　　　　主管副总：　　　　　　承办人：

请在备注中说明需求物资的技术要求、参考价格、参考厂家等特别事项。

表 2 采购计划表

年 月 日

采购人：

物资名称	供应商	规格	数量	单价	金额	付款方式	交货方式	交货地点	采购日期	到货日期

采购部经理：

营运副总：

表3 订购单

需方信息：

公司名称：_____ 邮编：_____ 电话：_____
地址：_____ 联系电话：_____
联系人：_____
公司开户行：_____ 账号：_____
公司税号：_____

订货日期：_____ 订单号：_____

供应商：

品名	规格	单位	数量	单价	金额	付款方式	运输方式	交货地点	交货时间	备注

采购员：_____ 采购部经理：_____

注：备注中应说明货物价格中是否含税，运输费等各项费用，货物的质量标准、技术要求等事项。

表 4　询价单

询价时间：　　　年　月　日
编号：

尊敬的　　　　　　　　公司：请对下列物料提供您最低的报价

品名	规格	单位	起订量	最低报价	市场参考价	付款方式	运输方式	交货方式	交货期	备注

经办人：　　　　　　　　　　审核：

注：备注中应说明价格是否含货物价格中运输费等各项费用，以及其他成交条件。

表 5　报价分析表

物料名称：　　　　　　　　　　　年　月　日　　　　　　　　　　编号：

供应商	样品	价格	交货情况	成交条件	总体评价

评价人：

填表说明：请对每一种报价的以上各方面进行评价，并将评定结果记在相应的栏目内：A 表示非常满意；B 表示比较满意；C 表示可以接受；D 表示不满意；E 表示非常不满意。

表 6　到货检验通知单

到货日期：

请检部门：		请检时间：		
物料名称	规　格	数　量	供应商	备注
库房保管员意见：				

库管员：　　　　　　　　　　　　质检员：

表 7 抽检报告单

品名		品牌		规格		单位		生产厂家	
生产厂址		分承包方			进货数量		抽样数量		
生产日期		保质日期		到货日期			检验日期		

检验项目	检验标准	判定结果		结论说明
		合格	不合格	

采购人员意见:	使用单位意见:	采购部审核意见:	备注:

质检员: 　　　　　　　　　　　　　审核:

表 8 供应厂商资料表

公司名称	(中文)	
	(英文)	
	电话: 　　　　　　　传真:	
公司地址		
工厂地址		
营业执照号码		注册资金
年营业额		法人代表
业务负责人		联络电话
厂房面积		员工人数
管理人员		技术人员
有何突出优势		
材料来源		品管状况
主要设备		
主要产品		
备 注		

调查人: 　　　　　　　　　　　　　审核:

表9　供应商评估表

尊敬的＿＿＿＿＿＿＿＿＿＿＿：

　　感谢贵单位对我公司采购工作的大力支持，以下是对贵公司所完成的指标情况向您提供的月评估报告，请认真审阅。

物料名称	订购数量	供货数量	完成率/%	履约情况

供货情况总结：

填表说明：

　　履约情况包括：①到货及时百分比是指按订单要求准时到货的次数与本月总交货次数的百分比。②安全性是指供方或承运人是否符合国家或我公司的安全要求等。

　　供货情况总结应至少包括对发生不符合我公司要求的情况，接到我公司供货情况反馈表后，是否及时、认真并准确地进行根源分析并提出相应的纠正措施。

表 10　供应商考核表

供应商名称			联系人	
地址及邮编			电话	
项目	配分	考核内容及方法	得分	考核人
价格	最高为40分，标准分为20分	根据市场最高价、最低价、平均价、自行估价制定一个标准价格，标准价格对应分数为20分。每高于标准价格1%，标准分扣2分；每低于标准价格1%，标准分加2分。同一供应商供应几种物料，得分按平均计算		
品质	30分	以交货批退率考核： 批退率＝退货批数÷交货总批数 得分＝30分×（1－批退率）		
逾期率	20分	逾期率＝逾期批数÷交货批数 得分＝20分×（1－逾期率） 另外，逾期1天，加扣1分；逾期造成停工待料1次，扣2分		
配合度	10分	1. 出现问题，不配合解决，每次扣1分 2. 公司会议正式批评或抱怨1次扣2分 3. 单店批评或抱怨1次扣3分		
总　计				
备注	1. 得分在85～100分者为A级，A级为优秀供应商可加大采购量 2. 得分在70～84分者为B级，B级为合格供应商可正常采购 3. 得分在60～69分者为C级，C级为应辅导供应商，需进行辅导，减量采购或暂停采购 4. 得分在59分以下者为D级，D级为不合格供应商予以淘汰			